Philosophy
of
Zhuang Zi

独与天地精神相往来

庄子哲学

王博 著

北京大学出版社
PEKING UNIVERSITY PRESS

目录

引　言　　庄子的思想世界 …… 1

第一章　　狂人和狂言 …… 15

第二章　　《人间世》…… 29

第三章　　《养生主》…… 55

第四章　　《德充符》…… 71

第五章　　《齐物论》…… 89

第六章　　《大宗师》…… 109

第七章　　《逍遥游》…… 133

第八章　　《应帝王》…… 153

第九章　　庄子和内七篇 …… 169

附录一　　庄子重要概念简释 …… 185

附录二　　隐士的哲学 …… 207

附录三　　心之逍遥与形之委蛇 …… 223
　　　　　——庄子思想全生的主题

附录四　　庄子哲学中的心与形 …… 241

后　记 …… 251

再版后记 …… 253

.
.
.
.

庄子以他的心灵为大炉,熔铸着整个世界、人生和历史。

冶炼出的作品就是摆在我们面前的这本书,就是永远的《庄子》内七篇。

引言
庄子的思想世界

以一般的情形而论，庄子生活的战国中期，是一个思想与学术都异常活跃的时代。儒家和墨家当然都已经成立，并在现实的政治、社会、生活以及思想领域中发生着影响。老子开创的传统似乎也有了很大的发展，这从"黄老"以及杨朱思想的流行中就可以看出。另外，法家以其重耕战的理论适应了君主和时代的要求，在各诸侯国的朝廷中大都占据了主导的位置。❶ 被称作名家的惠施、公孙龙等也活跃在这一时代，围绕着一些概念和命题施展着他们思辨的智慧。同时或者稍后一些则有邹衍，这是阴阳五行学说的代表。这些不同的思想之间的交叉和碰撞，构成了战国中期思想史"百家争鸣"的热闹景象。

---

❶ 《史记·孟子荀卿列传》："当是之时，秦用商君，富国强兵；楚、魏用吴起，战胜弱敌；齐威王、宣王用孙子、田忌之徒，而诸侯东面朝齐。天下方务于合从连衡，以攻伐为贤。"

但是，就庄子个人来说，这些东西是不是都进入了他的头脑，或者心灵，构成了他思想的背景，仍然是一个问题。即便如司马迁所说，庄子于当时的学术无所不窥，但其中也还有着主次轻重的区别。以我们现在的经验，流行于社会的思潮固然很多，但真正为某个人了解并理解的也许只是其中的部分。很多的东西就像王阳明所说的山中之花，当我们没有看到的时候，只是自开自落，和不存在无异。因此我们如果不满足于泛泛的议论，而是想真正进入庄子的思想世界的话，就得从他留给我们的著作入手，看看究竟哪些人真的对庄子发生了影响。

就《庄子》内七篇所见，儒家和墨家无疑是庄子最注意的学派。❶《齐物论》提到"道隐于小成，言隐于荣华"，特别提到的是"儒墨之是非"。以儒墨作为言论是非的例子，一方面反映出当时这两大学派的影响，另一方面反映的则是它们在庄子心目中的特殊地位。❷尤其是儒家，更是庄子注意和批评的中心。《逍遥游》所谓"知效一官，行比一乡，德合一君而征一国者"，不正是缙绅先生的写照吗？庄子以为，其境界恰如"腾跃而上，不过数仞而下，翱翔蓬蒿之间"的斥鴳，与"绝云气，负青天"的大鹏有着天壤之别。"尧让天下于许由"的寓言，在对比中贬损着儒家所祖述的圣王。《齐物论》所说"大仁不仁""自我观之，仁义之端，是非之涂，樊然淆乱，吾恶能知其辨？"直接针对的是儒家的核心主张。《养生主》"老聃死"的寓言，借秦失"三号而出"表现着对儒家礼乐制度的抨击。《人间世》《德充符》《大宗师》诸篇则有一个共同的特点，庄子把孔子及其最得意的弟子颜回直接请到了寓言之中，在真真假假、虚虚实实之间，藉儒之口以批儒。这种滑天下之大稽的做法，正是庄子恢诡孟浪之文风的表现。如果以为庄子真的是尊重孔子，甚至认为庄子出于儒门，那就不只是滑稽，简直是荒诞无稽了。

---

❶ 司马迁说庄子著书，"用剽剥儒墨"，也是以此二家为主要对手之意。见《史记·老子韩非列传》。

❷ 《天下》固然非庄子自著，但总是反映着庄子学派的态度。其评论诸子，最先提及的就是儒家和墨家，可以与此对观。简洁起见，本书正文中《庄子》篇目只用篇名。

司马迁说得很对，庄子之书，是"诋疵孔子之徒"的。也许有人以为太史公举的是《渔父》《盗跖》等属于外杂篇的文字，与内七篇的态度并不相同。但在我看来，如果有不同的话，也只是表达方式的不同，外杂篇显而内篇隐。所谓"显"，是说其表达的比较直接，有点像《诗》的"赋"。所谓"隐"，是说其表达的比较婉转，有点像《诗》的"比"。"显"的东西固然痛快淋漓，"隐"者则更有回旋品味的余地。我们看内篇中孔子的形象，大体可以分做两类，一类是被嘲讽或者教诲的对象，一类是庄子的代言人。前者见于《人间世》的篇末（楚狂接舆歌而过孔子之门）、《德充符》内孔子与申徒嘉的对话中等；后者则较前者更为普遍。这两类形象有一个明显的区分，就是在前一类中，孔子的对话者或者寓言中的对手都是庄子寄托其理想的人物，因此孔子被设计得异常谦虚，或者先倨而后恭；而在后一类中，对话者多为孔子的学生（尤其是颜回）或者君主（如鲁哀公）等，孔子成为教诲者，可是其教诲的内容却是庄子的主张，与实际的孔子背道而驰。这两种形象，无论是哪一种，都谈不上对历史上孔子的尊重，❶ 相反却是极大的不敬。

《庄子》中的孔子形象亦真亦幻，忽实忽虚。当孔子对颜回耐心地说着"心斋"道理的时候，每个人都能看到躲在后面的庄子的微笑。可是当老聃们评头品足地说孔子不能解去其桎梏的时候，谁能说那没有历史上真实孔子的影子呢？

但是对于这种不敬又不能肆意地夸大，甚至绝对化。应该了解，这种不敬并不是针对孔子个人的。对于一个思想家而言，他考虑最多的并不是那个肉体的人，而是那个人所表达的想法。庄子对孔子的不敬，乃是他们思想分歧的真实反映。这种分歧构成了庄学一个重要的背景，我们可以透过文字去了解。但这并不是说他们之间不能分享某些共同的东西，恰恰相反，共同的东西正是表现分歧的最好舞台。孔子自称是一个"知其不可而为之"的人，仿照这个说法，我们可以

---

❶ 可以对比的是古希腊的柏拉图和苏格拉底。在前者的著作中，后者经常成为对话的主角。这无疑可以看作是对苏格拉底的尊重，因为二人思想一脉相承。类似的情形是战国时期的儒者经常在其著述中提到大量的"子曰"或者"孔子曰"等，虽然我们不否认其中或有真实的成分，但大部分应该是依托。这种依托在一定程度上可以看作是尊重。但这和庄子的情形显然不同。

说庄子是一个"知其不可而不为"的人。这里固然有"为之"和"不为"的态度上的区别，但在"知其不可"上面总可以找到共同点。"知其不可"突显出思想（理想）和现实的距离，这种距离是每一个真正的思想者都能感觉到的。正是在这个地方，思想者之间的互相"同情"出现了。这是一种真正的同情，超越思想之间的紧张和冲突，超越表面上的互相攻击和谩骂。它是一种深层的东西，只有思想者才可以体会到的东西。在这个地方，我们可以发现哪怕是表面上再绝对对立的思想之间也有连续性和承继性，只是这种连续性绝对不是像历史上某些人所说庄子出于某派儒家那样简单。

对于庄子来说，孔子和儒家的主张好像是一个梦，一个无法实现的梦。《齐物论》中经常提到的梦境和现实的混淆，可以借用来评价庄子对于儒家的态度。在《人间世》中，楚狂接舆对着孔子唱的歌里面也有"天下有道，圣人成焉"的话，从中可以知道庄子并不是一个绝对逃避或者反对事功的人。如果结合《缮性》所说："古之所谓隐士者，非伏其身而弗见也，非闭其言而不出也，非藏其知而不发也，时命大谬也。当时命而大行乎天下，则反一无迹。不当时命而大穷乎天下，则深根宁极而待。此存身之道也"，就可以看得更清楚。庄子对于儒家的批评并不是抽象地否定，而是认为它不适合于当时的时代。在这个天下无道的社会，孔子之徒并无实现其理想的空间。那种不考虑环境的盲目追求，就好像是螳臂当车，他们的勇气固然可嘉，可是其悲剧的命运早已经决定。在明知道结局的情形下，还不知退缩，似乎不能算是明智的做法。

在与儒家的对比中，我们体会到了庄子的冷峻。我们可以想起那个著名的比喻，当邻家失火的时候，要不要把你那无济于事的一桶水泼上去。孔子当然是要泼的，这不仅是一种姿态，而且是同情心的表达。他求的只是心安，而不一定是实际的结果。庄子不，当他知道泼水无济于事的时候，他会把水留给自己。庄子是冷峻的，冷得呼唤着"无情"。比较起来，儒家是热切的，热得不能忘怀恻隐，并一直追求着推己及人。

但如果和墨子以及墨家比起来，儒家的热只能算是温的。儒家时时刻刻还想起自己，想着亲疏远近，还在做着区别，墨子则要把自己和别人一视同仁。墨家主张兼爱，这是一种无分别的爱，和儒家主张的有差等的爱是不同的。墨子的主张是："视人之国若视其国，视人之家若视其家，视人之身若视其身。"❶ 在把别人都当成自己的时候，也就把自己当成了别人。于是对别人是爱，因为别人是自己；对自己则是摧残和虐待。"使后世之墨者，多以裘褐为衣，以跂蹻为服，日夜不休，以自苦为极。曰不能如此，非禹之道也，不足谓墨。"❷ 自苦的极致，则是赴汤蹈火，在所不辞。墨家在追求其理想的时候，把生命完全放到了一边。

这自然是火一般的热情，但也未免太无情。墨子和他的几个弟子或许可以做到这一点，可是一般人呢？《天下》评墨子之道说："恐其不可以为圣人之道，反天下之心，天下不堪。墨子虽独能任，奈天下何？"这种高尚非一般人所能承受，墨子之道的不行也就是可以想见的了。从这个意义上讲，墨家比儒家更具理想的色彩。越理想意味着离现实越远，其对世俗人群的影响力也就越小。这或许是庄子很少具体地批评墨子和墨家的原因吧。

但是杨朱却是以批评墨子为己任的。墨家对以兼爱等为内容的义的极端强调，为思想史提供了一个最好的重物轻生的例子。这引起了杨朱的反弹。相对于墨子的兼爱，杨朱主张贵己；因此不同于墨子的舍生取义，杨朱主张着轻物重生。他最著名的说法当然是"拔一毛而利天下，不为也"，❸ 这个经常被曲解的命题，显然是针对着墨家"腓无胈，胫无毛"❹ 的说法，用以显示生命的重要。在哲学史上，杨朱第一个站在生命的一面突出了生命和外物的矛盾，这使他成为庄子的先驱。但和庄子不同，杨朱仍然是一个游士，他的贵己和墨子的兼爱一样，仍然是提供给君主的一种治国的方法，但治国的话题却早已经退出了庄子的心灵。因此庄子和杨朱的距离是明显的，《应帝王》中曾经提到一个叫阳子居的人，他向老聃询问着关于明王和明王之治的问题。古书中阳和杨通用，所以学者大都认为这个人就该是杨朱。无论如何，这和杨朱游士的身份是吻合的。这一点显然不会被庄子所认可，但他对生命的强调无疑给庄子做了最好的铺垫。虽然没有提杨朱的名字，可是在庄子关于生命应该摆脱外物控制的主张里面，我们也许可以

---

❶ 《墨子·兼爱中》。
❷ 《庄子·天下》。
❸ 《孟子·尽心上》。
❹ 《庄子·天下》。

发现杨朱的影子。

惠施当然是庄子一生的交游中最重要的朋友和思想上的对手。《庄子》书中既表现出对惠施无情的嘲讽，也有真诚的悼念。外杂篇中的某些记载固然不必太当真，但是庄子过惠子之墓，而感叹"自夫子之死也，吾无以为质也"，[1]应该可以被看作是真实的情形。这足以说明庄子和惠施在思想对立背后的相知。曾经有学者认为整个庄子的内篇都是为惠施而做，这种说法未免小看了庄子的思想视野和格局，但是从提醒人们重视惠施的影响来看，还是有积极意义的。在内七篇的范围里，惠施的名字出现在《逍遥游》《齐物论》和《德充符》中，都很难说是正面的描述。除了《齐物论》是简单地和另外两个人一并提到外（"昭文之鼓琴也，师旷之枝策也，惠子之据梧也"），另外两篇记载的都是他和庄子的对话。在这些对话中，惠施总是以提问者的身份出现，像是想聆听庄子的答案。这当然是一种写作的技巧，因为此种安排本身就有贬抑惠施的作用。惠施作为提问者，而且又没有再出场的机会，其角色的被动是显而易见的。已经有学者注意到这些对话都被安放在这两篇的末尾，其意义如何也许可以有不同的推测，但总表现出某种特别的意味。如《庄子》中许多其他的对话一样，这些对话当然可以简单地用寓言来对待，但是应该指出的是，惠施是内七篇中提到的唯一和庄子对话的人物，因此和一般的寓言不同，似乎值得我们更小心地对待。

惠施是名家中的一个重要人物。同样是《庄子》的《天下》有关于惠施学说的一些记载以及出自庄子学派立场的评论。"惠施多方，其书五车"，可以知道惠施和庄子一样也是一个非常博学的人。他的乐趣似乎是与人辩论，尤其是那些和他一样喜欢辩论的人（辩者）。他们辩论的话题主要是关于"物"的，譬如"大一""小一""无厚不可积也，其大千里"之类，相反却忽略了关于人的一些问题。因此庄子学派批评他是"弱于德而强于物""逐万物而不反"。后面一句话让人想到古代神话中逐日的夸父道渴而死的命运。惠施也是如此，在庄子学派看来，他的心也已经溺死在外物之中了。这和庄子当然是不同的。在庄子的世界中，物永远只是次要的东西，人的生命才是第一位的。"物物而不物于物"是反复强调的主张。

---

[1] 《庄子·徐无鬼》。

这也正是庄子和惠施最根本的区别所在。

惠施对于庄子来说并不总是消极的，或者只是一个靶子。虽然庄子没有明确谈到，但是我们可以看出庄子似乎很享受与惠施之间的辩论，并在这种辩论中逐渐接受了辩者们常用的说话方式。在一些学者的心目中，《齐物论》就是一篇辩者的文字，伍非白就把它归入古代的名家言论之中。这种看法并不是没有道理的，但庄子更知道辩论的界限：

> 既使我与若辩矣，若胜我，我不若胜，若果是也，我果非也邪？我胜若，若不吾胜，我果是也，我果非也邪？其或是也，其或非也邪？其俱是也，其俱非也邪？我与若不能相知也，则人固受其黮暗，吾谁使正之？使同乎若者正之，既与若同矣，恶能正之？使同乎我者正之，既同乎我矣，恶能正之？使异乎我与若者正之，既异乎我与若矣，恶能正之？使同乎我与若者正之，既同乎我与若矣，恶能正之？然则我与若与人俱不能相知也。而待彼也邪？

如同伯夷叔齐批评武王伐纣是"以暴易暴"而不知其非，庄子这里对于辩者的批评也有明显的"以辩止辩"的色彩。可是如果庄子"辩无胜"的逻辑真的贯彻到底的话，他又怎么能凭借这种方式来打消辩者们以辩论求是非定胜负的欲望呢？[1]

其实辩论与否并不是最重要的问题。关键是辩论的内容，或者称之为论题的东西。就战国时期的诸子来说，虽然大都不喜欢辩者的称呼，但却很难摆脱辩论

---

[1] 邵尧夫曰："庄周雄辩，数千年一人而已。"见《藏云山房南华大义解悬》，收于严灵峰编《无求备斋庄子集成初编》卷十五，台北：艺文印书馆，1972年。

本身。《孟子》中记载弟子之语，说："外人皆称夫子好辩"，孟子说是"予岂好辩哉？予不得已也"。❶《孟子》中记载孟子辩论之事甚多。❷ 荀子亦然，谓"君子必辩"，并且区分小人之辩、士君子之辩和圣人之辩，谓"小人辩言险，而君子辩言仁也。言之非仁之中也，则其言不若其默也，其辩不若其呐也"。这就不是否认所有辩论，而是否认那些"无用之辩，不急之察"。❸

对于庄子来说，也许辩论的最重要的目的是揭示辩论并不仅仅是为了辩论的，沉溺于名辩和沉溺于声色犬马并无不同，都是对真实生命的扼杀和遗忘。因此他通过辩论要表现的就是辩论的无用以及名言的无谓。《齐物论》中"大道不称，大言不辩"的说法是认真的，庄子更喜欢用不知或者无言来表现真知的状态。体道者之间该是像《大宗师》所说相视而笑、莫逆于心的，这让人想起后来禅宗的拈花微笑。生命是超越名言，因此也是超越名辩的，这也许是庄子最想表达的内容。

进入庄子视野的另一个重要人物是列子。这个生活在战国早期的郑国哲人，据说是关尹的学生。他的学说在三晋地区有着很大的影响，见《战国策》和《吕氏春秋》。在前一书的记载中，列子的学说被认为是"贵正"，❹ 似乎与刑名之学有关。后书则说"子列子贵虚"。❺ 这两个说法并不矛盾，相反倒是表现了道家思想两个主要的方面。❻ 就《庄子》内篇中列子的形象分析，庄子对他给予了有限度的肯定。《逍遥游》中说道："列子御风而行，泠然善也。旬有五日而后反。彼于致福者，未数数然也。此虽免乎行，犹有所待者也。"所谓的"御风而行"以及"免乎行"，固然可以相信是神仙家的言论，倒也可以看作是超脱世俗的暗

---

❶ 《孟子·滕文公下》。
❷ 如与告子辩性与仁义（《告子上》），与许行之弟子陈相辩君臣并耕以及因徐辟与墨者夷之辩爱有无差等等（《滕文公上》）。
❸ 《荀子·非相》。
❹ 《战国策·韩策一》："子疾为韩使楚，楚王问曰：客何方所循？曰：治列子御寇之言。曰：何贵？曰：贵正。"
❺ 《吕氏春秋·不二》。
❻ 司马谈《论六家要指》称道家"以虚无为本，以因循为用"。虚无为本故贵虚，因循为用故尚刑名。见《史记·太史公自序》。

示。超脱世俗最主要的目的，原本是追求独立而自由的生活，但是列子式的超脱似不足以达到这一点。因为御风而行仍然有一个前提，这就是风。于是风就成了一个必须依赖之物。这种依赖固然不同于对世俗价值的依赖，而有了很大的提升，但就依赖本身而言，却是相同的。庄子这里用"有待"来表现这种依赖，也是他对列子主要的不满之处。

列子的另一次被提及是在《应帝王》中。那是一个明显的寓言，列子、列子的老师壶子和神巫季咸在这个寓言中出场。列子似乎很容易受到神巫的迷惑，表现得像是一个滑稽小丑。但是在壶子的指示下，列子看来是真正找到了通向大道（而不是小技，譬如御风而行）的门径。"雕琢复朴，块然独以其形立"，由雕琢复归于素朴，如无知之物般独立于世界。这正是庄子要肯定的态度。

从思想的联系上来考虑，列子的贵虚对于庄子的影响应该是巨大的。在道家的传统中，尽管老子已经注意到了"虚"的问题，有"致虚守静"❶"虚心实腹"❷之说，可是其重要性并没有得到特别的强调。关尹在其后有"贵清"的主张，❸列子的贵虚应该就是在这一基础上的发展。黄老学看来也分享了与列子相同的观念，因此强调"虚无形"作为"道"的性质。❹从这个背景上思考，庄子对虚的重视就不是空穴来风，而是渊源有自。而且他更把虚由道落实到人的心灵之上，提出"心斋"之说，并以"坐忘"来指示具体的实践途径。这种思想上的联系应该是庄子有限度地肯定列子的主要原因。

庄子注意到的人物还有宋荣子，一般以为就是宋钘，或者作宋牼。《逍遥游》说："而宋荣子犹然笑之。且举世而誉之而不加劝，举世而非之而不加沮。定乎内外之分，辩乎荣辱之境，斯已矣。彼其于世，未数数然也。虽然，犹有未树也。"《天下》曾经论到宋子的学说，以为"不累于俗，不饰于物，不苟于人，不

---

❶ 《道德经》十六章："致虚极，守静笃。"
❷ 《道德经》三章："虚其心，实其腹；弱其志，强其骨。"
❸ 《吕氏春秋·不二》："关尹贵清。"
❹ 参见《马王堆汉墓帛书》（壹），《经法·道法》，北京：文物出版社，1980年。

忮于众"，又引他的话说："君子不为苛察，不以身假物。"综合起来看，宋子是一个严格区分己（身）与物的人，而且不把己身作为追逐外物的工具。这应该就是所谓的"定乎内外之分"。在这个问题上，似乎可以发现宋钘与庄子的共同点。但是对于宋子来说，这种内外之分的执着，固然体现出他与世俗的不同，可是另一方面也表现出对己身的不能释怀。这最多算是强己以外物，与庄子的物我两忘仍然相距甚远。

到现在为止，我们还没有提到也许是对庄子思想影响最大的人物——老子。在一般的思想史描述中，庄子被认为是老子思想的主要继承和发展者。这种看法可以上溯到西汉初年，无论是司马迁的老庄同传，还是《淮南子》中的"老庄"并称，❶都反映出人们观念中老和庄之间的紧密联系。这种联系当然是以二者在思想上的共同性为前提的，另一方面也根据于庄子对老子的称述。内篇中涉及老子的地方总计有三处，《德充符》和《应帝王》的记载是很清楚的，庄子笔下的老聃一如柏拉图笔下的苏格拉底，乃是后起者出于对思想传统的尊重，因此取先行者为自己的代言人。我们且看庄子笔下老聃的话：

> 胡不直使彼以死生为一条，以可不可为一贯者，解其桎梏，其可乎？❷

> 明王之治，功盖天下，而似不自己。化贷万物，而民弗恃。有莫举名，使物自喜。立乎不测，而游于无有者也。❸

表达的无一不是庄子的思想。但《养生主》的一条因为有不同的理解，值得辨析：

---

❶ 《淮南子·要略》："考验乎老、严之术"，"严"即"庄"，因避讳改。此为文献所见"老庄"并称之始。

❷ 《庄子·德充符》。

❸ 《庄子·应帝王》。

> 老聃死，秦失吊之，三号而出。弟子曰：非夫子之友邪？曰：然。然则吊焉若此，可乎？曰：然。始也吾以为其人也，而今非也。向吾入而吊焉，有老者哭之，如哭其子；少者哭之，如哭其母。彼其所以会之，必有不蕲言而言，不蕲哭而哭者。是遁天倍情，忘其所受。古者谓之遁天之刑。适来，夫子时也。适去，夫子顺也。安时而处顺，哀乐不能入也。古者谓是帝之悬解。

所谓不同的理解主要是针对着这段话对老聃到底持何种态度？郭象注自"始也吾以为其人也"至"不蕲哭而哭者"云：

> 嫌其先物施惠，不在理上往，故致此甚爱也。

文中的"其"当然指老子。依郭象这里的解释，秦失对老子颇多不满，认为他先物施惠，行不由理，才导致很多人"如哭其子""如哭其母"。这里透露出明显的批评老子的意味。但是成玄英就已经对此进行了纠正：

> 蕲，求也。彼，众人也。夫圣人虚怀，物感斯应，哀怜兆庶，悯念苍生，不待勤求，为其演说，故其死也，众来聚会，号哭悲痛，如于母子。斯乃凡情执滞，妄见死生，感于圣恩，致此哀悼。以此而测，故知非老君门人也。❶

---

❶ 参见郭庆藩：《庄子集释》第一册，北京：中华书局，1982年，128页。

这里的凡圣之分，至为明显。众人凡情执滞，连老君弟子都不及，当然和老子本身更是无法相比。成玄英谓老子虚怀，与郭象之说也显然不同。郭、成的不同，当然可以从解释学的立场得到说明，这可以归结为解释者所处的不同历史背景或者个人的知识甚至好恶。在庄学流行的魏晋时代，特别是作为注庄者的郭象，眼中有庄而无老，不能说是反常的。而以成玄英的道士身份，再加上生活在普遍尊"老"的唐代，要他去批评老子恐怕是异常的困难。我们还可以注意明代和尚憨山德清的理解，其注"始也吾以为其人也，而今非也"云：

> 言我始与友时，将谓是有道者也。今日死后，乃知其非有道者也。

又注"是遁天倍情，忘其所受。古者谓之遁天之刑"说：

> 刑，犹理也。言聃之为人，不能忘情而处世。故有心亲爱于人，故人不能忘。此实自遁天真，忘其本有。古人谓此乃遁丧天真而伤其性者，非圣人也。❶

这简直是借庄子来排老子了。考虑到其僧人的身份以及佛道相争的事实，这种解释当然是能够理解的。但是后人如果信以为真，就把这看作是庄子的本义，恐怕就是掉进了解释者们挖下的陷阱。

如果抛开寓言，当我们回到实际的历史之中的时候，老子和庄子之间的思想联系是再明显不过的事实。尽管我们可以列举出二者之间无数的区别，但是这

---

❶ 《庄子内篇憨山注》，台北：建康书局，1956年。

些区别总是枝节的，而且遮挡不住背后本质的相同。譬如司马谈对于道家的概括"以虚无为本，以因循为用"同样适合于老和庄，虽然在《道德经》中主要体现为为君之道，到了庄子这里则基本上是处世之术。在具体讨论庄子的时候，我们在很多地方总能感受到老子的存在。老子的道、他的无为、他的为道和为学、他的"有之以为利，无之以为用"、❶他的"名与身孰亲？身与货孰多"？❷等等，在庄子中都留下了重重的痕迹。《天下篇》称老聃和关尹为博大真人，显然是渊源有自的。

庄子的思想世界是丰富的，但显然不是杂乱的。庄子不是老子、列子或者孔子，尽管他的世界中有他们。庄子就是庄子，他有道通为一的本领。他就像是《大宗师》中提到的大冶，以他的心灵为大炉，熔铸着整个的世界、人生和历史。这个大冶冶炼出的作品就是摆在我们面前的这本书，就是永远的《庄子》内七篇：《逍遥游》《齐物论》《养生主》《人间世》《德充符》《大宗师》和《应帝王》。

---

❶ 《道德经》十一章。
❷ 《道德经》四十四章。

一般人是游于方之内的,而庄子则游于方之外。

外内不相及,自内视外,在外的人自然就是狂的。

第一章
狂人和狂言

对于一个追求中庸和适度的民族来说,狂的魅力有时是无法言说的。囿于生存的环境,人们往往以各种各样的理由来掩饰自己对于狂的追求和渴望,但有时这种追求和渴望总是会不经意地流露出来。譬如通过他的更喜欢李白而不是杜甫,或者他的偶尔的放歌纵酒,或者只是他的对庄子的欣赏。"我本楚狂人,凤歌笑孔丘",似乎不仅是李白个人的自白。放歌纵酒,也不只是魏晋名士风流的影子。而他们都可以让我们想起另一个人,那就是庄子。

其实庄子的日常生活是很难用"狂"这个字来形容的。虽然由于他生活的年代距我们现在有两千三百多年,因此我们几乎不能描述他的具体生活。但是透过他的著作表现出来的他的处世方式,我们仍然可以做出上述的推断。他是一个不谴是非以与世俗处的人,他是一个小心谨慎的人,他是一个销声匿迹自埋于民的人,像这样的一个不显山不露水的人,他又如何能狂呢?但也许他只是出于某些理由在刻意地掩饰着什么,可是总有

纸包不住火的时候。在某些关键的时刻,庄子总能表现出特殊的姿态,让我们领略些"狂"的意味。《史记·老子韩非列传》记载:

> 楚威王闻庄周贤,使使厚币迎之,许以为相。庄周笑谓楚使者曰:千金,重利;卿相,尊位也。子独不见郊祭之牺牛乎?养食之数岁,衣以文绣,以入太庙。当是之时,虽欲为孤豚,岂可得乎?子亟去,无污我!我宁游戏污渎之中自快,无为有国者所羁,终身不仕,以快吾志焉。

作为最早给庄子立传的人,司马迁只用了几百个字来描写这位伟大的哲人,而上述的记载几乎就占据了一半的篇幅。他一定是觉得庄子的生活态度非常地与众不同,因此刻意记录于此。确实,对于热衷于追逐权力和财富的一般人来说,庄子的做法是难以理解的。当千金之利和卿相之位摆在面前的时候,他拒绝了。司马迁的叙述与《秋水》的一段记载是类似的:

> 庄子钓于濮水。楚王使大夫二人往先焉,曰:愿以境内累矣!庄子持竿不顾,曰:吾闻楚有神龟,死已三千岁矣,王巾笥而藏之庙堂之上,此龟者,宁其死为留骨而贵乎,宁其生而曳尾于涂中乎?二大夫曰:宁生而曳尾涂中。庄子曰:往矣!吾将曳尾于涂中。

如果我们把《秋水》和《史记·老子韩非列传》做一个比较的话,后者无疑包含着更多的意味。那里不仅有对卿相之位的拒绝,而且在拒绝的理由中特意提到了"自快"和"以快吾志焉"。这让我们看到庄子其实是一个很任性的人,不喜欢被束缚,即便那束缚来自有国者。我们是不是已经看到了狂呢?当然,对卿相之位的拒绝就已经够狂的了,而拒绝的理由是"自快",则更是狂上加狂。

也许，《秋水》中记载的另外一个故事把这种"狂意"表现得更加淋漓尽致：

> 惠子相梁，庄子往见之。或谓惠子曰：庄子来，欲代子相。于是惠子恐，搜于国中三日三夜。庄子往见之，曰：南方有鸟，其名曰鹓鶵，子知之乎？夫鹓鶵，发于南海而飞于北海，非梧桐不止，非练实不食，非醴泉不饮。于是鸱得腐鼠，鹓鶵过之，仰而视之曰：吓！今子欲以子之梁国而吓我邪？

这里的爽快在很大程度上是因为有了一个比较。被惠施那么看重的相位，在庄子看来不过像一只腐烂的老鼠，只有鸱才会喜欢的东西。庄子是以鹓鶵来自况的，此鸟"非梧桐不止，非练实不食，非醴泉不饮"，对于腐鼠是避之惟恐不及，又怎么会谈得上去追求呢？

生活中的庄子是没有梧桐、练实和醴泉的，因此对政治权力的拒绝意味着要延续他困顿的生活。庄子曾经做过漆园吏，这到底是一个什么样的职位，学者间并没有一个一致的看法。也许漆园是一个基层的行政单位，也许只是漆树的园子。但无论如何是很卑微的，而且庄子似乎也没有做很久。他的家境是贫困的，"处穷闾陋巷，困窘织屦，槁项黄馘"，❶ 这有似于颜回。不知道这是不是他喜欢依托颜回的一个理由？但颜回是一个谦谦君子，生活在仁和礼的世界，庄子不是，也不想是。当颜回和儒生们为了仕而学的时候，"其学无所不窥"的庄子却自觉地和政治权力拉开了距离。在一个把"学而优则仕"看作是生活正途的社会中，庄子"学而优而不仕"的态度自然显得非常另类。

庄子确实是另类的，这使他喜欢"畸人"之名。❷ 作为畸形的人，他有着和

---

❶ 《庄子·列御寇》。
❷ 《庄子·大宗师》："畸人者，畸于人而侔于天。"

正常人不同的想法,也过着和正常人不同的生活。这不仅表现在对权力的拒绝,还表现在其他的方面,譬如对生命和死亡的理解上面。在世俗的眼中,出生和死亡是生活中重要的事件,因此有一系列的仪式迎接生命的到来,礼送生命的结束。可是庄子不同,基于自己对于生死的理解,他对于这些仪式给予了足够的蔑视。《至乐》记载:

> 庄子妻死,惠子吊之。庄子则方箕踞,鼓盆而歌。惠子曰:与人居,长子老身。死不哭,亦足矣。又鼓盆而歌,不亦甚乎?庄子曰:不然。是其始死也,我独何能无慨然。察其始,而本无生。非徒无生也,而本无形。非徒无形也,而本无气。杂乎芒忽之间,变而有气。气变而有形,形变而有生,今又变而之死。是相与为春秋冬夏四时行也。人且偃然寝于巨室,而我嗷嗷然随而哭之,自以为不通乎命。故止也。

世俗的丧礼显然是没有遵守,不仅如此,还有鼓盆而歌的举动。庄子似乎刻意地想向世俗宣示着什么。这当然有他的理由,但问题不在于这种理由,而在于他对于这理由的坚持,并付诸行动。很多人或许有和庄子同样的想法,但是他们会把这想法隐藏起来,妥协于人群和世俗,循规蹈矩地行事。但庄子不,他想尽可能地做一个真实的人,也就是真人。虽然处在人间世中,人不得不"吾行却曲",也就是被扭曲,如庄子的"不谴是非以与世俗处",但是对真的追求永远不会消失,并一定会在生活中表现出来。

这种坚持也表现在庄子对待自己的死亡的态度上。而且与"庄子妻死"的一段相比,万物一体、生死一条的意识表达得更加明确。《列御寇》记载:

> 庄子将死,弟子欲厚葬之。庄子曰:吾以天地为棺椁,以日月为连璧,星辰为珠玑,万物为赍送。吾葬岂不备邪!何以加此?弟子曰:吾恐乌鸢之

食夫子也。庄子曰：在上为乌鸢食，在下为蝼蚁食，夺彼与此，何其偏也？

死亡并不是一件可怕的事情，它是向天地的回归，与日月、星辰、万物等合为一体。在这样的理解之下，人间的所谓陪葬的厚薄又算得了什么呢？而既然是一体，当然也就没有乌鸢或者蝼蚁的区别。这是真正的达观，达代表着通，自己和天地万物的通为一体。达观不免显得有些冷酷，儒家精心营造的温情脉脉的东西在这里被打得粉碎。但这却是世界的真实和真实的世界。庄子像是那个说出了国王什么也没有穿的小孩，他以自己的童心追求着真实，实践着真实。

真实就是狂。在一个虚伪的扭曲的社会中，真人往往被视为狂人，就像是惠施批评庄子鼓盆而歌的行为太过分。也许关于狂，我们很难找到一个统一的定义，但它总是对某种世俗标准的偏离。孔子在中庸的标准下，曾经有关于狂和狷的说法："不得中行而与之，必也狂狷乎！狂者进取，狷者有所不为。"❶ 但这里的狂和狷，都仍然是在中庸所规范的仁和礼的领域中。也许有些人做得过一点，有些人不及一点，总是离礼不会太远，总是在儒家的尺度之内。庄子式的狂则完全是在尺度之外的。庄子是要颠覆世俗的价值，世俗的规矩以及世俗的生活。也许《大宗师》说得对，一般人是游于方之内的，而庄子则游于方之外。外内不相及，自内视外，在外的人自然就是狂的。

事实上，庄子在某种程度上就是以狂人自居的。他并不想做一个世俗眼中的谦谦君子，那种生活太累，而且太没有意义。在《人间世》中，庄子借助于安排人物出场的先后顺序来表现自己的选择。先是孔子和颜回，然后是叶公子高，然后是颜阖，最后是楚狂接舆。他自觉地选择做一个像接舆一样的人物，并给出自己的理由。这理由就是他对于世界以及人和世界关系的理解。世界是不可逃避的，父子之亲，不可解于心；君臣之义，无所逃于天地之间。但世界又是无奈的，"来世不可待，往世不可追"，而"方今之时，仅免刑焉"。虽然无法逃离，但庄子不想进入这个他不喜欢的无道的世界。于是他像司马迁说的一样

---

❶ 《论语·子路》。

"游戏"。"游戏"是因为"严肃"地生活的不可能,像《人间世》中展现的颜回救世的不可能。

游戏就是狂。狂人似乎对这个世界采取了不认真或者无所谓的态度,他们不关心这个世界,不关心是非,不关心治乱,他们甚至不关心自己。但其实他们是最认真的人。因为认真,才狂。他们不想浑浑噩噩地生活,那种生活更像是梦游。我们可以想想最早的狂人箕子,虽然他只是佯狂,但也足以表现狂人生活的某一面。箕子是认真的,他不愿意和纣王同流合污,所以才佯狂。他也不愿意像比干一样失去生命,那样有些无谓。于是,佯狂具有了双重的意义:一方面是抗议世界的污浊;另一方面是保全自己的生命。

庄子当然不是佯狂。但在抗议和保全的方面,我们还是可以发现他和箕子之间的共同点。正因为如此,在很多时候,狂并不表现为孔子所说的进取,恰恰相反,是和狷者类似的有所不为。当孔子还在"知其不可而为之"的时候,接舆不是在歌唱着"凤兮凤兮,何德之衰!往者不可谏,来者犹可追。已而已而,今之从政者殆而"❶吗?世道的既衰又殆,退隐就有了足够的理由。夫子不也曾经有过退隐之志吗,所以有过"道不行,乘桴浮于海"❷的说法。那也许只是失意之后一时的感伤,但对庄子来说,却成为一贯的生存方式。当然,庄子不会浮于海,他不会退隐到人群之外,他要隐居于人群之中。这就是所谓的"陆沉":

是自埋于民,自藏于畔。其声销,其志无穷,其口虽言,其心未尝言。方且与世违,而心不屑与之俱。是陆沉者也。❸

---

❶ 《论语·微子》。
❷ 《论语·公冶长》。
❸ 《庄子·则阳》。

"陆沉"其实可以让我们想起《人间世》中提到过的"坐驰"。两者描写的都是心和形分离的状态,坐驰是形坐而心驰,陆沉则是形陆而心沉。他的身体虽然是在人群中——这是不可逃避的命运,他的心早已经如死灰了,于是就沉了下去。有了心的沉,才可以有形的狂。这种狂一方面表现为"不谴是非以与世俗处"的不在意或者无所谓,另一方面表现为"鼓盆而歌"的标新立异。

有狂人,于是有了狂言。最有名的《庄子》注释者郭象在评价庄子的时候,一开始就是"夫庄子者,可谓知本矣,故未始藏其狂言"。庄子的文字确实是狂的,这有两层意思:其一是形式上的,即庄子说话和写作的方式;其二是内容上的,也就是庄子透过文字要表达的意义。后一层的狂是我们整本书都会讨论的问题,所以这里的狂言,主要地也就集中在其形式的一面了。

郭象"狂言"的说法,其实该是本于庄子自己。《逍遥游》曾经记载了和狂人接舆有关的一段话:

> 肩吾问于连叔曰:吾闻言于接舆,大而无当,往而不返。吾惊怖其言,犹河汉而无极也。大有径庭,不近人情焉。连叔曰:其言谓何哉?曰:藐姑射之山,有神人居焉。肌肤若冰雪,绰约若处子。不食五谷,吸风饮露。乘云气,御飞龙,而游乎四海之外。其神凝,使物不疵疠而年谷熟。吾以是狂而不信也。

开始是言,结尾是狂,这应该就是"狂言"说法的出处。不过这里所谓的狂言主要还是就内容来说的,所以有"狂而不信"的说法。但为了配合内容上的狂,形式也就不得不做些改变。其实,我们是很难区分内容和形式的狂的,因为它们原本就是一体。虽然为了讨论的方便,我们暂时可以把内容放在一边。

狂言的具体表现,当然就是庄子特殊的说话方式。如果我们把《庄子》和先秦诸子的文字进行一番比较的话,其间的不同是显而易见的。譬如《道德经》更多地带有格言的色彩,《论语》主要是语录汇编,《墨子》是或述或论,《孟子》

是或论或辩，《荀子》是或论或议，但无论如何，都是属于"正论"的。而庄子的文字总是带有"参差"和"諔诡"的特点。《天下》说庄子"以天下为沉浊，不可与庄语"，似乎是认为在污浊的环境中，庄子不屑于说些正经而严肃的话。不过，在我看来，除此之外，非"庄语"的言说也许还有着其他的考虑，譬如关于语言本身的思考。在讨论这种思考之前，我们还是对庄子的"狂言"来进行一番了解。在这方面，并不需要费太多的工夫，因为庄子的弟子们已经注意到他们老师文字的特别，并进行了很好的概括。这就是《天下》所说的"以卮言为曼衍，以重言为真，以寓言为广"，以及《寓言》中更加详细的论说：

寓言十九，重言十七，卮言日出，和以天倪。

寓言十九，藉外论之。亲父不为其子媒，亲父誉之，不若非其父者也。非吾罪也，人之罪也。与己同则应，不与己同则反。同于己为是之，异于己为非之。

重言十七，所以已言也。是为耆艾。年先矣，而无经纬本末以期年耆者，是非先也。人而无以先人，无人道也。人而无人道，是之谓陈人。

卮言日出，和之以天倪，因之以曼衍，所以穷年。不言则齐，齐与言不齐，言与齐不齐也。故曰无言。言无言，终身言，未尝言。终身不言，未尝不言。

《天下》和《寓言》曾经被王夫之看作是庄子全书的序例，之所以赢得这样的理解，主要就是凭借这段话。[1] 它可以说是对《庄子》说话风格的概括，应该也

---

[1] 王夫之：《庄子解》，"此（指《寓言》——引者注）内外杂篇之序例也。"北京：中华书局，1985年，246页。

是前引《天下》那几句话之所本。这里提到了寓言、重言和卮言，学者通常用"三言"称之，值得我们仔细地讨论。

寓言的要害当然是在一个"寓"字上，其实庄子很喜欢使用这个字，譬如"寓诸庸"或者"寓诸无竟"等。这个时候，庸或者无竟总像是一个替身，它的背后还有另外的东西。这也许就道出了寓言的某些特点。寓言是"藉外论之"的，"外"就意味着还有"内"，但"内"是不出场的，出场的只是"外"。按照这里的说法，这并不是想故弄玄虚或者横生枝节，而只是出于世情的考虑。亲生父亲是不为自己的儿子做媒的，因为他夸奖儿子的话，一定不如外人夸赞的话更加可信。因为一般人的心理，人总是倾向于袒护自己的一方，对另外的一方则比较苛刻；所以从自己一方发出的关于自己的看法，一定不容易被另一方所接受。比较而言，外人关于自己的话，特别是赞扬的话，就显得客观，于是容易被一般的人认可。这个时候，托外人之口来说自己的话，就成为一种从俗的说话技巧了。

这明显是指庄子经常依托孔子和颜回等来说自己的话。这样说话的好处被认为是容易增加说服力和感染力，但我很怀疑是不是能够产生这样的效果，除非你假设读者是个白痴，因此完全没有分辨的能力。也许这只是庄子之徒的花枪，我们不应该完全局限在这个思路上面。其实，"寓言"作为一种说话方式，如果我们仔细回顾一下庄子以前和同时代人们说的话，就知道几乎是全新的。以前虽然也有依托，如儒家依托尧舜，墨家借重大禹，或者黄老求助于黄帝君臣等，但被依托者和他们说的话之间总是处在一种可以理解的关系中。也就是说，他们"说"的话是他们该说的话，可以说的话。但庄子的寓言不同，被依托者说的话并不是他们该说的话，甚至正是他们该说的话的反面。譬如由孔子和颜回共同演出的"坐忘"，或者孔子对颜回救世热情的扼杀，这就制造了一种荒诞的效果。你可以把这看作是游戏，或者一出戏剧，人们都在其中反串着某个角色。可是这仅仅是一场戏剧吗？庄子想要表达什么呢，譬如这个世界原本就是荒诞的，因此不值得认真对待，或者说话本身就是毫无意义的？如果我们把这种说话方式和他的思想联系起来的话，他是不是想通过这种荒诞的方式来达到一种类似于"齐物"的"齐言"的效果呢？

无论如何，寓言的说话方式都可以让我们去注意对立的人物或者思想之间的关系，并反省这种对立的真实性。在"寓言"这种形式中，对立消失了，取而代之的是"道通为一"，而不是"道不同不相为谋"。这看起来是荒诞的，孔子和庄子怎么可能有共同的想法呢？但在寓言中，它确实真实地发生了。这当然会提醒我们思考什么是真正的真实，对立还是相通？也许你会循着表面的对立，一直追溯到内在的相通之地。你会发现在孔子和庄子之间原来有一条便捷的路，他们很容易沿此走向对方。其实不仅是孔子和庄子，对立的事物之间都该是如此吧。这样看来，寓言就不仅仅是一种言说的方式，它就是内容本身，就是庄子思想的表达。

重言在某种意义上和寓言正好是相反的。后者是藉外论之，前者则是从自己的一方发出的。这更像是传统意义上的依托或者借重，因此没有一丝一毫的游戏的色彩。《天下》说"以重言为真"，大概就是这个意思。被借重者当然是属于耆艾，上年纪的人。这在传统社会中是再正常不过的，智慧总是和经历因此也就和年纪联系在一起，虽然年纪或者经历并不就意味着智慧。我们当然可以想到乌龟甚至蓍草，它们之所以有神秘能力的光环，无疑和它们的长寿有关。在道家的传统中，长寿不也被视为得道的标志吗？儒家好像对这一点也不排斥，孔子说的"吾十有五而志于学，三十而立，四十而不惑，五十而知天命，六十而耳顺，七十而从心所欲不逾矩"，也是一种对智慧的"与时俱进"的承认。也许正是因为这一点，在关于重言的说明中，《寓言》肯定着耆艾的同时，似乎更多地是在澄清耆艾并不必然意味着智慧。世界上有太多的人徒有耆艾的名义，却没有人们可以期望的"经纬本末"，或者"人道"。因此关键并不在于他是不是耆艾，而在于他是不是有道的耆艾。无人道者，庄子称之为"陈人"，这是不是在影射着儒家或者墨家推崇的那些圣人呢？

卮言一般被解释为无心之言。卮据说是一种酒器，酒后的话少了算计，直接从心里发出，所以多了些真实，少了些虚伪。心中无主，不落是非之域，因此以曼衍称之。对于无心之言，就像是对待童子的话，人们一般是不会计较的，于是就有了存身之用，所以有"所以穷年也"的说法。卮言有似于庄子在《人间世》中提到的内直的态度：

> 内直者，与天为徒。与天为徒者，知天子之与己皆天之所子，而独以己言蕲乎而人善之，蕲乎而人不善之邪？若然者，人谓之童子，是之谓与天为徒。

内指的就是心，直当然是不造作的意思。有内直态度的人一任其真心，所以叫"与天为徒"。这个时候，贵贱善不善的考虑都被抛在了一边，人就像是个童子，其所出言也就是无心之言。庄子说"与天为徒"可以免祸，也就是"穷年"之意。

无论如何，《寓言》关于寓言、重言以及卮言的说法都显示出庄子以及庄子学派对于语言和言说问题的重视。正是这种重视使得庄子总是非常刻意地选择着自己的说话方式。庄子是个吊诡的人，他反对辩论，可是他很善于辩论；他反对言说，可是他是一个语言大师。这种吊诡的根源也许是人和这个世界的复杂关系。这种选择一方面和世情有关，另一方面也包含着他对于语言本身的理解。事实上，庄子对于语言本身有一种根深蒂固的不信任，如《齐物论》所说，"言隐于荣华"，言经常为"文"所遮蔽，因此不能够恰当地表达意义。或者"言者有言，其所言者特未定也"，言的对象是变动不居的，因此言总是不能跟踪到意义。大道是不称的，大辩是不言的。这些说法都有似于老子，我们可以想起"美言不信，信言不美"❶以及"知者不言，言者不知"❷的教诲，或者"道可道，非常道；名可名，非常名"❸的说法。但这种对语言的反省并不代表着对语言的放弃。我们毕竟生活在人群和社会中，而语言以及文字，是人群之间沟通和理解的最主要方式。于是，庄子选择了狂言。

因此狂言本身也体现出了庄子一边立言，另一边却又破言的态度。立言就好像是从俗，我们只有通过语言才可以生存，才可以彼此交往，互相了解，但

---

❶ 《道德经》八十一章。
❷ 《道德经》五十六章。
❸ 《道德经》一章。

是真正的理解该是如子桑户等的"相忘以言"和"莫逆于心"的,所以破言才是求真。在这种立和破之中,就有了"言无言"❶的说法。以无言的态度来言,则虽言而无言。于是终日言,而未尝言。同样,如果执着于无言,其实是以另一种形式发言。那么,即便终日不言,其实却也是时刻未尝忘却言说吧。

从这个意义上讲,《庄子》这部书就是一种从俗的产物。言说尽管有它的局限,但它是必须的。我们不得已必须接受它,就好像是接受《庄子》,庄子当然不希望我们只固守着文字,副墨之子是最表层的东西,我们要透过它到达"疑始"的状态。《大宗师》的一段话是值得回味的:

> 南伯子葵问乎女偊曰:子之年长矣,而色若孺子,何也?曰:吾闻道矣。……南伯子葵曰:子独恶乎闻之?曰:闻诸副墨之子,副墨之子闻诸洛诵之孙,洛诵之孙闻之瞻明,瞻明闻之聂许,聂许闻之需役,需役闻之於讴,於讴闻之玄冥,玄冥闻之参寥,参寥闻之疑始。

这当然是对于闻道的工夫的一个描述,也许我们也该把它看作是读《庄子》时该有的一种态度。副墨之子就是所谓的文字,洛诵之孙是言说,瞻明可以看作是对世界的洞察,聂许则是透过耳朵所把握的世界的节奏,需役和於讴或许都和某种声音有关,❷玄冥则是一团寂静,然后是参寥,进入了一个寥廓的所在,最后是疑始,让我们想起《齐物论》中说的"未始有夫未始有始者也"的状态。

这样细致地描述闻道的步骤,似乎有泄露天机的嫌疑,对于庄子来说是不寻常的事情。庄子想告诉我们什么呢?他是告诉我们要通过语言呢,还是要忘掉语

---

❶ 《庄子·寓言》。

❷ 王夫之:《庄子解》,"需役,声也。声音在空,亦有待而行。"
其注"於讴",认为是"小儿声音之始也"。北京:中华书局,1985年,64页。

言呢？也许两者都有。在闻道的诸环节中，语言以及和语言相关的文字被放置在了最初的地方，我们必须通过它们，但是又必须超越它们。通过文字，你要到达语言，通过语言，到达眼，通过眼，到达耳……最后是到达一个怀疑是开始的地方，一个无何有之乡。

也许我们阅读《庄子》的时候，也该遵循同样的步骤。我们当然要了解文字，了解《庄子》在《汉书·艺文志》的著录中，其实是有五十二篇的，也就是司马迁说的十余万言。现在的三十三篇乃是郭象改编的结果。这种改编是非常有象征意义的：一方面你可以了解注释者的权力，他们在经典面前并不是完全被动的；另一方面，文字的"性质"也充分显露，文字任何时候都不是主人，它是"寓"，因此可以根据需要进行调整。无论是注释者，还是一般的阅读者，我们要找的是里面居住的东西。我们当然要通过它，但是我们永远不要执着于它，只有这样，我们或许才不负庄子著书的苦心孤诣。

简单介绍一下《庄子》这本书的情况应该是必要的。在流传至今的三十三篇中，我们可以看到它被分为内、外和杂三个部分，其中内篇七、外篇十一、杂篇十五。这种区分的意义也许主要在于表明该书作者和来源的复杂性。如学者们已经熟悉的，先秦的子书很多都不完全是个人著述，而是某学派的作品汇编。譬如《墨子》是墨家的作品总集，《荀子》中包含着荀子和他的弟子的文字。一般认为，《庄子》的内七篇是庄子自己的作品，外杂篇则出于庄子后学之手。当代学者中，刘笑敢先生对此曾经有详细的讨论，有兴趣的读者可以参考。[1] 我们也会在这本书的最后牵涉到这个话题。

---

[1] 刘笑敢：《庄子哲学及其演变》，北京：中国社会科学出版社，1987年。

.
.
.
.

庄子思考的主要是生命在乱世中的安顿。

这种放弃的态度使庄子可以不必殚精竭虑地进入这个世界,从而可以与世界保持适当的距离。

第二章
《人间世》

从前贾谊给文帝上《治安策》,有"可为痛哭者一,可为流涕者二,可为长太息者六"之说,❶笔墨之间,振聋发聩、触目惊心。其实读庄子的《人间世》,内中"不得已""无可奈何"以及"命"等字眼,也足以让人的心沉淀下来,去细细地体会作者为什么会有这种心境。一般来说,心境表现着一个人对于他所生活的世界的一种了解以及基于这种了解而产生的心理感受和生命经验。我们得承认,同样一个世界折射到不同人的心灵里面的时候,产生的景象是不同的。这一方面取决于心灵的敏感或者迟钝,另一方面也取决于这个世界究竟在多大程度上进入了你的头脑,从而成为心灵感受的素材。因此即便生活在同一个时代,不同人的心理感受和生命经验也都会有很大的差别。以贾谊而论,他所痛惜和流涕的正是同时代的其他人所不能了解的巨大危机。所以,当大部分人都在莺歌燕舞的时候,贾谊却孤独地敲起警钟。

❶ 见《汉书·贾谊传》。

由贾谊很容易过渡到庄子。贾谊做长沙王太傅时写成的《鵩鸟赋》，会不禁让人想起《庄子》，后者明显是前者的灵感和妙喻之所出。❶贾谊是敏感的，对政治、权力、生命和命运，对天和人。这种敏感让他在所傅的梁怀王坠马而死之后无法排解内心的郁闷，最后忧愤而死。这种敏感也让他在一定程度上发现了庄子，并成为他政治上失意时的一个精神慰藉。但是在很多方面，他和庄子都距离甚远。贾谊始终没有放弃过经世的愿望，他显然没有参透"人间世"的艰难，这成了他生命悲剧的主要根源。恰如庄子所描述的，生活在政治权力中的人，尤其是在一个无道的世界，即便没有金木外刑的加身（人道之患），内心的焦虑和紧张（阴阳之患）也足以让其不得安宁，最终在这种焦虑中结束生命。《汉书》中所述贾谊的"自伤为傅无状，常哭泣，后岁余亦死"，不就是一个明显的例子吗？

《人间世》表现的就是庄子感受到的世界。"人间世"这三个字包含着多少内容，对于每个世间的人当然是不同的。就庄子来说，当他用这三个字来命名这篇文字的时候，或者他立下这个篇题，然后写这篇文字的时候，他在想些什么呢？也许没有人知道，也许我们可以透过文字来尝试着寻找部分答案。给我的印象，作为篇题的这三个字，既可以看作是一个整体，又可以分开来各个品味：这人、这世界以及这人和这世界之间。人生活在世界上，他和这个世界究竟应该如何相处呢？不管这种理解适当与否，它确实是帮助我们把握《人间世》的一个重要线索。

对于庄子而言，"世界"的意义是很清楚的。庄子关注的从不是一个纯粹自然的世界。像古希腊的哲人那样去探讨究竟水还是火才是万物的本原，恐怕永不能激发起庄子的兴趣。《齐物论》说："六合之外，圣人存而不论。六合之内，圣人论而不议"，所谓"六合"，是指天地四方，它们之外的东西，可以用括号"封存"起来，不必讨论。可以讨论的只是六合之内的事物，但是也有一个界限，就是"论而不议"。庄子并没有明确地提到"论"和"议"的区别，仔细地体会，这区别也许在于："论"只是论列其条理和秩序，"议"则包含着美丑是非的评价。

---

❶ 详见董治安：《汉赋中所见老、庄史料述略》，刊《道家文化研究》
第四辑，上海：上海古籍出版社，1994年，93—94页。

所谓的六合之内，其实就是我们人类生活的这个世界，可以看得见摸得着的现实世界。这当然是一个"人"的世界，因此人也就构成了世界的主体，或者说世界这个舞台上永恒的主角。这里不仅有单个的人，更重要的是，这些人都生活在某种关系中。按照一般的分类，这种关系可以分成君臣、父子、夫妇、兄弟和朋友等。❶ 儒家对这些关系自然都是重视的，庄子对此也不轻忽。这当然不是说它们对于儒者和庄子有同样的意义，一定不是。儒者也许品味着或者陶醉在这些关系之中，如天伦之乐一词所显示的；但对庄子来说，他也许只是无奈地接受。这就决定了他只接受必须接受的关系。在庄子这里，主要指的是政治性的关系，也就是君臣一伦。因此，他讨论的世界主要也就是一个以政治为中心的世界。这是我们在《人间世》中很容易就可以发现的事实。

这当然不是说父子之亲对于庄子来说就是可有可无的东西，事实上，它和君臣之义被看作是天下的两个大戒。但和君臣关系不同的是，父子之亲由于并不构成对生命的威胁，因此基本上被排除在庄子的讨论之外。《人间世》是这样来描述君臣和父子的：

> 天下有大戒二：其一命也，其一义也。子之事亲，命也，不可解于心；臣之事君，义也，无适而非君也，无所逃于天地之间。

很多人都有一个误解，以为庄子如天马行空，无拘无束，如大鹏般翱翔于九万里之上，视世界如敝屣，殊不知漆园很清楚地意识到这世界是无法放弃的。这是命运，早时候刘康公的教诲"民受天地之中以生，所谓命也"，❷ 在庄子这里有了更明确的了解。天地更具体化为君主和双亲，也就是这里所谓的大戒。大戒也可以

---

❶ 《中庸》："天下之达道五，所以行之者三。曰：父子也、君臣也、夫妇也、昆弟也、朋友之交也。五者，天下之达道也。"
❷ 《左传·成公十三年》。

看作是两个大"桎梏",或者"枷锁",存在于人的生命之中。不过这枷锁或者桎梏不是人自己安置上去的,而是命运,是天。只要你生活在这个世界上,从降生的那一刻起,你就被套进这桎梏之中,无法逃避。这是与生俱来的,无法选择,因此也无法抗拒。认识到这一点是很无奈的,特别是对一个追求自由的人来说,但是从另一方面来说,认识到限制正是追求和获得自由的前提。这种限制决定了庄子对这世界的有限度的肯定:不管你愿不愿意,你都生活在世界之中。因此这世界就不仅仅是身外之物,而是和身体血脉相连的存在。

于是,表现在早期隐士中那种逃避世界的做法,被庄子彻底放弃了。似伯夷和叔齐那样逃避世界的人,无论出于什么样的理由,都会遭遇新的道德困境。这个困境表现在子贡评论隐者的文字中:"欲洁其身而乱大伦。"❶洁其身固然不是什么过分的要求,事实上,伯夷在儒家的圣人堂中也以"清"而占有一席之地。❷但是,如果是以放弃大伦作为前提,那么无论如何也是不能接受的。放弃君臣父子等大伦意味着什么呢?意味着你放弃了作为人的身份,从而成为与鸟兽同群者。但是,如孔子所说的:"鸟兽不可与同群,吾非斯人之徒与而谁与?"❸我们终究不能与禽兽为伍,而要生活在人的世界中。

和儒家一样,庄子很明确地意识到人是一个"世界"中的人,这构成了庄子思想的背景。但世界对于儒家和庄子的意义是不同的,并且相去甚远。看看庄子和儒者们的生活方式,我们就能得到部分答案。从孔子的周游列国到孟子的徘徊于齐梁之间,儒者总是希望进入这个世界,希望借助于君主来实现其政治理想。他们对这个世界并不一定是满意的,但是从不回避,因此更不会逃避。这种不满意可能促使他们想改变它,虽然从没有成功过。但庄子不,庄子自觉地拒绝着世界(譬如权力)的召唤。世界的无法逃避并不就引申出我们必须积极地进入世界这样一个结论,我们还可以有另外的一种方式,这种方式既不是逃避的,也不是进入的。在这个世界,但是又和它保持距离。也许对于庄子来说,他很喜欢的一个

---

❶ 《论语·微子》。
❷ 《孟子·万章下》:"伯夷,圣之清者也。"
❸ 《论语·微子》。

字眼——"游"——比较适合表现这种状态。"游"其实就是若即若离,也是不即不离,这是庄子选择的和世界相处的方式。

在我看来,这种选择主要立足于两点:一是庄子个人所感受到的真实的世界,一是对于儒家和世界关系所做的反省。前一点是最重要的,而后一点则是不可或缺的。这两点在具体的论述中往往交织在一起,很难截然地区分开来。

从理论上来说,世界无疑可以分成有道的和无道的两种。在《论语》和《道德经》中,我们都可以看到"天下有道"和"天下无道"的说法,❶这代表了对世界的两种理解和区分。一般而言,老子和孔子所感受到的世界都是无道的,庄子也不例外。但是,对于老子和孔子而言,这种无道主要表现在秩序的丧失,对于庄子,则是生命感受到的实实在在的威胁。我们且看看《人间世》一开始的描述:

> 回(颜回)闻卫君,其年壮,其行独。轻用其国,而不见其过。轻用民死,死者以国量乎泽若蕉。民其无如矣。

这种被安放在篇首的叙述就好像给人间世定下了一个基调,一个黑色的基调。在庄子的时代,人间世界的色彩在很大程度上是由无所逃的君主来决定的。这里描述的"卫君",是一个不折不扣的"暴人"。而"其年壮"似乎暗示着这样的世界还会在将来延续,读者尽可以了解庄子对世界的悲观感觉。这是彻底的悲观,黑暗的色彩看不到尽头,但你又无法逃脱出黑暗之外。生命在这里是微不足道的,到处都弥漫着死亡的气息。这种感觉在接下来的叙述中以不同的方式被描述

---

❶ 如《道德经》四十六章:"天下有道,却走马以粪;天下无道,戎马生于郊。"以及《论语·泰伯》:"天下有道则见,无道则隐。"《论语·季氏》:"天下有道,则礼乐征伐自天子出;天下无道,则礼乐征伐自诸侯出。"

着，譬如"其德天杀"的卫灵公太子等，而在篇末又达到了高潮。楚狂接舆过孔子之门时的歌中唱道：

> 凤兮凤兮，何如德之衰也。
> 来世不可待，往世不可追也。
> 天下有道，圣人成焉；
> 天下无道，圣人生焉。
> 方今之时，仅免刑焉。
> 福轻乎羽，莫之知载；
> 祸重乎地，莫之知避。
> 已乎已乎，临人以德；
> 殆乎殆乎，画地而趋。
> 迷阳迷阳，无伤吾行；
> 吾行却曲，无伤吾足。

这是庄子面对无道的人间世时唱出的一曲心灵的悲歌，也是和儒家进行的一场心灵对话。如果和很可能是作为这悲歌的写作素材的《论语·微子》中那几句简单的话比较的话，无奈色彩的增加是显而易见的：

> 楚狂接舆歌而过孔子，曰：凤兮凤兮，何德之衰？往者不可谏，来者犹可追。已而已而，今之从政者殆而！

作为神鸟的凤据说只是在圣君的时候才出现，从这一点就不难看出狂接舆内心对有道之世的渴望。可是如今的从政者呢？他们显然和圣君相去太远。天下有道则见，无道则隐，如今的世道，正是隐居而不是栖栖惶惶以求救世之时。《论语》中狂接舆所表现的，基本上是因为对君主和政治的失望，因此萌生的隐退的选择。《庄子》中的狂接舆不限于此。不仅是失望，更重要的是生存的危机。"来世不可待，往世不可追也"的说法描写出人无法选择的只能生活在当下的无奈处境，历史和未来都不足依赖，那么当下又如何呢？"方今之时，仅免刑焉"，看看周围的尸横遍野，看看残杀成性的君主，看看进退惟谷的权力世界，我们还能做什么呢？世界的残酷和无道使生存而不是救世成为人们的最高理想。这当然不同于天下有道时可以期待的宏图大展和功成名就。"天下无道，圣人生焉"，八个字中蕴涵了生存的无奈，圣人也只能把生命的保全作为主要的思想关怀。这并不是要刻意地回避世界的责任，而只是极端处境下不得已的做法。可是世俗中一般的人呢？他们仍然用生命和这个黑暗的世界在赌博。庄子形容道：像羽毛一样轻的福、一线希望，都不知道争取。像地一样重的祸，也不知道躲避。于是生命的沉沦甚至灭亡就是可以想见的事情了。在歌中，庄子执着地呼唤和寻找着人间世中可以生存的空间。为寻找这空间，你必须放弃"临人以德"和"画地而趋"的态度。你要学会在荆棘满地的路上曲折地行走，努力使自己的生命不受到伤害。这里，我们感受到了庄子哲学中最重要的问题，即生命的问题。和一般的哲人们把政治秩序作为其思考的中心不同，庄子思考的主要是生命在乱世中的安顿。他不是不关心秩序，可是觉得这问题非他所能关怀，或者只有在安顿生命之后才能关怀，于是就选择放弃，或者说暂时的放弃。这种放弃的态度使他可以不必殚精竭虑地进入这个世界，从而可以与世界保持适当的距离。这距离一方面保证其生命的远离危险，另一方面又保证其承担必须承担的责任，譬如不可逃的君臣之义和父子之亲。

在某种意义上，是这样的人间世让庄子把生命作为思想的核心问题，这样的问题当然会反过来影响他如何选择与世界处在一种什么样的关系之中。对人和世界关系的思考，似乎是《人间世》要讨论的中心。在这里，庄子实际上给出了三种不同的关系类型：第一种是篇首的颜回，那个满腔热情想要谏暴君化乱世的知识分子。他代表着希望以及正在进入这个世界的人。第二种是叶公子高、颜阖等，使者、太傅的身份显示出他们已经置身于政治权力和秩序中间。他们是已经在这个世界中的人。另一种是楚狂接舆，一个决心和这个世界保持距离的人，一个冷眼旁观的看客。

这三种关系可以是平行的，世界上确实同时存在着这几种人，或者几种态度。但在庄子这里，它们又不仅仅是平行的关系。《人间世》的叙述结构，从一个希望和正在进入世界的知识分子开始，经过几个在世界中苦苦挣扎的人，最后到一个决定离开世界的人结束。这种叙事的方式其实表现着庄子对这个问题的思考和解决的逻辑过程。这个过程既可以看作是庄子和世界的对话，也可以看作是和儒家的对话。从某种意义上，是庄子在解释为什么儒家立场的不可行，因此他要选择退却。

如前所述，在思考人和世界的关系上，除了无道的世界之外，儒家处理其与世界关系的方式也构成了重要的背景。从篇首仲尼和颜回的寓言，到篇末楚狂接舆歌而过孔子之门，儒家始终是《人间世》中庄子的对话者。颜回欲图救世、歌中说的"临人以德"和"画地而趋"的态度，表现的不正是典型的儒家式立场吗？客观地说，这种立场并不是特别的或者偶然的，而是相当普遍。其实，人从最开始被放置在这个世界上，按照自然的或者一般的逻辑，他应该与这个世界处在或者保持一种积极的关系之中。庄子式的选择不是人们生活的基调，虽然他可能是一种游戏。在我看来，游戏可以是备用的生活方式，但不是作为基调的东西。那基调应该是儒家式的思想所表达出来的，譬如对这世界的肯定，积极地进入这世界，处理世界上各种各样的关系、责任和义务，并从中确立自己的位置。因此，当世界处在无序的状况中时（譬如礼崩乐坏），拯救就成为不能逃避的责任。如《人间世》篇首的颜回，在了解了暴君的行为之后，便想依从夫子先日"治国去之，乱国就之，医门多疾"的教诲，去行拯救的责任。这是典型的儒家式态度的表达，或许也是庄子曾经有过的态度。庄子并不是生来就是我们看到的庄子，未必没有过一个救世的心，他曾经做过漆园的小吏，无论如何，也算是拥有过一点点的权力。这也许正是那个曾经存在的救世之心的昙花一现。可是问题在于：这个世界真的可以挽救吗？或者说，这个世界真的可以因为一个人（自己）的介入而发生改变吗？

这里面当然包含着复杂的问题。譬如，在考虑这种介入的有效性之前，先要问一下你有没有介入的途径？在一个专制而不是民主的社会里，任何的介入都绕不开君主这扇门。但是君主喜欢你的介入吗？以庄子最喜欢依托的孔子为例，他当然是一个积极要介入这个世界的人。他周游列国，期望着推行他的尧舜之道，但是结果呢？"再逐于鲁，削迹于卫，伐树于宋，穷于商周，围于陈蔡"，❶ 七日不火食，惶惶如丧家之犬。国君们对他的主张似乎都没有太大兴趣，为了崇高的目的，孔子不惜自导自演了"子见南子"的戏剧。这场面在当时就受到弟子和他人的诟病，以至于孔子要通过对天发誓来表明自己没有另外的心志。❷ 而他的后学们也要找出各种各样的理由进行辩护。这个事件本身当然没有太大的意义，可是其中反映出的知识分子的尴尬遭遇却是值得思考的。

政治和社会批判是知识的责任，知识分子只是承担这种责任的载体。在专制社会中，这种批判最后针对的一定是君主。庄子对这一点是最了解不过的。颜回、孔子和卫君正是知识分子和君主的象征。庄子刻意地选择这几个角色出场，其实显示着政治仍然是他思考的背景，甚至是最重要的背景。人一进入这个世界，天上就有个太阳，人间就有一个君主，这是无所逃的命运。生活在理想的社会里或者至少是有希望的社会里当然是一种幸运，但很多时候人是不幸的。如果你碰巧碰到一个"其年壮，其行独。轻用其国，而不见其过。轻用民死，死者以国量乎泽若蕉。民其无如矣"的卫君呢？年壮似乎暗示着无道社会的终止遥遥无期，行独则表现着残暴君主的一意孤行。最初你也许会像颜回一样冲动，你的热血在沸腾，你的嘴巴张开着说着什么，你想用年轻人的理想改变破败的社会，腐朽的权力，残暴的君主，于是你迈开了步伐，走进政治，走向君主，命运会怎样呢？这会不会是一条不归路？

在庄子笔下，颜回代表的年轻人的冲动受到老师无情的讥讽。孔子的一个"嘻"字给人的印象是深刻的，看起来像是冷笑；而"若殆往而刑耳"的话，听起来绝对是当头棒喝。在一个仅免刑焉的时代，在人们应该努力寻找生存空间的时候，颜回却朝着相反的方向走去。在这里，庄子借孔子之口提出了对他自己而言最重要的一个原则：

---

❶ 《庄子·让王》。
❷ 《论语·雍也》："子见南子，子路不悦。夫子矢之曰：'予所否者，天厌之！天厌之！'"

> 古之至人，先存诸己而后存诸人。所存于己者未定，何暇至于暴人之所行。

读这段话的时候，总会想起真正的孔子（相对于寓言中的孔子）所说的"己欲立而立人，己欲达而达人"。[1] 在这种推己及人的思路中，包含的是儒者积极救世的愿望和理想。虽然己立和己达也是需要的，但其重点是放到了立人和达人上面。寓言中的孔子显然不同，先存诸己而后存诸人的说法虽然并没有完全排斥推己及人的思路，但是重点无疑是"存诸己"。和立人、达人比起来，这个差别是重要的，"存诸己"体现出的首先是对自己生命的重视，救世因此落在了生命之后，成为次要的东西。这样，在救世和生命之间发生冲突的时候，选择就是一件很容易的事情了。

"先存诸己而后存诸人"的原则，使得对己的关怀成为比救世更重要的考虑。当然，这只是个原则，提出之后，你还要证明它。你要证明救世的不可能，证明牺牲的无谓，从而让人安心于这种后退。譬如，当一个人像颜回那般去做的时候，你该如何说服他呢？也许，我们该引用寓言中孔子的话：

> 且若亦知夫德之所荡而知之所为出乎哉？德荡乎名，知出乎争。名也者，相轧也；知也者，争之器也。二者凶器，非所以尽行也。且德厚信矼，未达人气；名闻不争，未达人心。而强以仁义绳墨之言术暴人之前者，是以人恶有其美也，命之曰灾人。灾人者，人必反灾之。若殆为人灾夫。

当你想以自己的德行和知识去感化别人的时候，你实际上是把自己看成善的象

---

[1]《论语·雍也》。

征，同时把别人看成是恶的代表，并借由自己的善来突显别人的恶，用别人的恶来显示自己的善。这样做就好比是在向别人的头上扣屎盆。用庄子的话来说，就是"灾人"。这还不是挖个坑，让别人跳？这种情形之下，别人还有跳和不跳的选择。这是直接在别人坐的地方挖坑，而地陷、而陆沉，则是让人没有选择的余地。也许你并没有这种想法，但这不重要，重要的是别人是否认为你有这种想法。特别是一个暴人，他是不会理解你善良的愿望的。你的德和知刚好足以引发和强化他倾轧和争斗之心。灾人者人必反灾之，这是人之常情。尤其当被你灾的人是一个拥有绝对权力者的时候，你的命运如何，是可想而知的。

这就是一个临人以德的救世者可能面对的局面。这种情形之下，你当然可以选择做一个烈士，为了理想、道德和名誉。像是桀的朝廷中的关龙逢，或者纣的朝廷中的王子比干，他们的死给他们带来了永远的忠臣的美名。当然相应地，也强化了桀和纣原本就残暴的形象。但是，即便是儒家也不鼓励这种做法。三谏而不从则去之，就足够了。何必非要谋杀生命，和自己过不去？而且，如果你真是一个忠臣的话，你又怎忍心用死来向世界证明你的君主的残酷呢？借用庄子的话，死仍然是一种灾人的方式，最后的也是最极端的方式。

好在大部分时候，知识分子都是知进又知退的。于是我们看到庄子描述的滑稽的也是沉重的画面，惟妙惟肖的画面。"而目将荧之，而色将平之，口将营之，容将形之，心且成之。是以火救火，以水救水，名之曰益多。"在王公的权势和生存的愿望双重压力之下，原本信心十足无所畏惧的进谏者竟突然生出了怯心。随之而来的就是眼睛的眩惑，容貌的缓和，嘴巴的唯唯诺诺，内心的迁迁就就。于是，和最初的良好愿望相反，君主在这种交锋中不仅没有被改变，反而得到了加强。在无意之中，试图救世者竟然成了暴君的帮凶。

也许那些支持进谏以救世的人还可以想出各种各样的办法，就像庄子笔下的颜回。如"端而虚，勉而一""内直而外曲，成而上比"等。前者指的是外端肃而内谦虚，外矜持而内纯一，既能保持谏者的身份，又考虑到了君主的心态。但是在庄子看来，这种做法对于志得意满、颜色无常、骄横跋扈的君主来说，不会有任何效果。后者要更复杂一些，所谓"内直"，庄子解释说是"与天为徒"。在天的面前，所有人包括天子和普通人都是平等的，都是天之所生，因此不必有太多的遮掩。这是人所得之于天的方面，能够保持这样的想法，就像是天真的童子。童子之言，一般人是不会怪罪的。所谓"外曲"，是"与人为徒"，人间社会总是有自己的秩序和等级。人臣的事君之礼，在人间社会中是必须的，因此也是进谏者应该遵守的。所谓"成而上比"，是指"与古为徒"，即借古言古训以立说。如此做法的好处在于，即便古言古训为君主所不喜，君主也不大好去为难那些引用的人。这样复杂的费尽心机的做法，也许能够使谏者全身而退，可最多也只能达到这一点。要想"化"君，那还是遥不可及之事。

可是如果不能化君，你绞尽脑汁想出的那些办法不是化作乌有了吗？那还不如从一开始就不去尝试这件费力不讨好的事情。当然，如果不尝试，你又怎知道结局会是这样的呢？庄子不是一个只会简单地给出结果的人，他要描述出整个的思考过程，让读者跟着他无奈地走一回（"潇洒走一回"是更后面的事）。的确，谏者已经是够无奈的了，可是更无奈的还在后面。

让我们接着来看一个使者的命运。使者承担的是一个话语传递的任务，在普通人之间传话并不是一个太困难的事情。可是如果是在国君之间呢？甚至是在敌对的两个国家的国君之间呢？"两军交战，不斩来使"固然为使者的性命提供了一个形式上的保证，可是对性命的危害并不仅仅来自于此。我们试读庄子笔下的楚国的大夫叶公子高，他在承担了出使齐国的使命之后所有的那种进退维谷的心情。叶公清楚地意识到，"事若不成，则必有人道之患。事若成，则必有阴阳之患"。不能完成君主的任务，惩罚当然是可以预知的事情，这是人道之患；即便侥幸完成了，那紧张恐惧委曲求全等等对身体的伤害也在所难免，因此阴阳之患是总也逃不掉的。事实的确如此，还没有等到真正的出使，阴阳之患就来到了。庄子笔下的叶公说道：

今吾朝受命而夕饮冰，我其内热与？

"内热"一词是非常形象的，我们从中可以感受到那种内心的焦虑和紧张。这种焦虑和紧张来自于使命和生命之间的冲突，同时也来自于患得患失的用心。也许，如果你完全将生死置之度外的话，内热的情形也就不会发生了。可是，谁又会轻易地把生命弃之不顾呢？

固然，有德者也许可以避免这种进退维谷的处境。他们可以在"知其不可奈何而安之若命"的心情中行事，因此最大限度地避免喜怒哀乐等情感对生命造成的伤害。他们也可以努力汲取过去的经验，譬如遵循《法言》中"传其常情，无传其溢言"等教诲，以尽可能地免于人道之患。可是，最根本的问题是：为什么我们非要让自己陷入到荆棘满地的境地呢？

和颜回欲化卫君的寓言一样，庄子这里仍然在极力渲染人间世的艰难。在这里是使者的艰难：

> 丘请复以所闻：凡交近则必相靡以信，远则必忠之以言。言必或传之。夫传两喜两怒之言，天下之难者也。夫两喜必多溢美之言，两怒必多溢恶之言。凡溢之类妄，妄则其信之也莫，莫则传言者殃。故法言曰："传其常情，无传其溢言，则几乎全。"

> 且以巧斗力者，始乎阳，常卒乎阴，泰至则多奇巧；以礼饮酒者，始乎治，常卒乎乱，泰至则多奇乐。凡事亦然，始乎谅，常卒乎鄙；其作始也简，其将毕也必巨。言者，风波也；行者，实丧也。夫风波易以动，实丧易以危。故忿设无由，巧言偏辞。兽死不择音，气息茀然，于是并生心厉。克核大至，则必有不肖之心应之而不知其然也。苟为不知其然也，孰知其所终！故法言曰："无迁令，无劝成。过度益也。"迁令劝成殆事。美成在久，恶成不及改，可不慎与！且夫乘物以游心，托不得已以养中，至矣。何作为报也！莫若为致命，此其难者？

李白有"蜀道难，难于上青天"的说法。可是和自然的挑战比起来，来自于人间世的危险要大得多。蜀道难，我们还可以不走，或者绕着走。可是人间世有时候是不可以选择的。作为一个使者,你不能选择拒绝使命,你还要努力完成使命,在完成使命的同时你还要照顾生命。也许你以为"巧"可以帮助你渡过难关,可是庄子说不。"以巧斗力者,始乎阳,常卒乎阴",就像是"以礼饮酒者,始乎治,常卒乎乱"。暂时的侥幸并不能阻止最后的危险的到来。也许最好的办法是你放弃一切幻想,在不得已中把自己交付给这个世界。不要计较使命的成败,不要在乎生存还是死亡。可是,这离从政者最初的理想相去该是很远的吧?

还有第三个寓言,关于太子太傅的。太傅的职责当然是教育太子,未来的君主。在一般人的心目中,这应该是一个求之不得的角色。可是实际的处境如何呢?我们且看颜阖的道白:

> 有人于此,其德天杀。与之为无方,则危吾国。与之为有方,则危吾身。其知适足以知人之过,而不知其所以过。

当你面对这样一个"天杀"的储君的时候,你发现自己不小心被置于一个进退两难的处境里面。为了存身的考虑,你应该做到随顺而不是顶撞,可是这样的话,就意味着你要放弃太傅的良心和责任。一边是所谓的道德和正义,另一边是生命,你该选择哪一个呢?庄子当然是不会让自己陷入这样尴尬的处境中去的,事实上,他正是想通过这种吊诡的局面、极端的处境来突出权力世界的危险。不过,为了增加滑稽的效果,庄子还要努力帮忙寻找此种处境下的应对之道。借蘧伯玉之口,庄子说道:

> 戒之慎之,正汝身也哉!形莫若就,心莫若和。虽然,之二者有患。就不欲入,和不欲出。形就而入,且为颠为灭,为崩为蹶;心和而出,且为声为名,为妖为孽。

恐惧之中的戒慎是当然的。你该非常小心自己的反应,你的形最好是随顺的,你的心最好是平和的。但是,你要注意不要走过了头。随顺如果变成了"进入",就是同流合污;平和如果变成了"荡出",则会兴风作浪。其结局是一样的,都是互相的倾轧和争斗。庄子具体描述形就心和的状态:

> 彼且为婴儿,亦与之为婴儿。彼且为无町畦,亦与之为无町畦。彼且为无崖,亦与之为无崖。达之,入于无疵。

这显然不是画地而趋,拿一个固定的规矩来束缚自己。我的心是没有任何坚持的,任何外在的变化都不足以动摇我的内在之和。我的心是虚的,因此可以惟变所适。但说到底,这种形就心和不过也就是存身之术,所谓的"达之,入于无疵"。除此之外,并没有再多的东西。也许很多人不屑于此种做法,他们不想迁就和随顺,觉得那样会太委屈。他们想舒展一下自己的身体,像庄子笔下的螳螂。结局会是如何呢?庄子说:

> 汝不知夫螳螂乎?怒其臂以当车辙,不知其不胜任也。是其才之美者也。戒之慎之,积伐而美者以犯之,几矣。

这正是螳臂当车成语的出处。螳螂想阻止巨大的车轮,毅然伸出了手臂。最后,不仅是手臂,连同生命一起,螳螂都奉献了出去,但车轮仍然在前进着。他的用心自然是美好的,但与他的美好用心给人留下同样深刻印象的是他的缺少自知之明。庄子是要求着知己知彼的,既了解自己,也要了解这个世界。这样,你才会找到合适的角色和位置。于是,庄子呼唤着戒慎小心。他提醒那些因为拥有德行或者知识而沾沾自喜的人们,不要恃才傲物,落得和螳螂一样的命运。

戒慎小心就是所谓的随顺，所谓的形莫若就。生活在政治和权力的世界中，就好像是生活在凶猛的老虎旁边。这让庄子想起了养虎的人：

> 汝不知夫养虎者乎？不敢以生物与之，为其杀之之怒也；不敢以全物与之，为其决之之怒也。时其饥饱，达其怒心。虎之与人异类而媚养己者，顺也。故其杀者，逆也。

聪明的养虎人是不会刺激老虎的怒心的，所以不会给它活的东西，也不会给它完整的东西。养虎者对老虎一直是采取顺的态度的，所以可以换得与老虎的和平共处。如果是逆，等待他的就只有死亡。君主在某种意义上就是老虎，你要小心着不要让他发怒。你也要顺着他，而不要和他对着干。即便你对着干完全是出于一片忠心，可是君主是没有闲暇来关心你的用心的。爱马者的例子表达的正是这一点：

> 夫爱马者，以筐盛矢，以蜄盛溺，适有蚊虻仆缘，而拊之不时，则缺衔毁首碎胸，意有所至而爱有所亡，可不慎邪？

从"以筐盛矢，以蜄盛溺"，可以想见马所享受到的优厚待遇。所以当蚊子等附着在马身上的时候，出于爱心，用手去挥打就是很自然的事情了。但是马也许不这样想，它会把这误认为是对自己的袭击，因此会愤怒异常。它会挣脱限制它的衔勒和辔头，发动反击，于是人遭蹄踏，毁首碎胸。

"意有所至而爱有所亡"，这九个字是值得仔细品味的。一般人的看法，爱总是个好的东西。所以儒家讲仁爱，墨家讲兼爱。虽然有爱有差等和爱无差等的分别，但其为爱是一样的。爱是对对象的一种主动的施与，它的方式是推己及人的，其基础是对不同事物之间共同性的相信，用《齐物论》中的语言，即对"物之所同是"的信任。譬如孟子所说的口之于味有同嗜焉，心之于理义有同然焉等。这是一种对普遍性的承认，因为有同是，所以由此及彼的行为就是合理的。但庄子从本质上是不相信"物之所同是"的存在的，他也不相信人和人之间的相知。因此他对由此及彼的爱的拒绝就是合乎逻辑的和不可避免的。对庄子来说，如下的问题一直是挥之不去的：我爱某个人，可是这个人愿意接受我的爱吗？或者他会理解我的爱吗？像是寓言中的马，可能不会理解为它驱除蚊蝇之人的爱心和善意。

拒绝爱并不是一定要接受恨。在庄子的思想中，是没有恨的位置的，入世之深让庄子全身都透着冷峻。在我看来，拒绝爱其实就是拒绝颜回式的救世的另一种表达，这种拒绝让我们回到对自己而不是对别人或者世界的关注上面。在《人间世》中，我们发现庄子一直在给自己从世界的退却寻找着理由和根据。他不是不懂人间世，相反，庄子是个入世颇深的人。《系辞传》说："唯深也，故能通天下之志。"不深不能用如此老辣的笔墨勾勒出人间世的百态，并进入各种人物的内心世界。从颜回、叶公子高到颜阖，庄子让我们看到的都是政治人物们的无奈，他们曾经的雄心壮志早就烟消云散，剩下的只是和这个世界的虚与委蛇。如果是这样，我们为什么还要进入这个世界呢？

为什么要进入这个世界？是因为我们有心。我们的心里充满着是非和善恶，于是我们是其所是，非其所非，善其所善，而恶其所恶。我们喜欢美好的东西，拒绝丑恶的东西。我们想化丑恶为美好，化腐朽为神奇。可是我们有这个力量吗？没有。庄子不是愚公。他知道如果你不能感动天神的话，移山是不可能的事情。而天神是无情的因此也是不能被感动的。所以庄子选择了放弃。于是他要让自己的是非善恶之心消失。不消失又能如何呢？只会增加痛苦和焦虑。于是我们接触到了对于庄子和读者而言都十分重要的"心斋"。在篇首颜回和仲尼的寓言中，仲尼在不断地否定了颜回的救世之方后，终于给出了颜回在人间世的存身之道：

仲尼曰：斋，吾将语若。有心而为之，其易邪？易之者，暤天不宜。颜回曰：回之家贫，唯不饮酒不茹荤者数月矣。如此则可以为斋乎？曰：是祭祀之斋,非心斋也。回曰:敢问心斋。仲尼曰:若一志,无听之以耳,而听之以心;无听之以心,而听之以气。听止于耳,心止于符。气也者,虚而待物者也。唯道集虚。虚者,心斋也。

仍然要从有心说起。化君救世的行为,当然源自于有心。你以自己的标准想改变这个残暴的世界,想"易"这个世界。在庄子看来,"易"是皞天都不会觉得适当的行为。天之所以大,是因为它的能因而不是能易。人当然也该如此。于是仲尼点出一个"斋"字来。所谓的"斋"当然不是仅仅在形式上的"不饮酒不茹荤",这对于家贫的颜回而言实在是最容易不过的事情了。❶ 这种祭祀时需要的"斋"也许仅仅是形体上的,可以和心灵无关。但庄子要的却只是心斋。

简而言之,心斋指的就是心的完全虚静的状态,心里面没有任何的东西。但我们需要进一步的说明。庄子这里提到了耳、心和气,并把它们看作是三个不同层次的东西。前两个层次也许不同,但在要被否定这一点上却没有分别。庄子要求无听之以耳和无听之以心,而要听之以气。因为气是虚而待物的,它没有任何的欲望、坚持和偏见,因此可以因,可以在这个世界中游,而不和它发生冲突。庄子这里当然没有提到气的另外一个意义,这就是通,事实上,气是把世界万物通为一体的基础。耳和心则不同,只有某些声音或者事物是顺耳和顺心的,另一些则不是。这就有了分别,有了执着,有了冲突。这正是它们要被否定的理由。在听之以耳和听之以心的阶段,我们的心里有外物,有知识,有坚持。听之以气则不同,心此时如气一般的虚无恬淡。这就是心斋,就是使心变得像气一样的虚而不实。于是你在世界之中,却可以无心而任化。庄子进一步地解释心斋之妙用:

---

❶ 颜回家贫之说,见于《论语·雍也》:"贤哉,回也! 一箪食,一瓢饮,在陋巷,人不堪其忧,回也不改其乐。贤哉,回也!"

> 颜回曰：回之未始得使，实自回也；得使之也，未始有回也，可谓虚乎？
>
> 夫子曰：尽矣！吾语若：若能入游其樊而无感其名，入则鸣，不入则止。无门无毒，一宅而寓于不得已，则几矣。绝迹易，无行地难。为人使易以伪，为天使难以伪。闻以有翼飞者矣，未闻以无翼飞者也；闻以有知知者矣，未闻以无知知者也。瞻彼阕者，虚室生白，吉祥止止。夫且不止，是之谓坐驰。夫徇耳目内通而外于心知，鬼神将来舍，而况人乎！是万物之化也，禹、舜之所纽也，伏戏、几蘧之所行终，而况散焉者乎！

"实自回也"和"未始有回也"，说的正是有心和无心两种境界。一个是中心有主的，你可以清楚地意识到有一个"自己"存在，这个自己驱使着你去做一些事情，而不做另一些事情。一个是宅心于无的，没有自己，也没有外物。前者是实的，后者则是虚的。在虚心的状态下，你生活在这个世界，却可以不为这个世界的声名所动。对你来说，没有所谓的功，也没有所谓的名。能鸣的时候则鸣，不能鸣的时候则止。没有任何固定的应世之门，也没有任何要执着的救世之方，有的只是与时俱化的不得已。

这是一种无心的生活，无心则虽有迹而无迹。庄子前面说，"不择地而安之"。这话是有所指的。譬如有些为了绝迹而避世的人，他们是择地而安之的。但正如庄子指出的："无适而非君也，无所逃于天地之间。"果真如此的话，逃避是没有意义的。关键的不在于择地，而在于用心。陶渊明的诗说："心远地自偏。"这是深得庄子之意的。心远了，地无论如何熙熙攘攘，也是偏的。反过来说，地再偏，如果心离这个世界很近，也总会是熙熙攘攘的。因此庄子并不主张避世式的绝迹。所谓"绝迹易，无行地难"，说的正是这个意思。要避世是很容易的，你尽可以逃到某一个偏僻的地方，譬如山林中，像是伯夷和叔齐。但人终究要在地上行走。对于庄子来说，重要的不在于形体，形体的逃避总是相对的，受限制的。心灵的逃避才是真正的逃避。

心灵的逃避就是心斋，就是在这个世界面前的不动心。这种不动心并不是伪装的，因为它的基础是无心，庄子把它称为"天使"，以与有心的作为即"人使"相对。"人使"是可以伪装的，甚至还可以伪装成不动心，但"天使"是无伪的。

这种不动心让你可以不受这个世界的限制，不为这个世界所累，从中超越出来。这种超越，庄子称之为"飞"。"闻以有翼飞者矣，未闻以无翼飞者也"，这种飞当然不同于鸟的飞，鸟的飞是需要借助于翅膀的。当然也不是有心的飞，有心而飞，始终不会摆脱世俗的引力，反而越吸越紧。这是无翼之飞，也就是心灵之飞。心是无翼的，它的飞也不需要借助于任何东西，它需要的只是无心，无心则可以超越世俗的世界，到达天庭。就好像心斋状态中人与道的合一。

显然，无心就意味着对知识的排除。在儒家中，知识或者知识的能力是一直被强调的德行。心的超越需要借助于知识才能完成，例如，一个人先需有道德的知识，才会自觉地做道德的事情。这也是在《大学》的八条目中，"格物致知"被置于最前面的理由。知识也许相当于庄子这里说的"翼"，儒家是要靠它才能起飞的。但庄子不。在庄子看来，知识甚至都不能应付这个世界，更不会助你起飞。无论是颜回的、叶公子高的、颜阖的，或者任何一个人的知识都是如此。更要紧的是，知识作为一种外向的行为，会让生命淹没在外部世界中。在知识中，人心追逐着外物，从而成为外物和世界的奴隶。

因此，庄子排除知识的态度是坚定而明确的。但这并不是对所有的"知"的拒绝。他清楚地指出了有知之知和无知之知的区别，前者是借助于知识所达到的知，后者则是忘掉知识之后对世界的理解。有知之知是有限的，无知之知才可以让人们超越。前者是关于物的知识，后者则是关于道的知识。你必须先忘掉这个世界，才可以到达另外一个世界。忘掉物，才可以走向道。在忘掉万物之后，心就成为一个虚室，里面什么都没有。但就在这虚室里，却生出无限的光明。这是真正的智慧之光，它可以穿透万物，到达万物之初。它引领着人从外物回归到道，同时也就回归到生命本身。追逐于外物的生命是不得安歇的，即便形体安静着，心灵却一直忙碌而焦虑着。庄子形象地称之为坐驰。与之相反的则是"徇耳目内通而外于心知"，耳目不再执着于外物而是通向内心，心知被排除了，于是一切归于寂静。心是寂静的，世界是寂静的。

就这样，在动荡的世界中，庄子发现了一个存身之地。你需要退却才可以到达这个存身之地，舍此没有别的办法。你要放弃救世和有为的心，也要放弃为救世和有为而储备的知识及才能。知识和才能能给你带来什么呢？焦虑、痛苦和危险。虽然亡羊补牢，未为晚也。但最好的选择是从一开始就不进入这个世界。从一开始,你就该是个无用的人。在经历了对人间世诸多无奈和痛苦的描写之后,庄子正式开始了他的无用之旅。也许和他曾经做过漆园吏有关,庄子似乎很喜欢拿树木来做道具。一个关于栎社树的寓言说:

> 匠石之齐,至于曲辕,见栎社树。其大蔽数千牛,絜之百围,其高临山十仞而后有枝,其可以为舟者旁十数。观者如市,匠伯不顾,遂行不辍。弟子厌观之,走及匠石,曰:自吾执斧斤以随夫子,未尝见材如此其美也。先生不肯视,行不辍,何邪?曰:已矣,勿言之矣!散木也。以为舟则沉,以为棺椁则速腐,以为器则速毁,以为门户则液樠,以为柱则蠹,是不材之木也。无所可用,故能若是之寿。

> 匠石归,栎社见梦曰:女将恶乎比予哉?若将比予于文木邪?夫楂梨橘柚果蓏之属,实熟则剥,剥则辱。大枝折,小枝泄。此以其能苦其生者也。故不终其天年而中道夭,自掊击于世俗者也。物莫不若是。且予求无所可用久矣!几死,乃今得之,为予大用。使予也而有用,且得有此大也邪?且也若与予也皆物也,奈何哉其相物也?而几死之散人,又恶知散木!匠石觉而诊其梦。弟子曰:趣取无用,则为社何邪?曰:密!若无言!彼亦直寄焉!以为不知己者诟厉也。不为社者,且几有翦乎!且也彼其所保与众异,而以义喻之,不亦远乎!

庄子知道自己提出了一个与众不同的思路。当一般人都追求有用追求学而优则仕的时候,他则追求无用。从材的角度来看,栎社树是无用的,所以"匠伯不顾,遂行不辍"。在匠伯看来,此树的质地让它"以为舟则沉,以为棺椁则速腐,以为器则速毁,以为门户则液樠,以为柱则蠹",所以没有人会砍伐它,于是可以长成百围之大,可以长寿。

当匠伯说"是不材之木也。无所可用,故能若是之寿"的时候,他是对的。但他之所以引起栎社树的不满,是因为没有体会到栎社树的独特用心。"且予求无所可用久矣"，这种无用乃是此树"求"来的，乃是自觉的选择。栎社树看惯了文木的"以其能苦其生"的惨状，大枝折，小枝泄，不终其天年而中道夭。它们都是以自己之能吸引来世俗的斧斤。因此栎社树选择了无用来保全自己，无用正所以成其大用。栎社树问道："使予也而有用，且得有此大也邪？"这是庄子向世俗人群的追问。通过这种追问，庄子向人们显示着他选择退却选择无用的理由和用心。

如果我们去读《人间世》的话，我们还可以继续看到类似的主题。我们可以看到另一棵大树，庄子发挥着不材之材的道理：

> 南伯子綦游乎商之丘，见大木焉有异：结驷千乘，隐将芘其所藾。子綦曰：此何木也哉！此必有异材夫！仰而视其细枝，则拳曲而不可以为栋梁；俯而视其大根，则轴解而不可以为棺椁；舐其叶，则口烂而为伤；嗅之，则使人狂酲三日而不已。子綦曰：此果不材之木也，以至于此其大也。嗟乎，神人以此不材。

另外还可以看到对材之患和不祥之大祥的说明：

> 宋有荆氏者，宜楸柏桑。其拱把而上者，求狙猴之杙斩之；三围四围，求高名之丽者斩之；七围八围，贵人富商之家求樿傍者斩之。故未终其天年而中道之夭于斧斤，此材之患也。故解之以牛之白颡者，与豚之亢鼻者，与人有痔病者，不可以适河。此皆巫祝以知之矣，所以为不祥也。此乃神人之所以为大祥也。

材之大小虽不同，但都可以为人所用，从而中道夭于斧斤。庄子还提到了有残疾的动物和人，他们因为其残疾不适合于祭祀，所以就有免于做牺牲的幸运。在巫祝看来，这些残疾的人是不祥的，奉献给神灵的牺牲起码该是完全的。但此种不祥在神人看来，却正是大祥。在这种残疾中，生命的存在得到了保证。

庄子终于把话题拉回到了人，这才是他关心的世界。他给我们描述了一个残疾人的形象：

> 支离疏者，颐隐于脐，肩高于顶，会撮指天，五管在上，两髀为胁。挫针治繲，足以糊口；鼓筴播精，足以食十人。上征武士，则支离攘臂而游于其间；上有大役，则支离以有常疾不受功；上与病者粟，则受三锺与十束薪。夫支离者其形者，犹足以养其身，终其天年，又况支离其德者乎！

也许仅仅从名字，我们就可以知道些支离疏的样子。他的脖子缩到了脐部，他的肩膀比头还高，他的发笄是朝天的，他的背是在上面的……还有谁会比支离疏更丑陋而无用呢？也许人们都会可怜这样的一个废人，但庄子却发现了他的用途。不是吗，他可以不必服兵役和劳役。当别人都在躲避征召的时候，他却可以在闹市中闲逛；不仅如此，他还可以接受国家的照顾，譬如救济的粮食和柴物。当其他有用的人死在战场或者劳役中的时候，支离疏却可以自食其力地生活。这难道不是无用之人的用途吗？

庄子当然不是要每个人都变成残疾，他是想说，一个人在形体上无用就可以有这样多的好处，如果他拥有一个无用之心呢？有了无用之心，他的形体即便是完整的，但也是无用的。因为他没有见用于世的愿望。所以，比支离其形更重要的，庄子要支离其德。他要打散心中郁积的所谓道德、知识等，使其一归于无。他要做一个散人，而不是材人。如此，则有用之心全无，无用之用顿显。《人间世》以如下的文字结束全篇：

> 山木，自寇也；膏火，自煎也。桂可食，故伐之；漆可用，故割之。人

皆知有用之用，而莫知无用之用也。

阅读这段话的时候，在欣赏着庄子冷峻的智慧的同时，我们的心头总是会升起些凄凉的感觉。如果没有那些拿着刀和火的人，山木会遭到砍伐，膏火会变成灰烬吗？桂虽然可食，也可以不去伐它；漆虽然可用，也不必割它。一切都由于无道的世界，它让有用的人失去了展示其才能的机会，于是他们只有收敛智慧，蜷缩起来，销有用以归于无用。于是，救世变成全生，热血变成冷峻，豪情变成无奈，颜回变成了楚狂人。

也许，我们还是应该再回顾一下《人间世》的叙述结构。从人的角度来看，这是一个从颜回开始，经过叶公子高、颜阖等，到楚狂接舆结束的结构；从人和世界的关系着眼，这是一个从想积极地进入这个世界开始，到发现世界的艰难和无奈，然后以和这个世界保持距离来结束的结构；这也是一个从积极地求见用于世到追求无用的结构，一个表现从热向冷的转变的结构。更重要的，这是一个体现庄子生活和心理轨迹的结构。

作为士阶层的一员，庄子一定有过颜回式的救世的决心，这其实也代表了战国时期"士"阶层主流的意志。只要看一看那时期的"游士"们，就知道我说的并不是虚话。从纵横之徒到法术之士，从"为神农之言者"[1]的许行到"背周道而用夏政"[2]的墨子，从号称"治天下如运诸掌"[3]的杨朱到声称"（天）如欲平治天下，当今之世，舍我其谁也"[4]的孟子，哪一个不想通过游说来赢得人君的信任，从而在现实中得到行其道的机会呢？尽管有商鞅的车裂，有吴起的腰斩，但这丝毫不能动摇游士们走进权力的决心。他们把这看成是自己必须要从事的事业，如孟子"士之仕也，犹农夫之耕也"[5]一语所表示的，士之从政是他们

---

[1] 《孟子·滕文公上》。
[2] 《淮南子·要略》。
[3] 《列子·杨朱》。
[4] 《孟子·公孙丑下》。
[5] 《孟子·滕文公下》。

天赋的责任和使命，就像耕田之于农夫那样自然。但是，通过叶公子高和颜阖所表现出的权力世界中的真实情形，足以让庄子思考如下的问题：政治权力是否值得包括自己在内的"士"们如此追求和留恋，还有没有政治世界之外的另外一个世界？换言之，"仕之于士"能不能构成一个绝对性的命令？如果不是，就意味着"士"还可以有另外的选择，譬如退隐。

和孔子"知其不可而为之"的态度不同，庄子选择了知其不可而不为。也许在庄子看来，孔子的精神是令人敬佩的，但不一定是智慧的。有了山的那种静（执着），还要不要水的那种动（灵活）？当你发现面前是一座不可跨越或者很难跨越的大山的时候，你有没有考虑过放弃大山，乘着一叶扁舟在小河里浮游呢？我们应该相信，并不是只有一个世界，而是有不同的世界。至少在政治的世界之外，还有一个生命的世界。

或许我们可以以李白的一首《行路难》来结束本篇的讨论：

> 有耳莫洗颍川水，有口莫食首阳蕨。
> 含光混世贵无名，何用孤高比云月。
> 吾观自古贤达人，功成不退皆殒身。
> 子胥既弃吴江上，屈原终投湘水滨。
> 陆机雄才岂自保，李斯税驾苦不早。
> 华亭鹤唳讵可闻，上蔡苍鹰何足道。
> 君不见吴中张翰称达生，秋风忽忆江东行。
> 且乐生前一杯酒，何须身后千载名。

对于李白来说，在现实世界之外，还有一个酒的世界。这可能不是庄子要的，庄子没有提到过酒，但他有一个内心的世界。

.
.
.
.

庄子所谓的养生，在根本的意义上就是如何处理自己和他人以及社会的关系，如何在错综复杂荆棘遍地的环境中找到一个安全的存身之地。

第三章
《养生主》

　　当生命的问题由于人间世的险恶，因此取代救世而成为思想关注的核心的时候，围绕养生进行的讨论也就成为自然而然的了。从名义上来说，作为篇名的"养生主"既可以理解为养生为主，又可以理解为养生之主。前一种理解和庄子哲学关注生命的主题是吻合的，而后一种理解则能够突出庄子对养生问题的特殊见解。的确，庄子所谓的养生，并非如彭祖寿考者所喜好的吹呴呼吸、吐故纳新、熊经鸟申等类的技巧。❶ 这些技巧当然可以满足延年益寿的目的，可是和庄子理解的养生却显得风马牛不相及。彭祖们是把人作为一个自然人来思考的，在这种思考中，一个人可以不在意别人的存在，社会的存在。因此人与人的关系不在他们要处理问题的范围之

---

❶ 《庄子·刻意》："吹呴呼吸，吐故纳新，熊经鸟申，为寿而已矣。此道引之士，养形之人，彭祖寿考者之所好也。"

内。这有些像《达生》中提到的单豹。❶ 可是庄子不同。庄子的问题发生在人间世，他的思考也始终是在人间世中的思考。因此他的养生，在根本的意义上就是如何处理自己和他人以及社会的关系，如何在错综复杂荆棘遍地的环境中找到一个安全的存身之地。

这个存身之地其实并不是一个实际的物理空间，譬如山林或者庙堂，我们毋宁把它理解为一种生存态度。一个人如何理解生命，理解生命和外物的关系，这对于养生来说是最根本和重要的东西，也就是养生之主。因此养生主要并不是养形，而是养心，培养出一种重生的态度。这也正是《养生主》的根本问题所在。在这个短篇的开头，庄子写道：

> 吾生也有涯，而知也无涯。以有涯随无涯，殆矣。已而为知者，殆而已矣。为善无近名，为恶无近刑，缘督以为经。可以保身，可以全生，可以养亲，可以尽年。

问题是明白的，所谓的保身、全生、养亲、尽年，归根到底都是养生。进入问题的方式也是明白的，即生和知的关系。对于庄子而言，生命的有限和知识的无限形成了一个鲜明的对比，而知识的无限意味着万物或者世界的无穷无尽。当有限的生命和无限的世界相遇的时候，我们该采取一种什么样的态度呢？我们仿佛看到了一个人站在浩瀚大海的边际，他是选择穷毕生之力挑战大海呢，还是只想游戏于沙滩？对于持后一种态度的人而言，也许他是觉得大海的深邃随时都可能吞没自己的生命，或者大海无限不停地在消磨着自己的生命，而自己却永远也不能了解大海。因此他和大海达成了一种默契。对于前一种态度来说，很明显的，人和大海处在了一种对立的关系中，挑战、征服或者被征服，而不是生命，构成了

---

❶ 《庄子·达生》："鲁有单豹者，岩居而水饮，不与民共利，行年七十而犹有婴儿之色，不幸遇饿虎，饿虎杀而食之。"

真正的问题。

庄子的态度也是明白的。穷毕生之力去求知的人是危险的，因为这会把人带进一个不可捉摸的世界。知道这种危险又不停止的人，当然更是无药可救。读这段话的时候，总是会想起惠施，也想起《天下》中对惠施的评论：

> 弱于德，强于物，其涂隩矣。由天地之道，观惠施之能，其犹一蚊一虻之劳者也。其于物也何庸？夫充一尚可，曰愈贵道，几矣！惠施不能以此自宁，散于万物而不厌，卒以善辩为名。惜乎！惠施之才，骀荡而不得，逐万物而不反，是穷响以声，形与影竞走也。悲夫！

惠施以他的博学和辩才，大概早就赢得了"知者"的名誉。可是什么才是真正的知？果然如庄子所说的，有真人然后有真知，惠施显然是算不上真人的。真人该是这个世界的主人，而不是奴仆。可是惠施呢，他或许解释了万物和整个世界，可就是遗忘了最重要的东西——自己。"散于万物而不厌""逐万物而不反"，我们看到的是一个被外物牵引而时刻不得休息的人，像是追逐太阳的夸父。他总是感觉着饥渴，于是拼命地去寻找着前面的水源，却不知道停下来才是最好的解除饥渴的办法。这像是形和影的竞走、声和响的比拼，哪里会有结束呢？

当然会有结束，但这结束不该是悲剧性的，像夸父般死去。生命的结束固然意味着形影竞走的完结，可是也是生存以及附着在生存之上的所有"意义"的完结。需要另外一种结束，在这种结束中，生命延续着，并显现出新的意义。这种结束就是老子说的"知止不殆"[1]的知止，知识是没有止境的，但你的心该有一个止境。你该给知识划一个界限，也该认真思考知识和生命的关系。知识是为了生命的，而不是相反。因此，生命，永远是生命，而不是知识或者与之相连的外

---

[1] 《道德经》四十四章。

物，才是我们最应关心的对象。

这与另外的教导显然是不同的。无论是儒家还是墨家，从没有把生命看作是一个重要的关怀，更不要说终极的关怀了。对于儒家而言，仁义和礼乐，道德和秩序始终是他们思考的核心。杀身成仁、舍生取义，都在宣示着道德相对于生命而言的优先价值，善恶、是非等的区分以及相应的实践被认为是最重要的事情。在《孟子》中，"知"不就是被定义为"是非之心"吗？❶ 而且这是非之心被看作是人人都具有的能力，这种能力引导着人去追求道德的生活，成为君子和圣人。

当道德优先的儒家和生命优先的庄子相遇的时候，他们的冲突就是不可避免的了。在生命的主题之下，道德注定要成为次要和从属的东西。道德是捉摸不定的，儒家有儒家的道德，墨家有墨家的道德，但生命却是唯一的，是每个人都可以切近感受的东西。我们在杨朱那里已经看到了针对儒家特别是墨家提出的"轻物重生"之论，这要轻的物中就包括着道德在内。利天下是义吧，但要"拔一毛而利天下"，杨朱也是不为的。我们在庄子这里同样也可以看到对包括道德在内的物的蔑视。

从字面上来看，"为善无近名，为恶无近刑"似乎还保留和承认着善和恶的区分，但是在这种说法的背后，善恶的区分早已经被取消了。重要的不在于善和恶，如果他们真的重要的话，庄子应该像儒家的信徒一样，把"勿以善小而不为，勿以恶小而为之"奉为圭臬的。要紧的是无近名和无近刑，因为它们都是关乎着生命的。刑当然是对于生命的伤害，名又何尝不是如此呢？于是我们看到道德（譬如善和恶的区分）在生命面前的退场，至少是退却。

但这并不是说你可以过一种不道德的生活。如果说道德的生活是立足于善恶区分之上的对于善的追求，那么不道德的生活刚好相反，该是对于善的破坏以及相应的恶的实践。庄子是善恶俱谴，是非两行的，没有尧，也没有桀。如果以儒家的标准来看，你可以说这是非道德的生活，但绝不是不道德的生活。"非"和"不"虽然只有一字之差，意义却迥异。"不"是和所"不"的东西相对的，而"非"

---

❶ 《孟子·告子上》："是非之心，知也。"

却不和所"非"的东西相对。它处在另外的层次上。如果让庄子来选择的话,也许他更喜欢用超越道德来形容自己对于生活的理解。的确,在任何意义上,这都是一种对于道德的超越,而不是简单的否定。

这让我们想起了老子,他曾经有"大道废,有仁义"[1]的说法,也提到过"失道而后德,失德而后仁,失仁而后义,失义而后礼"[2]。他的道始终是超越世俗所谓道德譬如仁义的。天地是不仁的,圣人也该如此。[3]虽然庄子和老子处理的问题不同,但在超越世俗道德这一点上,他们是一致的。庄子不愿意执着于某个东西,无论它是善的或者恶的,那对生命都没有什么好处。他要的是虚心以游世,就是这里说的"缘督以为经"。

什么是"缘督以为经"?理解这句话的关键显然是在"督"字上。就它的本义来说,督指的就是人脊背的中脉。因其居中,所以如郭象等就直接地把"缘督"理解为"顺中"。又因其无形质,所以也可以和虚联系起来。王船山似乎将这两种意思结合了起来:

> 奇经八脉,以任督主呼吸之息……身前之中脉曰任,身后之中脉曰督。督者居静,而不倚于左右,有脉之位而无形质者也。缘督者,以清微纤妙之气,循虚而行,止于所不可行,而行自顺,以适得其中。[4]

这把本义和引申义说得都非常明白。所谓的"缘督以为经",其实就是不论是非善恶,而循着事物的脉络空隙,游戏于其中。说游戏,当然是轻松了些。不过,

---

[1] 《道德经》十八章。
[2] 《道德经》三十八章。
[3] 《道德经》五章:"天地不仁,以万物为刍狗;圣人不仁,以百姓为刍狗。"
[4] 王夫之:《庄子解》,北京:中华书局,1985年,30—31页。

就其无论善恶是非的一面而言，却还是适当的。

于是我们就看到了庖丁的出场。这是一个最善于游戏的人，在牛的身体中游戏。庄子的文字，乍看起来都是断的，但仔细琢磨，却都是血脉相连。由上一段到庖丁解牛就是如此。解牛的一段，如注释者已经说过的，演绎的其实就是"缘督以为经"这五个字。我们且把这个寓言抄在下面：

> 庖丁为文惠君解牛，手之所触，肩之所倚，足之所履，膝之所踦，砉然响然，奏刀騞然，莫不中音。合于《桑林》之舞，乃中《经首》之会。文惠君曰：嘻，善哉！技盖至此乎？庖丁释刀对曰：臣之所好者道也，进乎技矣。始臣之解牛之时，所见无非全牛者。三年之后，未尝见全牛也。方今之时，臣以神遇而不以目视，官知止而神欲行。依乎天理，批大郤，导大窾，因其固然。技经肯綮之未尝，而况大軱乎？良庖岁更刀，割也；族庖月更刀，折也。今臣之刀十九年矣，所解数千牛矣，而刀刃若新发于硎。彼节者有间，而刀刃者无厚；以无厚入有间，恢恢乎其于游刃必有余地矣。是以十九年而刀刃若新发于硎。虽然，每至于族，吾见其难为，怵然为戒，视为止，行为迟，动刀甚微，謋然已解，如土委地。提刀而立，为之四顾，为之踌躇满志，善刀而藏之。文惠君曰：善哉！吾闻庖丁之言，得养生焉。

这寓言的寓意该是很清楚的，可是寓言之所以为寓言，就是因为它可以做多角度的解读，这也许就是解释者乐于解"解牛"的原因吧。文惠君的"吾闻庖丁之言，得养生焉"，当然是点睛之笔，对于这寓言来说是不可或缺的。它防止了解释过程中的过度游移，而把思考限制在养生的范围之内。

对于一个解牛的活动来说，三个有形的因素是一定被关涉着的。这就是庖人、牛以及庖人使用的解牛工具——刀。当然还有无形的因素，这包括庖人的技巧、经验以及理解等等。在这三个有形的因素中，庄子显然更关心刀的命运。同样的刀,在不同的庖人手中,以不同的方式来解牛,它们就会有不同的结局。好一点的庖人(良庖)一年换一把刀,普通的庖人(族庖)一个月换一把刀,那么这寓言的主角庖丁呢,他的刀用了十九年仍像是刚从磨刀石那里磨出来一样。这当然并不是因为刀有什么不同,如徐笠山所说:"族庖之刀入庖丁手,便可十九年矣!"❶ 反过来,庖丁之刀入族庖手,也只有一月。关键在于解牛的技巧,他们是如何运刀来解牛的呢?

牛当然是一个庞然大物,其中有众多的骨骼关节和盘根错节之处,如果你没有对牛的结构文理了然于胸的话,刀由于和这些骨节的遭遇战而受损就是不可避免的了。"良庖岁更刀,割也。"一年一更刀的庖人是经常"割"牛的。"族庖月更刀,折也"。一月一更刀的庖人则用刀来和牛死嗑。那么庖丁呢:

> 依乎天理,批大郤,导大窾,因其固然。技经肯綮之未尝,而况大軱乎?……彼节者有间,而刀刃者无厚;以无厚入有间,恢恢乎其于游刃必有余地矣。是以十九年而刀刃若新发于硎。

这是目前文献中所见"天理"二字最早的出处,关注古代中国哲学概念范畴历史的人可能会对此感兴趣,不过我们要先把这放下。可以看出,庖丁是一个"看透了"牛的庖人。因为看透了,所以他可以依循着牛自然的纹理,而游刃于其间。解牛之所以可能,首先因为牛原本就是可分解的。它不是有很多骨骼吗,骨骼之间不是有很多缝隙吗?你可能觉得这些缝隙很小很小,但是你要知道刀刃是极微细的,这微细的刀刃完全可以在缝隙中找到足够的空间,游动有余,而避免割或者折的命运。

---

❶ 参见藏云山房主人:《南华大义悬解参注》,严灵峰编《无求备斋庄子集成初编》卷十五,台北:艺文印书馆,1972年。

是什么让庖丁可以达到这样挥洒自如的境界？这是文惠君的问题，也是读者的问题，可能更是那些良庖和族庖的问题吧。如果我们把实际的解牛过程称作"手解"的话，那么在"手解"之前，庖丁已经先有了"目解"，而"目解"之前，则是"心解"和"神解"。如庖丁所说："始臣之解牛之时，所见无非全牛者。三年之后，未尝见全牛也。方今之时，臣以神遇而不以目视，官知止而神欲行。"未尝见全牛的目无全牛，实际上就是"目解"。在庖丁的眼中，各种的关节骨骼纹理清晰地呈现，牛早已经被分解成不同的部分。他好像是带着一个透视镜，这个时候，动刀已经不是盲目的行为，而是由眼而手的自由的实践。不仅如此，"目解"之上，还有"神解"。对于为文惠君解牛的庖丁来说，他和牛的接触是凭借神（以神遇）而不是目（不以目视）。所谓的"官知止而神欲行"，表达的是一种得神应手的状态。在这个时候，依赖于外物同时也是区分物我的感官已经退场了，取而代之的是可以通同物我的神气。庖人和牛浑然一体，于是解牛也就不完全是一种外在的活动，一种工作，而是一种艺术的表现。

手解、目解和神解，很容易让我们想起心斋。在那里，耳、心和气也构成了"听"的几种不同的境界。虽然"听之以耳"和"听之以心"也有着高下之别，可是在有"我"因此也就有着"物""我"区分这一点上，它们是共同的。这里仍然存在着一个外在于我的对象，因此，在我和对象之间仍然没有真正的"通"。如果没有这种通的话，我和物之间能够有真正的理解吗？我能够理解那天籁之音吗？但是，听之以气就不同，这个时候，我被虚化了。我的虚化当然不是表现为身体或者生命的消失，而是心的无何有的状态。在这个状态中，随着我的消失，物和我的界限也就消失，世界通同为一个整体。就像是庖丁的解牛，在这个过程中，庖丁、刀和牛已经融为一体。

到现在为止，我们仍然没有涉及解牛的寓言和养生之间的关系。不过，该是这样做的时候了。庖人、刀和牛在养生的主题下各自象征着什么呢？简单地说，它们分别代表着人、生命和社会。不是有不同的人吗，至人、神人、圣人、君子、俗人等等，就好像是不同的庖人。他们以不同的方式面对社会，相刃相靡的、逐万物而不反的、形为物役心为物溺的以及逍遥游于其间的，就好像是不同庖人的不同的运刀解牛的方式。因此，他们也就有着不同的命运，劳形怵心的，中道夭折的或者尽其天年的，好比是不同庖人手中的刀，或一月，或一年，或十九年而如新。透过解牛的寓言，庄子要告诉人们的是：我们该如何处理与一个错综复杂的社会的关系，才能够使我们身处其中又不受伤害甚至优游自在呢？

牛当然是一个庞然大物。在我们熟悉的动物中，只有它才适合于用来表现同样庞大的社会。对于一个缺乏经验的庖人来说，牛的庞大足以让他在最初面对它的时候无所适从，不知下手处。一个模糊不清的东西，你不知道它的纹理、骨节、深浅，可是你必须要进入它，这个时候一定是战战兢兢的。你当然要避免盲人摸象情形的出现，执一端以为全体，对你来说是有百害而无一利的。因此，你首先要做的是弄清牛到底是个什么玩意儿？你要让它的纹理、骨节、肌肉清清楚楚地呈现在你面前，达到庖丁说的目无全牛的地步。这样的话，你对牛的一切才了然于胸，动刀的时候也就可以挥洒自如。面对社会的时候呢，你当然也该如此，要进入它，你必须先了解它。当你看透它的时候，你才可以发现其缝隙，优游于其中。

这也就是缘督以为经。前人说："只道说宰牛故事，岂知移花接树，直归到缘督为经部里来。"[1] 是正中寓言的肯綮的。任何一个时候，或者面对任何一个对象，中空处才有你回旋的余地。你要去面对那充实的地方吗，譬如骨头和肌肉？冲突就是不可避免的。想想那些一般的或者稍好一些的庖人吧，他们的刀或割或折，于是难免夭折的命运。你也想这样吗？当然不。庄子的追求是很明白的，这就是全生、保身、养亲和尽年。

如我们最初已经提到的，和彭祖们不同的是，庄子的养生问题是在人和社会的关系中提出的，因此如何处理这种关系也就成为其关注的核心。其具体的表现就是处世的技巧。处世是需要技巧的，就像是解牛。解牛的技巧在很大程度上取决于庖人对牛的理解。不是要"依乎天理，批大郤，导大窾，因其固然"吗？你先要知道牛的天理是什么，它的固然又是什么。这样你才可以因、可以依，也才可以缘。物是有着可因之妙的，人也是可以领悟到因物之妙的，这里是你的知识（关于物的知识）和态度（因物的态度）的结合，这种结合就会构成技巧。

---

[1] 参见藏云山房主人：《南华大义悬解参注》，严灵峰编《无求备斋庄子集成初编》卷十五，台北：艺文印书馆，1972年。

于是我们看到了知识的位置。知识并不是在任何意义上都该被否定的东西，关键是知识和生命的相对关系。生命是为了求知呢，还是相反？如果对外物的知识可以帮助我们达到或者实现对外物的控制（物物），那么知识就该是受到肯定的。反过来，如果生命的意义仅仅被归结为求知，因此追逐外物成为生命的全部，那就是庄子说的以有涯随无涯，危险之极。

我们也看到了技巧的位置。庖丁解牛的技巧让文惠君为之惊叹不已："技盖至此乎？"这种技巧看起来像是艺术，"手之所触，肩之所倚，足之所履，膝之所踦，砉然响然，奏刀騞然，莫不中音，合于《桑林》之舞，乃中《经首》之会"。也因此，它已经超越了技巧，而至于道的境界。技巧再巧，也仍然是人为的产物，因此也就带着人的有限性，而道则是一任自然。对于庄子而言，相对于自然的造化——天工——来说，人的技巧实在是微不足道。如《逍遥游》所说："日月出矣，而爝火不熄，其于光也，不亦难乎？"或者像那穷三年之力才制作一片可以以假乱真的叶子的巧匠，巧则巧矣，可是如果天地也如此的话，这世界会如何呢？因此当文惠君以"技盖至此乎"来赞叹庖丁时，庖丁"臣之所好者道也，进乎技矣"的回答就是再自然不过的事情了。道与技的区别一方面是天和人的不同（有心与无心），另一方面是神和目的不同（臣以神遇而不以目视）。

庄子的确是个匠心独运的人，生命的主题被他用屠牛的故事加以演绎。他把屠杀的过程表现得充满美感和艺术的精神。"手之所触，肩之所倚，足之所履，膝之所踦，合于《桑林》之舞，乃中《经首》之会"。这种美妙的屠杀甚至让人忘掉了屠杀本身，而完全沉浸在艺术的气氛之中。也许他是在暗示人间世就好比是个大屠场吧。我们不是在操刀，我们实际上是在躲避着挥舞的屠刀。我们当然不能期望挥舞着刀的人可以放下屠刀，立地成佛，但我们可以躲避。和《人间世》更多地强调命运和无奈不同，也因此，和其"迷阳迷阳，无伤吾足"的无力呐喊不同，《养生主》表现出更多积极主动的色彩。面对着生存的社会，我们并不是无事可做，听之任之。我们可以寻找生活的缝隙，在其中游走，在夹缝中求生存。不错，庄子有着很强的命运感，并要求着安命，但他同时也是一个在命运中主动把握自己生命的人。命运感只是构成了一个基调，绝不是全部。除了命运之外，还有人施展自己有限度的知识和技巧的舞台。在这种施展中，生命中自由的一面得以展开。像庖丁手中游刃有余的刀，也像庖丁解牛之后的踌躇满志。但我们在关注解牛的洒脱的同时，还应该留意到过程中的谨慎。"虽然，每至于族，吾见其难为，怵然为戒，视为止，行为迟，动刀甚微，謋然已解，如土委地。"当面对那些筋骨盘结处的时候，戒慎怵惕是必不可少的。

但是即便你再戒慎怵惕，形体的被伤害有时候也是你不得不接受的事实。养只能够养其所养，而不能养其所不能养。所能养者是心，所不能养者是形。形体是人无法控制的领域，我们具有什么样的形体，譬如我们生来就是残疾或者健美，并不取决于我们自己，也不取决于我们的父母，这是"天"的事情。即便是形体在后天所受到的伤害，譬如由于刑罚而成为兀者或者介者，所谓的刑余之人，在很大程度上仍是取决于天。我们且看看庄子的说法：

公文轩见右师而惊曰：是何人也？恶乎介也？天与？其人与？曰：天也，非人也，天之生是使独也。人之貌有与也，以是知其天也，非人也。

所谓的介，是一足独立的意思。右师的伤残，自然会引起包括公文轩在内的世俗人的疑问。这是一个什么样的人呢，他为什么会只剩下一足，是老天爷的安排，还是由于自己的愚蠢？对于庄子来说，答案是很清楚的：是天，而不是人。"人之貌有与也"，也就是《德充符》说的"道与之貌，天与之形"，并不仅仅是指与生俱来的形体，同时也包括形体在世界和生命中的变化和遭遇。的确，如《德充符》所说，如果所有的人都生活在羿之彀中，中与不中都是由于命运的话，那么人的被刑与否，其实与己并没有必然的关系。

这当然不是说生不可以养，或者不必养。或者你认为既然死生有命，于是就可以放纵自己的行为。但是如孟子所说的，知命者是不会站在危墙之下求死的。❶

---

❶ 《孟子·尽心上》："是故知命者不立乎岩墙之下。尽其道而死者，正命也。桎梏而死者，非正命也。"

知道命，当然可以知道人的无奈，人的不可为，但同时也知道了人的可为。对于形体，我们只能尽人事而听天命。可是心灵呢？这无疑是一个人可以养的领域，可以自己做主的领域。

对于庄子而言，也许真正的刑并不是来自于人间的金木之刑，而是天刑。金木之刑直接伤害的只是形体，而天刑摧残的则是心。如果形体的伤残还可以归之于命运的话，心灵被扭曲的责任就只能是由自己来承担。因为形体是你不能控制的，但是你可以控制你的心。同时，即便你的形体伤残了，如果心是健全的，你仍旧是个全人。反之，即便你的形体是健全的，如果你的心伤残了，你就只能是个散人。如庄子在《齐物论》中所说的："岂唯形骸有聋盲乎，而心亦有之。"形骸的聋盲并不妨害你内心的明亮，可是如果是内心的聋盲呢？你的形体再全，也是残缺的。因此所谓的养生，主要也就不是养形，而是心的培护。你要有个自然自主的心，这才是最重要的。不妨拿鸟来做个例子：

泽雉十步一啄，百步一饮，不蕲畜乎樊中。神虽王，不善也。

十步一啄，百步一饮，泽雉的觅食该是艰难的了，可是它并不希冀被圈养在笼中。在笼中当然可以不愁饮食，甚至是美好的饮食，也许有时还可以为此感觉到得意扬扬，可是你的自由何在呢？当你的形体得到满足的时候，你的心却丢失了。其实你的形体也没有得到满足，满足的只是某种附着在形体上的欲望。而在同时，甚至连你的身体也已经失去了自由，且不说你的心灵早已经陷溺。这是真正的丢失，因为你失去了生命中真正属于自己的东西。

在这里，也许我们对"为善无近名"也多了些理解。从老子开始，对无名的推崇以及"名与身孰亲"的追问就显示出生命和名之间的矛盾。人活着是为了什么呢，为了虚名吗，还是有比虚名更重要的东西？笼中的鸟该是有名的，否则它们也不会被关在笼中。就像是右师，他一定是因为他的才能而赢得名声，因此才获得了他的位置。有了他的位置，他就有了更大的名声。他拿着国君的俸禄，也像笼中的鸟一样被豢养着，可是同时也被他人赏玩着，他的名是不是也是他的刑呢？

　　当然是刑。想想《人间世》中从叶公子高到颜阖这些角色吧。在世俗的眼中，他们该是有名的人吧。可是看看在受命之后的焦虑和无奈，你会觉得他像是热锅上的蚂蚁，这个时候，想逃避也是不可能的了。此时此刻，他也许后悔当初进入政治牢笼的选择。进入这个牢笼等于从身到心都上了枷锁，他们受到的煎熬远远大于从中得到的快乐。也许这个时候他们开始羡慕闲云野鹤，或者这里提到的泽雉。他们或许会羡慕庄子，因为庄子本身就是这样一只泽雉。他自觉放弃了做笼中的鸟，拒绝了楚王相位的聘请。他困顿的生活——衣大布、槁项黄馘、贷粟于监河侯——正像是泽雉的十步一啄、百步一饮。但放弃了当然就会有收获。庄子获得了什么呢？像猪一样在污泥中打滚的快乐，也就是游戏于人间的快乐。他放弃了形体，却收获了内心。

　　比起人间的刑罚来，天刑似乎是更加牢不可破的。金木之刑是看得见的，你可以用钥匙、斧头或者锤子打开。天刑则是无形的，它关乎着心。但既然是刑，就有办法可解，这正是"养"的真谛，庄子提到了帝之悬解：

　　　　老聃死，秦失吊之，三号而出。弟子曰：非夫子之友邪？曰：然。然则吊焉若此，可乎？曰：然。始也吾以为其人也，而今非也。向吾入而吊焉，有老者哭之，如哭其子；少者哭之，如哭其母。彼其所以会之，必有不蕲言而言，不蕲哭而哭者。是遁天倍情，忘其所受，古者谓之遁天之刑。适来，夫子时也；适去，夫子顺也。安时而处顺，哀乐不能入也，古者谓是帝之县解。

　　在讨论养生的时候，庄子提到了死亡。的确，套用孔子"未知生，焉知死"的说法，我们也可以说"未知死，焉知生"？生和死是互相定义，因此也是互相理解的，它们原本就是一个整体，同一个过程中的不同阶段。生死像是物的来去，譬如风，我们能驾御它吗？不能，没有谁能驾御它，即便是它自己。对于我们不能驾御的事物，我们该如何应对呢？像《人间世》中提供的"知其不可奈何而安之若命"一样，这里的答案是"安时而处顺，哀乐不能入也"。

这也就是无情。无情当然不是没有任何的情感。只要是人，情感就是与生俱来者。这是在领悟事理之后对情的一种消解。就人的死亡而言，它和出生一样地身不由己。你不必为来到人间世感到快乐，你也不必为离开人间世感到悲哀。那些留情于生死的人，如秦失看到的"如哭其子""如哭其母"的吊者，在庄子看来是被了天刑之人。其表现就是"遁天倍情，忘其所受"。他们完全被人化了，距离他们所从来的天越来越远，远到了他们竟然以人为天。这是完全的颠倒，把一个东西倒置起来。不过这个东西在这里是人，不是人的身体，而是人心。正是人心的倒置才导致了这个人的世界的颠倒，因此帝之悬解（县解）就成为必须。

悬解的说法显然来自于"解民于倒悬"。因此悬就不是一般的悬挂，而是有倒挂的意味。一个人的身体被倒挂，他是急切着希望被解救的。如果是心呢？也许不。因为首先要有倒挂的自觉，有正和反的分别，才会有解救的愿望。不过庄子显然不是要解救世界的人，他要解救的首先是他自己。他要让自己头顶着蓝天，脚踏着大地，而不是相反。脚踏着大地意味着不离弃人间世，头顶着蓝天则象征着精神如大鹏般上升。这才是真正的生命。而头下足上的倒置呢，无疑意味着生命彻底地沉沦。

在《养生主》中，我们可以看到两种不同的"解"。先是庖丁的解牛，这是解物；然后是帝之悬解，这是解心。解总是针对着某些需要解的东西，这就是结。对于庖丁来说，他要解的是牛，这是一个有很多"结"的对象，譬如所谓的技经肯綮或者大軱，解的办法则是发现其腠理，然后游刃于其中。那么解心呢？其实就是去除心中的结。心中的结当然是由物构成的，当物在心中留驻，占据了一定的空间，因此构成"成心"的时候，心结也就出现了。譬如死亡，这原本是一个自然的过程，本不必对此表现出太多的悲哀的。可是当"老者哭之，如哭其子；少者哭之，如哭其母"的时候，那种对生的执着就成了结，横亘在胸中。这就需要解。而解的办法仍然是经由对物理的透彻了解，达到安而处之的态度。

其实无论是解物还是解心，仍然都可以归结到"缘督以为经"上面来。这五个字确实是《养生主》一篇的核心。养生的真谛就在于：在复杂和拥挤的世界中发现空隙，然后游于其中，尽其天年。但要找到缝隙，你的心首先要是虚的，不能为功名利禄等充满。以虚的心来面对世界，这个世界的缝隙才会向你敞开，你才会在这个世界中自由地遨游。

但这不等于说你可以追求永生。庄子是不追求永恒的，他知道永恒的只有宇宙大化，而不是个体的生命。有生便有死，而死又是另一个生。《养生主》最后以这样一句意味深长的话结束：

指穷于为薪，火传也，不知其尽也。

徐笠山说："开手言生有涯知无涯，只缘不因固然。结尾换过头来，薪有穷火无尽，见得知有涯生无涯。"❶ 庄子的文字经常保持着奇妙的呼应，像是这里的有涯无涯和有穷无尽《逍遥游》的北冥南冥和《应帝王》的南海北海。不过，我们更关心的是文字后面的东西。为薪的"指"是有限的，但火的传递是无穷的。这当然是一个和生命有关的比喻，它象征的该是个体生命的有限和宇宙大化的无穷吧。从开头到结尾，庄子似乎都在突出着世界的无限，个体生命的渺小。他的用心也许是想突出生命只是宇宙大化中的一个小小的环节，人生如白驹过隙。因此一方面是珍惜，另一方面则是不必过多的执着。对生命的重视并不会导出像神仙家那样的对长生久视的形体的追求，而只是对一个自由的心的拥有以及形体的免受伤害的愿望。

这是真正的达观。达观地超越了形体，超越了道德，也超越了生和死。其实，真正的养生最后总是要自己融入到宇宙大化之中，在这里，死生存亡连成一体。

---

❶ 参见藏云山房主人：《南华大义悬解参注》，严灵峰编《无求备斋庄子集成初编》卷十五，台北：艺文印书馆，1972年。

庄子笔下的形体残缺者都是魅力非凡的人,这种魅力显然不是来自于形体,而是内在之德,是心灵中孕育的德性的光辉。

第四章
《德充符》

对于生存而言，技巧固然是需要关注的一件事情，但更重要的却是对于生命本身的一种理解。这种理解不可避免地会牵涉到对万物和世界的理解。这些理解以及跟随着它的实践体现着一个人的心灵可以达到什么样的高度或者境界，一般而言，这种高度或者境界我们可以用"德"来称呼。对于整个的中国哲学来说，德显然都是一个非常重要的字眼。而它之于道家，似乎有着更特殊的意义，以至于道家曾经有过道德家的名义❶。老子著的书被称作《道德经》，而庄子也有主要讨论德的一篇，这就是我们现在面对的《德充符》。

"充"和"符"两个字所强调的方面该是不同的：充言其内，而符称其外，或者内外的符合。当一个人的内心被德所充满的时候，他该是个什么样子呢？这也许就

---

❶ 司马谈：《论六家要指》，见《史记·太史公自序》。

是"德充符"三个字要表达的主要意义。在《道德经》五十五章的"含德之厚，比于赤子"一段，当然可以看作是对这个问题的回答。但庄子的"含德之厚"者并不是健康的赤子，事实上，他更喜欢通过形体的残缺来表现德的内充。为此，他塑造了从兀者王骀、申徒嘉、叔山无趾到瓮㼔大瘿等一大批形体残缺者的形象。也许他觉得，形体的残缺更能突显出德的完全和充实以及它的意义。庄子笔下的形体残缺者都是魅力非凡的人，这种魅力显然不是来自于形体，而是内在之德，是心灵中孕育的德性的光辉。因此，德和形的对比，就成为理解《德充符》的一个重要线索。

德总是和心相关的东西，我们即便单纯从字形出发就能看出这一点。根据许慎的说法，"悳"是德字的古文，这个字就是从"心"的。但是和什么样的心相关，不同的人就有不同的了解。其实，不仅庄子或者道家看重这个"德"字，儒家对它也是非常热心。孔子不是有"志于道，据于德，依于仁，游于艺"❶以及"为政以德"❷等的说法吗？这里的德，显然就不是庄子说的德，它指的是宅心于仁，存形于礼的状态。对于庄子来说，德当然和仁、礼等无关，它是宅心于虚的，也就是《人间世》中说到的心斋。但虚并不是一无所有，如"虚室生白"所显示的，在虚静的心灵中，可以生发出另外一个光明的世界，这就是不同于有形世界的精神的世界。《德充符》要描述的就是这样一个世界，所以一开始就写道：

> 鲁有兀者王骀，从之游者与仲尼相若。常季问于仲尼曰：王骀，兀者也，从之游者与夫子中分鲁。立不教，坐不议，虚而往，实而归。固有不言之教，无形而心成者邪？是何人也？仲尼曰：夫子，圣人也。丘也直后而未往耳，丘将以为师，而况不若丘者乎？奚假鲁国，丘将引天下而与从之。

---

❶ 《论语·述而》。

❷ 《论语·为政》。

为了突出这个精神的世界，庄子故意选择形体残缺的兀者做他寓言的主角。作为一个受了刖刑的人，王骀的追随者竟然可以与伟岸的孔子抗衡于鲁。其中的原因何在呢？根据常季的说法，王骀是"立不教，坐不议"的，但追随者却是"虚而往，实而归"。他们似乎抛弃了语言，直接诉诸心灵的沟通，这与儒家倡导的"言传身教"决然不同，但这种沟通是可能的吗？常季问道：真的存在所谓的"不言之教，无形而心成"的事情吗？庄子这样描写的目的，当然是为了突出语言后面的心灵以及有形事物背后的无形者。这是对形体的超越，提示人们该把注意力放到内心和德上面来。"虚而往，实而归"以及"心成"的说法都可以看作是篇名"德充"的注脚。仲尼当然是相信这种人的存在和魅力的，在他们面前，他并且有自愧弗如的感觉，因此不仅自己欲以为师，还要"引天下而从之"。

王骀的魅力当然不在于形体，而在于德。"德"在这里就表现为由常季特别点出的所谓"用心"。王骀的用心是独特的，它并不朝着"庸"的方向，也就是世俗的方向，反而与之渐行渐远。这种远就显示出德字的另外一个含义，就是升，上升。《说文》："德，升也。"升就是一种超越，对世俗的超越，而在庄子这里，就表现为对道的追求。于是我们发现，德不仅和心相关，它也和道相关。老子说："孔德之容，唯道是从"，是一点也不错的。其实，庄子所谓的德可以很方便地描述为"游心于道"的状态，这也就是王骀不同于一般人的独特的用心。以此游于道之心来看这个世界，世界就会呈现出不同的样子，你和世界也就处在不同的关系中。我们看看庄子笔下仲尼的说法：

> 死生亦大矣，而不得与之变。虽天地覆坠，亦将不与之遗，审乎无假而不与物迁，命物之化而守其宗也。

世界是不断变化的，譬如死生是人之变，天地覆堕是天地之变，但这些只是形体的变化，我的心不能随之而变。我无法控制这些变化，有形之物的变化是属于命运的，我可以做的就是不与物迁。为此，守住万物之宗，也就是造化或者道是必须的。万物之宗就是变化世界中的不变者，像老子说的"独立而不改"的道。守着它，你就可以超越变化的世界。你不能将自己局限在物的世界中，局限在这里，你永远不能超越它，你就会去计较肝胆或者楚越的分别，那些有形的东西譬如足的得失。可是当你游心于道的时候，你会发现万物其实是相通的，无肝无胆，无楚无越。有形的差别都消失了，并不需要耳朵去分辨不同的声音，或者眼睛去分辨不同的颜色或形状，于是心不必淹没在各种各样的分别和变化中，变得恬静而平和。这个时候，你看到的只是作为一体的万物，无得无丧，无生无死。

庄子想要说明什么呢？"视丧其足犹遗土也"。兀者王骀是不会意识到自己是兀者的，物包括发生在自己身体上的变化对他没有任何的影响。他在这个有形的世界中，但已经不属于这个有形的世界。心与道游的他早已经超越了知或者普通的心，而达到所谓的常心，也就是不与物迁的心。常心其实不是别的，也就是心的虚静的状态。只有虚静的心才可以让纷扰的世界虚静下来，就好像是"唯止能止众止"。也许我们可以想到几百年后伟大的佛教徒僧肇在《物不迁论》中的名言："旋岚偃岳而常静，江河竞注而不流。"虽然他和庄子的用心并不相同，但在"迹"上却是非常近似的。当然有飘风，当然有急流，但在某一个视角下，它们都凝固了。就像是这里的庄子，并不是世界真的虚了，一无所有，或者真的静了，万籁俱寂，世界还是那个世界，拥挤而喧闹，但由于我的心虚静了，世界也就变得虚静。

心的静止或者虚静并不是一个当然的结果，这是需要"求"才可以"得"的。"彼为己。以其知得其心，以其心得其常心"，常季的话是给这种求和得提示的一个路径。为己也就不是为物，这等于关闭了耳目或者心外通的大门，把外部的世界排斥在心之外。两个"以"字似乎都该读作"已"，也就是停止。只有停止了知和心，才可以得到常心，才可以在喧闹的世界中保持心的不动。

这种纷扰面前的不动心，正是其德的表现，也是其魅力之所在。就好像是松柏，之所以赢得称赞，是因为在地上的事物中，只有它们是无论冬夏寒暑，永远都青青的，也就是在季节变迁中保持不动。或者如尧舜，之所以被称为圣人，是因为无论众人如何，他们永远是正的。或者是勇士，雄入于九军，视入无人之境。在庄子看来，仅仅为了名，为了赢得某些东西，如尧舜、如勇士就可以不动心。更何况是那些"官天地，府万物，直寓六骸，象耳目，一知之所知，而心未尝死者乎"的得道者呢？当一个人包裹天地，笼罩万物，以六骸为寓，以耳目为象，抛弃分别之知的时候，天地间任何的变化还能感动它吗？当然不能。于是，不动心也就是自然而然之事了。

王骀当然是一个不动心的人，他不想让心淹没在外物中，因此一直努力保持着心的生机，这就需要让心超越有形的世界。申徒嘉也是。同样是一个兀者，他与子产同师于伯昏无人——这个名字的象征意义似乎是明显的，从中可以看出他对于属人的东西的不屑一顾。在寓言中，子产是一个很看重形体也很看重自己执政身份的人，他羞于和一个兀者做同学，因此要求申徒嘉"我先出则子止，子先出则我止"。在不被接受的情形下，除了重复这要求之外，子产进一步强调了其执政的身份：

> 今我将出，子可以止乎，其未邪？且子见执政而不违，子齐执政乎？

执政者总是很看重贵贱尊卑的分别的，他们沉迷于等级和名分中，甚至把这看成了人本身。也许对他们来说，人就是名分，人就是位置，除此之外并没有什么别的东西。庄子对此显然是不能接受的。子产们恰恰忽略了真正的人之所以为人者，而把与人无关的东西放到了远比人本身要重要得多的位置上。"子而悦子之执政而后人者也"，表现的是庄子对世俗人群的提醒。执政的位置其实和真正的人无关，它的得失并不由己，只是取决于命运。正像申徒嘉之所以成为兀者，也是出于命运一样。我们看看申徒嘉的说法：

> 自状其过以不当亡者众，不状其过以不当存者寡。知不可奈何而安之若命，唯有德者能之。游于羿之彀中，中央者，中地也，然而不中者，命也。人以其全足笑吾不全足者多矣，我怫然而怒，而适先生之所，则废然而反。不知先生之洗我以善邪？吾与夫子游十九年矣，而未尝知吾兀者也。今子与我游于形骸之内，而子索我于形骸之外，不亦过乎？

对于有德者来说，最重要的感觉是命运感。你必须承认并且相信命运的存在，承认与形体有关的东西包括全足与不全足，或者身份的贵贱，都出于命运的安排，人对此是无可奈何的。因此你应该安于它，就像是安于命运，不喜也不怒。在申徒嘉看来，我们每个人都好像是生活在羿之彀中，以他神射手的技巧，每一次射箭都是不会失手的。但是，也许有失手的时候，这不能说他的射术不精，这是命运。申徒嘉这里是想说，我的足受了刖刑，而你没有，你却做了执政，并不是说你做的比我好，或者我做的比你差，这一切都是命运。既然是命运，就该忘掉，不去计较或者在意。人真正应该在意的是真正属于人的东西，比如所谓的用心。这里，庄子使用了形骸之内和形骸之外的说法，用来表达形体和心灵的分别。形骸之外也就是形体以及与形体相关的一切，这是属于命运的；形骸之内的心灵才是人之所以为人者，因此也才是人真正该游的地方。

但是并不是所有的心灵都可以游，譬如那些为物所役的心。庄子说道："鉴明则尘垢不止，止则不明"，这里的"鉴"当然就是指心。道家是经常用"鉴"来比喻心的，从老子的"涤除玄鉴"[1]到关尹的"其动若水，其静若镜"[2]，都可以看出这一点。心虚才可以明，就像是尘垢不止镜子才可以明一样。如果被某些东西所充满，哪怕是所谓的善的或高尚的东西，心也一定是不明的。一个为物所充满的心是无法浮游的，勉强游的话也会很快沉没。就像是孔子，他始终执着于学和名，因此无法从那里面超脱出来。他的心一直是被束缚的，他的口吻一直是"临人以德"式的，所以当兀者叔山无趾去见他的时候，仲尼有如下的反应就是非常自然之事：

> 子不谨前，既犯患若是矣。虽今来，何及矣！

---

[1] 《道德经》十章。
[2] 《庄子·天下》。

无趾自然是很失望的。他心目中孔子德比天地的形象消失了，剩下的只是一个狭小的拘泥于形体的心灵。对于无趾来说，其见仲尼的目的并不是在"全足"的上面，并不是想做一个"恢复的手术"，他关注的是"尊足者"，也就是比"足"还要尊贵的东西。足的全与不全其实是无关紧要的，因为这并不完全取决于我。最该留意的乃是"尊足者"是否完全。这里，庄子虽然没有点出什么是"尊足者"，但毫无疑问，它指的就是本篇要重点讨论的"德"，所以后面才出现了"全德之人"的说法。

也许仲尼意识到了自己的固陋，可是一个桎梏已久的心灵是很难一下子摆脱出来的。他仍然把无趾看作是"务学以补前行之恶"，因此仍然念念不忘形体的人。他不知道对于无趾来说，形体早已经是被遗忘的东西。他也没有"学"以及"恶"的观念。"学"又如何呢，为了"补恶"吗？"善"又如何呢，为了名吗？可是道原本是不可学的，道也是无所谓善恶的，因此，它们和追求道的无趾无关。

但它们的确和孔子及儒家有关。对于学和善恶的执着是这个学派从来没有放弃过的。在老子那里，我们就已经读到了"为学日益，为道日损"❶的话，显示出为道和为学是两个完全不同的方向。为学显然是需要"知"和"心"的，但是为道却需要它们的停止。"不出户，知天下；不窥牖，见天道。其出弥远，其知弥少"，❷老子的话对于庄子而言同样有效。于是，老子在《庄子》中的出场就是很自然的事情了。这是他在《庄子》中的第二次出场。在《养生主》中，老聃曾经作为死人出场过，这里则是活的。不知道这是不是历史上第一次把老聃和孔子置于对立的位置上，寓言中虽然看不出司马迁所说的老聃作为孔子师的身份，❸但说话中"师"的意味还是很强烈的。他仍然希望着孔子可以领悟到"死生一条，可不可一贯"的"大通"的道理，解下束缚心灵的桎梏，可是无趾似乎是悲观的。孔子的桎梏是"天刑"，而非"人罚"。人罚或可以免除，天刑则是

---

❶ 《道德经》四十八章。

❷ 《道德经》四十七章。

❸ 《史记·仲尼弟子列传》："孔子之所严事，于周则老子。"《史记·老子韩非列传》："孔子适周，将问礼于老子。"

人无法解除的。

"天刑"的说法意味着什么呢？意味着孔子的不可救药，或者庄子对自己与孔子及儒家思想之间的对立的不可调和性的了解，或者对于这种思想的影响力的承认？也许都有。庄子并不是一个独断论者，他并不承认有一个普遍的东西，一种普遍的生活态度，或者一种普遍的哲学。他想给自己的哲学一个地盘，为自己的生活方式进行论证和辩护，但他不想一统江湖，不给其他的哲学和生活方式以生存空间。他当然认为孔子式的生活是错误的，可是只限于"认为"上，庄子是不会罢黜百家，独尊己术的。他既没有那个权力，也不会借助于某种权力，因为他没有那个欲望。

其实更重要的，"天刑"的说法中包含的是对心灵的特别关注。"人刑"或许只是对形体的惩罚，比如断足或者无趾，而"天刑"则是对心灵的桎梏。相比起人刑来，天刑是更可怕的事情，因为它带来的是心灵的残缺，是德的破坏。这是远比形的残缺更要紧的东西。仲尼的天刑能不能够获得一种"解"呢？人是无法解的，也许天能解，造化能解。庄子的世界中没有不变的东西，除了变化本身。在关于恶人哀骀它的寓言中，庄子塑造了另外一个仲尼的形象：

> 仲尼曰：丘也尝使于楚矣。适见豚子食于其死母者，少焉眴若，皆弃之而走。不见己焉尔，不得类焉尔。所爱其母者，非爱其形也，爱使其形者也。

借用寓言中他自己的说法，这里的仲尼也许是"务学以补前行之恶"了吧，变成了庄子的代言人。寓言中的孔子借豚子食于其死母的例子，来说明"使其形者"是比"形"更要紧的东西。单纯就形体而言，死去的母亲和活着时比较并没有什么缺失，但豚子之所以受惊逃走，是因为"不见己焉尔，不得类焉尔"。形体虽然在，但豚之所以为豚者却消失了，"使其形者"消失了，这使形体完全失去了意义，因此"母亲"也就消失了。"使其形者"才是使母亲成为母亲的东西。

什么是这个使其形者呢？当然是德，是所谓的用心。以哀骀它的形体之恶，加之既无君人之位以济于人之死，又无聚禄以望人之腹，而会有"丈夫与之处者，思而不能去也；妇人见之，请于父母曰：与为人妻，宁为夫子妾者，十数为未止也"的魅力，当然是因为他的德，他的用心。这是一种什么样的用心呢？庄子提出了"才全"和"德不形"的说法。我们先来看一下什么是"才全"：

死生存亡、穷达贫富、贤与不肖、毁誉、饥渴、寒暑，是事之变，命之行也。日夜相代乎前，而知不能规乎其始者也。故不足以滑和，不可入于灵府。使之和、豫、通而不失于兑，使日夜无郤而与物为春，是接而生时于心者也。是之谓才全。

单纯从字面上来看，"才全"与"天刑"是相对的。天刑是才的残缺，才全则是天的保全。天刑者如孔子是以人助天，才全者则是明于天人之分。其实"才"本身就有"天"的意义，很多时候，它的用法类似于"性"，如孟子说："是非才之罪也"，此所谓"才"就是指天生的品质，所以才有"才性"的说法。因此才全在某种意义上就是天所赋予你的品质的保全。你该小心不要让后天的人的东西破坏"才"的全，于是，了解天与人的区分就是最重要的。依据庄子这里的说法，像"死生存亡、穷达贫富、贤与不肖、毁誉、饥渴、寒暑"等，这都属于命运，人是无能为力也就不该说三道四的。心灵该自觉地把它们排除在思考的范围之外，不要让其打扰内心的虚静和平和。因为对于命运，我们除了"安"之外，别无选择。庄子特别提到了感官，就是兑，它们是要分辨这个世界的，如眼之辨色，耳之辨声，不失于兑，就是不让感官成为心灵的主宰。耳目等感官是要分辨的，心灵却是要通的，这一方面是指心灵和外物的通，另一方面是心灵对物之间的通的了解，如四时、如昼夜等物之化，都是通的。通就意味着心灵不必执着于外物的分别，也就可以在外物的变化和纷扰中保持不动，就会"和豫"，也就是和乐。在任何的情形之下，心都是活生生的，"与物为春"，而不会淹没于世界之中。

这就是才全，在对世界的不动心中，才就保全了。你就不会追逐于声名，不会破坏自己内心的安宁与和平。这也就是德不形：

> 平者，水停之盛也。其可以为法也，内保之而外不荡也。德者，成和之修也。德不形者，物不能离也。

"德不形"的说法可以让我们想起《人间世》中的"心莫若和"和"和不欲出"。形是形之于外的，也就是"出"。出来的心就是为声为名的，心的动荡就变得不可避免。所以要"不形"，就是不把德作为修饰容貌的工具。庄子这里是用水来做比喻的。水停的时候才能平，心静的时候才能和。和的心就可以止于形骸之内，而不是形骸之外。

归结起来，所谓的才全和德不形表现的就是由于不动心而达到的平和的状态，它是以对命运和天人之分的理解为基础的。这样的人对世界自然是不会汲汲以求的，哀骀它的和而不唱，闷然而后应等表现的正是这样的心态。他不说什么话，却能赢得人们的信任。不做什么事，却能得到人们的亲近。这就像是同样作为兀者的王骀，虽然不言，却可以以自己的德来充实他人的心灵。"德不形者，物不能离也"，所说正是由王骀和哀骀它等所体现出来的德的魅力。这种德的魅力使人们忘记了他们丑陋的残缺不全的形体，甚至残缺的形体因为德的内充而变得重新"完全"起来。庄子说：

> 闉跂、支离、无脤说卫灵公，灵公说之；而视全人，其脰肩肩。甕瓷大瘿说齐桓公，桓公说之；而视全人，其脰肩肩。故德有所长，而形有所忘。人不忘其所忘，而忘其所不忘，此谓诚忘。

即便从名字上就可以知道支离等人形体的残缺，可是当灵公和桓公被他们的德行所吸引的时候，其形体的残缺早已经被忽略和忘记了。不仅如此，残缺的形体由于完全的德行而充满了光辉，当你习惯了残缺的身体之后，完全的身体反而像是残缺的。这种极端的说法，仍然是要表现庄子一直强调的东西，对于人而言，德而不是形体才是更重要的。

这个时候，庄子提到了对于他而言非常重要的一个字眼，这就是"忘"。忘当然是有意的，是有意的舍弃，把某些东西从心灵中驱逐出去。该驱逐什么呢？形体，"形有所忘"。形体的该被驱逐是因为它们属于命运，而属于命运的东西就是该遗忘的。你能支配形体的变化吗？生不可御，死不可止；美不可迎，丑不可拒。这些都和人无关，于是就该被遗忘。只有遗忘，你才可以把自己的心灵从形体，因此也从有形的世界中解放出来，而至于无形之域。这个时候，你会发现自己变得轻松起来，轻松地像是在水中游泳的鱼。你生活在一个空灵和虚通的世界，没有任何的滞碍。这其实就是道和德的世界，忘掉了形体，超越了有形的世界，你就可以把自己带到这里。因此，忘是为了得到某些不该忘记的东西。人的心也许不能同时容纳形和德，如果你要德的话，就要忘形。

庄子当然是要德的，因为这是某人之所以为某人者。形体只属于命运，虽然寓于人，却和人无关。形体让我成为人，正像让你和他成为人一样。形体是被动的，无奈的，它让我必须生活在人群中，并寻找保全形体的方法。但是庄子并不愿意像一般的人一样生活，一般的人生活而且仅仅生活在人群中，庄子却要求着形心分途。他无法改变形体在人群中的命运，可是他的心早已经上升到有形的世界之外。这种心形的分途被他称为"有人之形，无人之情"。庄子说：

> 故圣人有所游，而知为孽，约为胶，德为接，工为商。圣人不谋，恶用知？不斲，恶用胶？无丧，恶用德？不货，恶用商？四者天鬻也。天鬻也者，天食也。既受食于天，又恶用人？有人之形，无人之情；有人之形，故群于人；无人之情，故是非不得于身。眇乎小哉，所以属于人也；謷乎大哉，独成其天。

圣人和一般人一样有形体，这是无法改变的事实。他们的区别在于内在之德，也就是如何用心。圣人是无人之情的，无人之情则虽有形体却不受形体的束缚，因此可以游。游只有在无所滞碍的环境下才能实现，于是知、约、德、工等就是必须要放弃的东西。知是用来谋的，约是用来胶固的，德是用来邀约人心的，工是用来待价而沽的。对于那些仅仅生活在形体世界的人而言，它们是重要的。可是对于圣人而言，却如断发文身的越人之于章甫，无所用之。它们的无用是因为圣人知道你想通过知、约、德、工等要达到的东西乃是属于"事之变"和"命之行"的，是由天来决定的。所谓的天鬻和天食，表现的就是这一点。天鬻和天食就意味着和人的无关。既然和人无关，那么人绞尽脑汁的追求不是很可笑的事情吗？

确实可笑。我们可以想起坐井观天的青蛙，或者以天下之美为尽在于己的河伯，他们都局限于自己的形体世界，因此对世界的看法就是荒唐可笑的。其实完全生活在形体中的人不也是如此吗？他们只知道人，不知道还有天，还有造化。他们也许以为人无所不能，可以参天地之化育，可以与天地并立为三。然而究其实，人不过是造化的一环，是天的一部分。在造化面前，任何的喜怒哀乐都是可笑的。你在高兴着自己的生的时候，不知道这同时也是一个让你悲哀的死的过程吗？如此，则高兴和悲哀又有什么意义？也许最好的办法就是无情。这当然不是把情完全根除，那样会把人等同于木石之物。所谓无情只是要放弃那些超出"自然"的情感。庄子说：

> 惠子谓庄子曰：人固无情乎？庄子曰：然。惠子曰：人而无情，何以谓之人？庄子曰：道与之貌，天与之形，恶得不谓之人？惠子曰：既谓之人，恶得无情？庄子曰：是非吾所谓情也，吾所谓无情者，言人之不以好恶内伤其身，常因自然而不益生也。惠子曰：不益生，何以有其身？庄子曰：道与之貌，天与之形，无以好恶内伤其身。今子外乎子之神，劳乎子之精，倚树而吟，据槁梧而瞑。天选子之形，子以坚白鸣！

这里说得很清楚，庄子所谓的无情，说的是人"不以好恶内伤其身，常因自然而不益生也"。因此所谓的无情，其实是和心相关之事。好恶自然是情，但是不以好恶内伤其身，就已经不是情，而是用心了。这种用心就是不以人灭天，不因自己的好恶来改变事物的自然。譬如生，可以养，绝不可以益。养生是尽其天年，益生则是在"天"上面再增加些内容。但既然是天，又如何能加呢？

因此无情可以很方便地理解为无人情，但是有天情。发自于天的喜怒哀乐是庄子无法排斥也不会排斥的，他要否定的是人的僭越。面对着亲人的死亡，庄子最初也不会没有悲哀的情感，可是当他意识到死亡乃是生命的"自然"和造化之必然的时候，自然之理就可以解去他的悲哀。这个时候，如果再固执于悲哀，反而是"遁天倍情"了。在这种意义上，无情首先是对于天的承认和尊重，是对天的随顺。但更重要的是，无情代表着一种重生的态度。庄子一再强调着无情就是不以好恶内伤其身，也就是不以之伤害自己的生命。这不仅是指所谓的"阴阳之患"，更重要的，在庄子看来，好恶就意味着生命会被所好所恶的外物牵引和支配，因此成为外物的附庸，也就被置于容易受到伤害的位置上。

于是我们看到无情或者德与生命的紧密联系。对于关注生命的庄子来说，任何的讨论都不会离开这一主题。对德的强调归根结底是为了给生命更好的安顿，使形体和心灵免于无谓的劳顿。这个时候，惠施作为劳形怵心的象征又出现了。作为外物的追逐者，惠施关注的似乎只是同异或者大小，内在于生命中的精和神反而被忘却了。"外乎子之神，劳乎子之精"，又让我们想起了老子。当他说到"含德之厚，比于赤子"的时候，其表现是"终日号而不哑，和之至也"和"未知牝牡之合而朘作，精之至也"，精和之气内充正是含德之厚的象征。惠施正好走到了相反的一面。他的生命的困顿可以从"倚树而吟，据槁梧而瞑"中看出。即便在一般人可以放松和休息的吟诵和睡眠中，他的心灵也不得安息，依然活跃在树和槁梧所代表的外物中。这槁梧同时让我们想起枯萎的生命，没有德的生命就是枯萎的，如行尸走肉，如寓言中豚子的死母，只有德才可以让生命充满光辉。

《德充符》从始至终都是一篇德的赞歌。"眇乎小哉，所以属于人也；謷乎大哉，独成其天。"让人属于人的是形体，人因此必须生活在人群中，这是渺小的东西；让人超越人的是德，人藉此可以成就天心，这是伟大的东西。形的小和德的大、人的小和天的大，在庄子这里形成了鲜明的对比。这可以让我们想起《孟子》中的大体和小体，大体指心，小体则是耳目等感官或者形体，"从其大体为大人，从其小体为小人"。《孟子》和《庄子》中的这种对比当然意味着选择的存在，但答案也已经是不言而喻的了。因此也可以说，这种选择是没有选择的选择。就像是孟子的那个著名的比喻，当我们需要在鱼和熊掌之间进行二者择一的选择的时候，"舍鱼而取熊掌"几乎是唯一的答案。

在《德充符》这里，选择德就意味着忘记或者放弃形体。这正是残缺的形体显示出来的意义。也许我们可以追问，我们为什么不能要一个完整的健全的形体？庄子会说，可以，当然可以，但那就意味着德的残缺。德和形是不能两全的，就像是人和天的不能合一。在一个无道的社会中，尤其是如此。庄子面对的当然是一个无道的社会，兀者的形象说明着刑罚的无所不在，生命的无可奈何。这个时候，即便没有来自外部的刑罚，自残或者自虐也已经是不可避免的了。

于是我们进一步看到庄子思想中沉重的一面。那么多残疾人的形象显然不是赏心悦目的，德性的光辉仍然掩饰不住挥之不去的形体的阴影。你不可能总是生活在心灵中，生活在形骸之内。你总会睁开你的眼睛，因此就会注意到形体。这个时候，你的平静的内心会不会生出些波澜呢？形体是渺小的，但没有它就没有生命。因此放弃了形体意味着放弃了生命的一部分，哪怕是你认为不重要的一部分。断足当然不是自残或者自虐，但是庄子那么喜欢描述它，是不是就包含着这样的成分呢？

在我看来，断足的描写更多地是一种象征性的，它本身就是一个寓言。断足让人们不能正常地行走，它也许象征着人们不能自如地生活在人间世。的确，一个无可奈何的世界是不会允许形体的逍遥的。如我们在《人间世》中看到的，形体是需要"就"的，你需要找到缝隙，然后在其中委曲求全。这个时候，即便你没有断足，你的形体就是全的吗？你永远不会是一个舒展的人，永远像支离疏一样佝偻着，因此你永远残疾着。你当然可以像螳螂一样逞一时之勇，舒展一下身体，然后呢？然后就归于寂静。于是为了避免螳螂的命运，庄子自觉地选择了残疾。

这种自觉的选择就使自残或者自虐的字眼适合于庄子，因此也适合于我们关于庄子的描述。在一个无道的社会中，作为生存技巧的一部分，自残对于全生来说是必须的。为了不让别人伤害你的形体，你必须先自我伤害。但是这两种伤害是不同的。别人的伤害可能更多地针对自然的形体，也就是我们的肉体，而自我的伤害则更多地表现在社会的形体上面。所谓"社会的形体"，如果我们借助于韩非思想中"自然之势"和"人设之势"的区分的话，也许我们还可以称它为"人设的形体"。它指的是形体在社会或者人群中的表现，诸如举手投足、言谈容貌、行为方式等内容。很显然，不管内心如何地排斥世俗的世界，但是在形体上，你还是要遵守这个世俗世界的准则。就像是庄子说的，"擎跽曲拳，人臣之礼也。人皆为之，吾敢不为邪？"你心里尽管想着无贵无贱，可你还是要在贵人面前低下你的头，否则你或许会丢掉生命。最低的限度，你也要做到《天下》说的"不谴是非以与世俗处"。

在这个意义上，全德其实和自残乃是一个东西的两面。当全德要求我们对这个世界不动心的时候，你不该仅仅把这看作是一种玄妙的或者高明的境界，这里面包含的是对有形世界，其中包括自己形体的冷漠。它好像不属于我自己，因此我可以虐待它，我可以放弃它。我让它做一切不喜欢的事情，譬如少一只脚，长很多的瘤子，或者是变成驼背。这样做的时候，我不该有丝毫的不忍，因为我所有的"德"告诉我，它们是由不得我的。于是我可以心安理得。我心安理得于自己形体的扭曲，我也心安理得于世界的扭曲。否则又如何呢？重要的是我活着，而不是死去，哪怕是扭曲地活着。

突然想起杨朱后学中的子华子，曾经有"全生为上，亏生次之，死次之，迫生为下"[1]的说法。这里的全生和庄子的是字同而意不同的，在庄子这里，它只是生命的保全或者完成，而子华子则把它理解为"六欲皆得其宜"的状态。亏生则是分得其宜，自然要排在全生的后面。死亡不用说，已经是无知无欲的

---

[1] 《吕氏春秋·贵生》。

了。迫生最下，指的是六欲皆不得其宜。迫生显然是痛苦的，痛苦的生存还不如死，这是子华子告诉我们的。如果换成庄子，他会如何在痛苦的生存和死亡之间做选择呢？他当然会选择生存，但不是痛苦的。即便是痛苦的，他要说服自己去除"痛苦"的感觉。其实，当一个人真的对这个世界包括自己的形体都无所谓的时候，有什么东西能够让他痛苦呢？痛苦只是一般人发自于内心的感觉，而庄子的心是不动的。

不动心就是冷漠，冷漠意味着没有恨，也没有爱。没有孔子，也没有墨子。孔子和墨子都是热心肠的人，他们太容易对这个世界动心了。可是动心又如何呢？世界还是那个世界，甚至变得更糟糕。孔子显然是伤心的，伤心未免就有灰心丧气的话，譬如"道不行，乘桴浮于海"之类。庄子是伤透了心的人，于是为了避免再伤心，他先把心封闭和冷冻起来。所谓的不动心，所谓的无情，固然是德的显现，其实更是一层保护网。对世界和自己的冷漠，在某种意义上正是为了保护自己。于是我们看到"德"的冰冷外表下的很"温馨"的一面，所谓"无人之情，故是非不得于身"，是为了让生命免受他者的摧残。在这里，我们是不是看到对生命的真正关注呢？

自残或者自虐是不得已的。其实，庄子中自残的更明显的表现还是从《人间世》开始就一直倡导着的无用的态度。庄子看惯了有用的悲哀，树木有用了，会被砍伐；动物有用了，会做牺牲；人有用了，会不断地面对"人道之患"和"阴阳之患"的煎熬。那么，为什么不无用呢？无用当然不是对那些原本就无用的人说的，原本无用的人本身就是庸人，而自觉地选择无用则是《齐物论》中说的"寓诸庸"，那是有用者才有的权利。有用而无用，大智若愚，大巧若拙，其实是把自己隐藏起来，那就是自残。这种选择当然是痛苦而无奈的，它仅仅是存身之道，除此之外，什么都不是。

要有用的人放弃自己的用，并不是容易的事情。而要他们平静地接受这种放弃，就更不容易。也许有的人在碰得头破血流之后放弃了，但只是形体上的放弃，内心还充满着愤懑和不平。就对生命的伤害来说，这和没有放弃有什么分别呢？没有放弃你可能会面对人道之患，而仅仅是形体上的放弃你却要面对阴阳之患。你的内热会折磨你，不得安生。你可能会像屈原一样投水而死，或者像贾谊一样郁闷而终。因此，重要的还不在于形体上的放弃，你必须在内心完全地接受这种放弃。于是我们又看到庄子之"德"的意义，德乃是对自己的心灵的说服。说服心灵接受形体对世俗社会的妥协，形体的委曲，甚至自残，以保持平静。

德是伟大的，又是无奈的。庄子说："知其不可奈何而安之若命，德之至也。"我们需记住这句话。人不能说服和改变世界，但人能说服和改变自己。

所有的区别都随着成心一起消失了,整个世界变得没有任何的缝隙。

第五章
《齐物论》

正如"论"字所揭示的那样,《齐物论》更多地呈现出议论的色彩。该篇中宣称"六合之外,圣人存而不论;六合之内,圣人论而不议",但是看来作者是不必遵循这个自己制定的法则的。这好像是老子,一边说着"知者不言,言者不知",❶一边却也书写着那流传后世的五千言。也许是为了弥缝这个矛盾,后人才造出关尹强老子著书的传说,❷以显得形诸语言和文字并非老子之所愿,只是不得已而为之。"论"当然也就需要"辩",因此《齐物论》竟然充满着论辩的色彩。自己一方,儒墨一方,辩得不亦乐乎。这使得庄子看起来更像是个辩士,而不是一般以为的隐士。但是你如果就把庄子看作是一个辩士,那

---

❶ 《道德经》五十六章。
❷ 《史记·老子韩非列传》:"老子修道德,其学以自隐无名为务。居周久之,见周之衰,乃遂去。至关,关令尹喜曰:子将隐矣,强为我著书。于是老子乃著书上下篇,言道德之意五千余言而去。"

就大错特错了。就像语言,语言的作用有时候是告诉人们语言的不可信,辩论的目的在庄子这里是在告诉人们辩论的无用。以辩止辩,这有点像是以兵去兵,目的能否达到姑且不论,其用心却是不可不知的。

作为篇名的"齐物论",单纯从语法上来说,可以理解为"齐物—论",或者"齐—物论"。这两种理解也许都可以在内文中找到依据,可是如果非要二者择一的话,那一定是前者而非后者。很显然,物而不是物论才是庄子要解决的问题。物论是可以逃避的,物却是无法逃避的。无法逃避,因此需要解决。这个解决不是物理意义上的,物理意义上的解决是指对事物在形态上做出某些改变,譬如放大或者缩小,甚至毁灭。庄子没有这样的力量,别人也没有。你也许可以改变一个或者几个或者某些,但你永远改变不了全部。这也不是心理意义上的解决,尽管它和心有着密切的关系。某种心理状态也许可以让你突出或者忽视某些事物,但这更多地是情感性的,或者和心理活动有关,而不是和思辨以及推理等有关。也许我们可以把庄子的解决称之为哲学意义上的解决。它是通过一种思辨的方式,经由对物的某种理解,在心和物之间达成某种关系。在这种关系中,物不足以为心累,心不至于为物役。

这种对物的理解,就是所谓的齐物。庄子看起来是要实现一个在常识看来不可能实现的任务。如孟子所说:"夫物之不齐,物之情也。"❶ 你又如何齐这些不齐的事物呢?是像荀子一样主张不齐之齐吗,或者像惠施一样的"泛爱万物,天地一体"?❷ 又或者是像彭蒙、田骈、慎到一样指出万物的相对性?❸ 看来都不是。齐物的关键其实不在于物,而在于心。物是不齐的,但是如果无心于不齐的话,这不齐的物的分别于我又有何意义呢?

以心来齐物,这是庄子的思路。也正是《齐物论》从心开始的原因,庄子在篇首就写道:

---

❶ 《孟子·滕文公上》。
❷ 见《庄子·天下》。
❸ 《庄子·天下》论三子的学说,谓天地与道各有所长,也各有所短。

> 南郭子綦隐几而坐，仰天而嘘，嗒焉似丧其耦。颜成子游立侍乎前，曰：何居乎？形固可使如槁木，而心固可使如死灰乎？今之隐几者，非昔之隐几者也。子綦曰：偃，不亦善乎，而问之也。今者吾丧我，汝知之乎？

与《逍遥游》的从北冥开始不同，《齐物论》的起首是南郭子綦。如果说由北而南象征着从形体到心灵之路，那么也许我们可以说庄子最初在设计南郭的名字时，就考虑到了要突出心的问题。的确，如颜成子游的问话中所显示的，南郭子綦的特异处正在于心如死灰，而不是形如槁木。后者相对而言是比较容易达到的，但前者却非常人所能为。心如死灰意味着心的所有活动的丧失，意味着外物对于心而言不发生任何影响。心当然存在着，却如不存在一般，这也就是无心，子綦称之为"吾丧我"的状态。

也许有人会觉得"吾丧我"的说法更像个文字游戏，吾不就是我，我不就是吾吗？当然不是。如果说"吾"代表着一个完整的人的话，这个要丧的"我"似乎是它的一部分。它究竟是什么呢？显然不是形体。丢掉了形体，"吾"都不会存在，更遑论"我"？那会是心吗？是，又不是。那确实是一种心，或者心的某种状态，譬如所谓的成心。心该是虚的，像面镜子，万物在其中都可以呈现，却不留下任何痕迹。成心却是实的，它有自己的喜好或者厌恶，有自己的是或者非，它把世界区分为自己和他人他物。在接受某些事物的同时，它会拒绝另外一些事物。在成心中，"我"就出现了。相应地，"你"和"他"也就出现了。于是就有了关系，就有了对立、紧张和冲突。"我"其实就是一种对于自我的意识，这种意识将自己和世界区分开来，同时也按照自己的标准把世界区分开来。换言之，"我"就是一种执着于自我的心，一颗有"己"的心。吾丧我，也就是《逍遥游》中说的"无己"。

为什么要丧我？为什么要无己？我们当然可以很简单地说是为了齐物的需要。但是哲学需要给出理由，需要论证，虽然论证的方式可以不同。"我"一定是对于世界和自己都构成了伤害，因此才需要去除。有"我"意味着什么呢？有"我"意味着这个世界会以"我"的方式被切割。意味着有你，有他，而你也有你的"我"，他也有他的"我"。不同的"我"争斗着，冲突着，焦虑着：

> 大知闲闲，小知间间。大言炎炎，小言詹詹。其寐也魂交，其觉也形开。与接为构，日以心斗。缦者、窖者、密者。小恐惴惴，大恐缦缦。其发若机栝，其司是非之谓也。其留如诅盟，其守胜之谓也。其杀如秋冬，以言其日消也。其溺之所为之，不可使复之也。其厌也如缄，以言其老洫也。近死之心，莫使之复阳也。

大知该是闲闲的，因为知者不言。大言该是淡淡的，因为道之出口，淡乎其无味。但小知却在紧张地算计着，夜以继日。大知的闲淡是因为它是无我之知，没有我，也就没有我和世界的分别，我的心也就无事可做。小知必定是紧张的，它是有我之知，有我就有分别，就有是非和美丑，就有争斗。在无休止的争斗、算计、冲突和焦虑中，真正的生命被淹没了，当然有心，而且心在激烈地活动着，但这是成心。成心的活跃意味着真心的死亡。

当世界被成心，因此被不同的"我"所包围，被意见和偏见所包围的时候，一切就都笼罩在假象中。与此同时，真实的世界却隐藏起来。人们往往会陶醉于人籁，譬如所谓的"乐"，却忘记了其所从出。人籁其实是本于地籁的，就像乐本于风。《诗》的一个主要部分不是还仍然被称为"风"吗？只不过这里的"风"已经不是大块噫气的结果，而是人们或许依然淳朴的心声。这是人籁，再好的人籁，庄子好像也不大喜欢，因为里面可能有"我"。因此他花了好多的笔墨描述地籁：

> 夫大块噫气，其名为风。是唯无作，作则万窍怒号。而独不闻之翏翏乎？山林之畏佳，大木百围之窍穴，似鼻、似口、似耳、似枅、似圈、似臼、似洼者、似污者，激者、謞者、叱者、吸者、叫者、譹者、宎者、咬者，前者唱于而随者唱喁。泠风则小和，飘风则大和，厉风济则众窍为虚。而独不见之调调，之刁刁乎？

古代的乐官都是可以用耳朵辨别八面来风的,一般的人也都可以感受到风吹不同事物时发出的不同的声音。如果你像庄子一样碰巧在山中,那里有森林,有不同的孔穴,当大风刮起的时候,你一定会听到不同孔穴发出不同的声音。这声音还会随着风的大小变化着,而当风停的时候,各种孔穴也都归于寂静,如同消失了一般。庄子从中悟出了什么呢?他悟出了一个道理:"夫吹万不同,而使其自己也。咸其自取,怒者其谁邪?"并没有谁(风或者孔穴或者另外一个什么东西)主使着孔穴发出不同的声音,一切都出于自然。有什么样的孔穴,自然就有什么样的声音,它也不得不发出这样而不是那样的声音。

这就是天籁,无心之籁。在庄子所说的天籁、地籁和人籁中,其所指是各个不同的。"人籁则比竹是已,地籁则众窍是已",但是天籁并不指某个具体的东西,也不是地籁和人籁之外的某种东西,如果是无心的,即便是人籁,也是天籁。地籁原本就是无心的,当然也是天籁。在天籁中,我们不能发现一个"我",因为原本就没有"我"存在。每个孔穴中有一个"我"吗?没有。风中有一个"我"吗,也没有。没有我,也就没有心。同样,在庄子所谓的"三言"中,有卮言之说,卮据说是一种酒器,酒后之言,出于无心,所以卮言被认为是无心之言,果真如此的话,那么卮言也是天籁。

但是大部分的言显然并不是卮言,因此和天籁无关。庄子很清楚地认识到"夫言非吹也"。人籁和地籁并不能相提并论。言从口出,但口只是一个发音的工具,其实还是从心发出的,所谓"言为心声"。当一个声音是作为心的表现而发出的时候,它就被赋予了某种意义。如果它是关于某种事物的,那就该是关于某种事物的描述、评价或者看法。但那是某个"心"或者某个"我"的看法,对于另一个"心"或者另一个"我"来说,它完全可以有另外的描述或者评价。事物原本就是那个事物,但它呈现给不同心灵的样子是不同的。这并不奇怪,但这不是由于事物都像变色龙一样的善变和多变,因此难于把握,更多的时候它是由于人心的差异以及相应地不同的"我"的存在。我们不是有儒家和墨家吗?儒家主张着命,墨家就有非命。儒家敬鬼神而远之,墨家就明鬼。儒家重视乐,墨家就非乐。儒家宪章文武,墨家就效法大禹。同样的一个世界,竟然会有如此相反的主张。而且每个人都以为"我"是对的,"他"是错的。"我"是是的,"他"是非的。都以自己之是非批评着他人之是非,因此也都是人之所非，而非人之所是。这当然会引起着读者的疑问，天下真的有是非吗？如果有的话，哪个人的是非才是真是非呢？

世界就是世界，万物就是万物，原本是无所谓是非的。也许每个物都有自己的特点和用途，譬如鸡可以报时，狗可以护院，车可以行于路，舟可以行于水。这些特点在成为其优点的同时，也构成了其限制。舟在行于水的同时，就不能行于陆；狗在护院的同时，就不能报时。你该如何看待它们呢？肯定舟就一定要否定车吗，喜欢狗就必须讨厌鸡吗？也许庄子说的对，"物固有所然，物固有所可。无物不然，无物不可"。从其所然和所可的角度去看，无物不然，无物不可。从其所不然和所不可的角度去看，无物然，无物可。由此物来看彼物，则此物可彼物不可；反过来，如果是从彼物来看此物呢，则彼物可此物不可。在物的世界中，万物实际上是互为彼此的。"物无非彼，物无非是。自彼则不见，自是则知之。"万物从自己的角度来看，都是此，而他物为彼。从他者的角度来看，则他者为此，而他者以外的他者都是彼。如此说来，彼此的区别又有什么意义呢？互为彼此的万物如果执着于彼此的分别，就有些像是那些狙公豢养的猴子。同样的七颗果实，朝三暮四，则众猴皆怒。朝四暮三，则众猴皆喜。猴子是只能看到彼此的分别，而不能看见彼此相通的，人呢？

人当然应该不同于猴子，可是如果我们相信达尔文的学说，承认猴子是人类的祖先，那么总是有很多人不能走出祖先的阴影。对于人而言，也许他们可以很轻易地辨别朝三暮四和朝四暮三的区别，但是"彼出于是，是亦因彼"的道理呢，就未必能够了然。这个世界是不分彼此的，勉强分的话，每一个事物都既是彼，又是此，是彼的彼，此的此。可是这种区分又有什么意义呢？"彼是方生之说也"，那么，什么是方生之说呢？庄子说：

> 方生方死，方死方生。方可方不可，方不可方可。因是因非，因非因是。是以圣人不由，而照之于天，亦因是也。是亦彼也，彼亦是也，彼亦一是非，此亦一是非。果且有彼是乎哉，果且无彼是乎哉，彼是莫得其偶，谓之道枢。枢始得其环中，以应无穷。是亦一无穷，非亦一无穷也。故曰莫若以明。

此事物的生在彼事物看来就是死，此事物的死在彼事物看来就是生。我以为可的，他以为不可。他以为可的，我又以为不可。那么，究竟是生，还是死呢？到底是可，还是不可呢？单纯拘泥于物的世界或者立场，也许我们永远得不出一个结论，而会陷入无休止的争论之中。但是如果换一个角度呢，譬如以天观之，也就是这里说的照之于天，那么生死可不可之间的对立还是那么不可调和吗？也许生就是死，可也就是不可。也许无所谓生死，或者可不可。在天的观照下，彼此是非之间的对立消失于无形，取而代之的是一个没有分别的世界。

和天籁中的天的意义相同，照之于天，可以很方便地理解为无心也就是无我状态下的观照。这是人超越了"我"之后才可以达到的一种境界。一个无"我"的人在观照这个世界的时候，是不会把自己的意见或者好恶等掺杂其中的。世界会如其所是般地呈现出来，没有彼此，没有是非。鸢飞鱼跃，花红柳绿，万物虽然丰富多彩却无彼此或是非可言。彼此或者是非是人的产物，确切地说，是成心的变现。"未有成心而有是非，是今日适越而昔至也。是以无有为有。以无有为有，虽有神禹，且不能知，吾独且奈何哉？"成心正是可以把无有变成有的东西，譬如把没有是非的世界制造出是非。"今日适越而昔至"，是惠施的一个主张（见《天下》）。庄子在任何时候似乎都忘不了对这位老朋友的讽刺。在庄子看来，也许你可以在文字的层面做着思想的游戏，但在生活中，这是不可能之事，就像没有成心而有是非一样不可能。

成心就是"我"，一个没有成心没有我的人，已经不是人，而是变成了天。只有人的身体，里面藏的却是天心。而天心也就是无心。无心的世界中，"彼是莫得其偶"，彼是都变得非常地寂寞，因为彼此都找不到对方。就像是隐几而坐的子綦，嗒焉似丧其耦。其实，寂寞的感觉并不会有，因为本没有彼或者是的意识，当然更不会有是非的意识。所有的区别都随着成心一起消失了，整个世界变得没有任何的缝隙。这时，你感觉到的该是充实吧。当然是充实，"天地与我并生，而万物与我为一"的充实。

但这种充实又显得如此的空灵。庄子的并生或者为一，并不是孟子那种"万物皆备于我"的感觉，毋宁说是相反。这种充实的感觉是以万物的舍弃为前提的。万物当然存在着，但是我却可以采取一种不在乎的态度。不在乎美丑、是非、长短、大小。儒家不是有儒家的是非吗，由它去吧。对待墨家，也是如此。我并不想加入到你们的争论中，成为第三方，我蔑视这种争论，因此要超越出来。"因是因非，因非因是"，因就不是入，这种态度更多地是表现对是非的无所谓，因此也就是对于是非的超越。如果说是非是一个无穷的循环的话，庄子是要把自己置放在环中的位置的。不管环流如何急促，环中却永远是空灵静默的。

在这里，我们就接触到了"道"。老子最初定义它的时候，就是把它看作万物之始和万物之母的。庄子也不例外。在庄子看来，作为世界和万物的开始，这里隐藏着它们的真相。万物并不能在万物中获得理解，它们应该回到本原处，即所谓的物之初。在这个地方，它们才会显出原形。庄子在《齐物论》中以不同的方式描述着这个本原：

> 古之人，其知有所至矣。恶乎至？有以为未始有物者，至矣，尽矣，不可以加矣。其次以为有物矣，而未始有封也。其次以为有封焉，而未始有是非也。是非之彰也，道之所以亏也。道之所以亏，爱之所以成。

这里提到了三个不同的层次："未始有物""未始有封""未始有是非"。未始有物也就是无物，是无，这是最高的一层。其次是有物，但是物与物之间没有分别，好比是浑沌。再次是有分别，但是还没有是非。当是非成形的时候，道早已经支离破碎了。这三个层次都在暗示着道吗？也许我们可以给出一个肯定的答案。因为道是无物、无封、无是非的。但严格地说，只有未始有物才可以用来描述道。因为道不是别的，就是无，甚至无无。无封、无是非固然可以用来描述道，却不足以尽道。其实"无"也不行。庄子说：

> 有始也者，有未始有始也者，有未始有夫未始有始也者。有有也者，有无也者，有未始有无也者，有未始有夫未始有无也者。俄而有无矣，而未知有无之果孰有孰无也。

如果说道是个开始的话，这个开始还有没有一个开始呢，开始的开始还有没有一个开始呢？如果说道是个无的话，有没有一个连无都没有的时候呢，甚至一个连"连无都没有"都没有的时候呢？这样的追问一方面提醒人们注意开始的问题，另一方面也提醒着人们该如何理解开始。开始不是一种物理意义上的无休止的追问，这样的追问既是无止境的，又永远不能摆脱物的领域。万物的开始，道或者所谓物之初，它可以是任何东西，但一定不是物。以无来说道也只是一种勉强的或者方便的做法。可是如果你把"无"也当成是一个物呢？这样的"无"其实就变成了"有"，因此还需要无"无"，甚至无"无无"。这种种的提示，其实都是要表现着庄子所理解的道的性质，道和物不同，物是有，尽管有的形态不同，道却是无。

本原是无的说法，对庄子来说意味着什么呢？意味着这个丰富多彩的世界实际上来自于一个共同的东西，这个东西就是无。多是个表象，一才是实质。楚与楹，厉与西施，站在物的角度，是如此不同。可是在道看来呢？其实没有任何区别。所谓"恢恑憰怪，道通为一"，各种各样的差别，把此物和彼物分隔起来的种种不同，在道这里都被打通了。有和有之间是无法相通的，它们彼此之间碰撞着，冲突着，但是无和有之间可以。无不会和任何的有发生抵触，因为它是无，所以它可以通。通意味着事物之间的任何界限或者区别都是相对的，不必执着，也不值得执着的。你说泰山大，秋毫小吗，我却可以说天下莫大于秋毫之末，而泰山为小。你说彭祖寿而殇子夭吗，我却可以说莫寿于殇子，而彭祖为夭。这并不是在辩论究竟谁大谁小，当然也不是真正地认为秋毫之末小而泰山大，这只是表现大小或者寿夭区分的无谓。

这就是齐物。它并不是在物理形态上改变物的恢恑憰怪的情形，期待着万物经过加工之后都会变成一个样子，当然不是。道"通"万物，而不是道"同"万物。万物还是万物，从物理形态上看仍然是不齐的。不过，当我们去追究它们的来源，直至本原处的时候，也就是到了物之初即道的时候，你会发现什么呢？没有界限，没有分别，甚至也没有物，只是无，也许连无都没有。在这里，"万"早已经消失了，剩下的只是一，只是无。在这时，你还会津津乐道于楚与楹、厉与西施的区别吗？

当然不会。如果会的话，那真的是一点都不解道情。也许有人会说，人不是道，道可以齐物，人怎么齐呢？的确，人不是道，但人可以游心于道。道向任何的人都敞开着，它不会拒绝任何人的进入。有时候，道会隐藏起来，譬如对那些有成心的人，也就是有是非心分别心的人。成心给自己的心设了一个界限，画地为牢，心只能在牢里打转，而不能游于四海之外。成心会促迫着公孙龙执着于白马和马的分别，或者"物莫非指而指非指"的论证，他也许可以靠这个赢得名声和荣誉，连孔子的后代孔穿也要拜他为师。❶ 但是他和道却越行越远。"道隐于小成"，在小的成就中，大道隐藏了。这是不是因小失大呢？对于那些斤斤计较的人来说，他们也许忘记了最该计较的东西。

最该计较的其实不是白马和马的分别，或者指和物的分别，而是生命和外物的分别。"名与身孰亲，身与货孰多？"❷ 这个老子提出的问题也是庄子的问题。和惠施一样，公孙龙也是一个逐万物而不反的人，也许他对于石头或者马非常地了解，可是生命呢？生命在他的思想里有什么位置呢？也许庄子的这段话正是针对着公孙龙式的人物：

> 一受其成形，不亡以待尽。与物相刃相靡，其行尽如驰，而莫之能止，不亦悲乎！终身役役而不见其成功，苶然疲役而不知其所归，可不哀邪！人谓之不死，奚益！其形化，其心与之然，可不谓大哀乎！人之生也，固若是芒乎？其我独芒，而人亦有不芒者乎？

在物的世界中行进如驰流连忘返的人是悲哀的，他的心连同着他的形体一起都变成了物的奴隶。活着无异于死亡，因为他的心已经死了。也许更悲哀的是，人们并未意识到心的死去。意识到死去，还有重生的希望。意识不到，则永无回天之日。

---

❶ 《公孙龙子·迹府》。
❷ 《道德经》四十四章。

和公孙龙类似的还有昭文、师旷和惠施等人。尽管他们的所好不同,昭文是鼓琴,师旷是辨音,惠施是名辩,但是在玩物丧心这一点上却是一致的。玩物到极至,不过是技精而已,和道却是天壤之隔。也许我们可以想一下解牛的庖丁,表面上看,他也是玩物的吧,可是他有心,不是心,他有神。在解牛的时候,他以神遇而不以目视。当文惠君赞叹他的技术何以至此的时候,庖丁的答案是:"臣之所好者道也,进乎技矣!"这是远远超越技术的一种追求,对道的追求。当技术仅仅停留于物的时候,道却从物里超越出去,返回到生命本身。

返回到生命本身首先需要的是心的回归,只有心才可以把心从物的世界中拯救出来,不至于成为物的奴隶。心该为自己找到一个归宿,一个家园。这个归宿和家园当然不是物,那里只是客店,可以一宿而不可以久留。真正的归宿和家园不在别处,就在包括人在内的所有事物的老家和根源处,这就是道。心在道那里才可以找到自我,从而找到真实的生命的感觉。这个时候,物再也不会构成对心的限制。因为和道一样,心也已经通万物为一了。白马和马、指和物,所有的区别都被抛在了九霄云外。你可以说天地就是一指,万物就是一马。你也可以说成是一牛或者一石。没有关系,因为心正沉浸在游于道的逍遥和恬静之中,万物的区别在它那里没有一点位置。

这显然不是知识论意义上的讨论。从知识论的角度,庄子也会承认泰山之大和秋毫之小,西施之美和厉之丑。齐物和知识无关,它只和生命有关,只和生存的态度与境界有关。庄子不喜欢"进入"人间世,虽然他"在"人间世,而且知道人间世的不可逃避。进入就意味着有所成,譬如《逍遥游》中说的"知效一官,行比一乡,德合一君,而征一国者",或者这里提到的师旷等。但是成在另一种意义上就是亏,功名之成就是道德之亏,此物之成就是彼物之亏。昭文鼓琴的时候,就是有成有亏的时候。他鼓了宫,就没有商。鼓了徵,就没有羽。昭文不鼓琴的时候,就是无成与亏的时候。那么昭文是该鼓琴还是不鼓琴呢?昭文当然是要鼓的,可是庄子呢?庄子可以鼓盆,却一定不会鼓琴。他是不愿意以小成来破坏生命和大道的。小成不过是"滑疑之耀",圣人所要去除的东西。耀所带来的光芒或者荣华在让他人觉得刺眼的同时,也足以迷惑自己。庄子是不要这些光芒的,他要做一个最平常的人,尽管他有一颗最不平常的心。他有才智,以至于楚威王也能听到他的贤名,要聘他为相。可是他不想用他的才智，他认为才智的运用可能会让他迷失甚至丢掉生命。他宁愿做一个没有光芒的庸人，虽然他根本就不是。

所以他要"寓诸庸"。庸就是平常，庸常，淡淡的，没有光芒。对于这个在《齐物论》中出现过两次的说法，最好的也是最简单的解释，恐怕就是有意识地给自己带上庸人的面具。如同老子说的"圣人被褐而怀玉"❶。一个聪明人，却把自己装扮得和庸人一样，这和老子说的"大智若愚"或许有相通之处。不过在老子那里，那是君道的一环。在庄子这里，则是一种生存技巧，在"寓诸庸"的状态下，你可以不引人注目地生活。虽然没有光芒，但危险也离你远去。这是一种"自埋于民，自藏于畔"❷式的生活，庄子自觉地选择了"不用"——在《齐物论》中，它总是和"寓诸庸"联系在一起的。不用不是没用，没用是真的没用，因此也无法为世所用，不用则是能用而不用。儒家不是讲学而优则仕吗，这里则是学而优则不仕。即使会鼓琴也不做昭文，会辨音也不做师旷。这种不用在庄子看来是有莫大的用途的：

庸也者，用也。用也者，通也。通也者，得也。

以用来解释庸并不是说庸就是用，而是说庸是一种用，有它的用途。这个用就是通。庸意味着功名等的放弃，甚至自我的放弃，这个时候你还在意什么呢？你在意的只有生命，所以你希望外物不会伤害你，希望和万物保持在非对立的状态中。通就是这样一种状态。通而不隔，通而无封，万物之间是如此，自己和万物之间也是如此。所有事物之间的界限都模糊了，消失了，融化为一。

这就是得道之后的感觉，只有游心于道，才可以获得这种感觉。心停留在

---

❶ 《道德经》七十章。
❷ 《庄子·则阳》。

万物中，你会去分辨物的彼此是非。在道中游的话，就会像道一样地无封。这个时候，你会发现是非的言说或者争执是多么的无谓。道与言在根本上就是不相容的，你选择了道，就放弃了言。如庄子所说：

> 天地与我并生，万物与我为一。既已为一矣，且得有言乎？既已谓之一矣，且得无言乎？一与言为二，二与一为三。自此以往，巧历不能得，而况其凡乎……无适焉，因是已。

一是不可言说的，一旦你言说了，就已经不是一，而是变成了二、三……以至于无穷。你会坠入到物的世界中不能自拔。"大道不称"，因为道是未始有封的，而言却未始有常。以无常之言去言说无封之道，结果是可想而知的。原本无封的地方会出现裂缝，会有分别。人们会执着于左右和伦义，会分辨和竞争。但是，这种分辨和竞争有什么意义吗？儒家有儒家的义，墨家有墨家的义，究竟哪个才是真正的义呢，或者哪个都不是？在庄子看来，事物之间没有同是，也没有同非，人在湿地中睡觉，就会落下腰疾，泥鳅会吗？置身于树上，便会恐惧，猴子会吗？人、泥鳅和猴子之间有一个关于"正处"的共识吗？显然没有。万物之间同样也没有一个关于"正色"和"正味"的共识，人以为美的西施，鱼见之则深入，鸟见之则高飞，鹿见之则惊奔。人喜欢吃的，老鼠不喜欢吃。鹿喜欢吃的，乌鸦不喜欢吃。这世界是不可以用一个统一的标准来切割的。既然没有一个统一的标准，没有一个"正"，又何必要争一个"正"呢？

庄子一定是厌倦了这世界上的争论。他要从根本上来摧毁这些争论的基础，他要给出停止争论的理由。这个理由主要就是对于事物相对性的揭示。《齐物论》中曾经两次提到"莫若以明"，明就是要把人们从争论的深渊中拯救出来，而其最主要的途径就是通过彼和此之间的相明。彼有彼的是，也有彼的非，譬如泥鳅喜欢湿处，就是泥鳅的是，不喜欢干处，就是泥鳅的非。此也有此的是和此的非，如同猴子喜欢树居，而不喜欢水居。这是世界的真实情形，明白此点，就是明。反之，如果你用泥鳅的湿处来批评猴子的树居，或者用猴子的树居来批评泥鳅的湿处，就是以己度人，把自己的标准强加于人。这个世界当然会陷入无休止的混乱之中。

庄子所给出的停止争论的另一个理由就是所谓的"辩无胜"——辩论是无法决定胜负的：

> 既使我与若辩矣，若胜我，我不若胜，若果是也，我果非也邪？我胜若，若不吾胜，我果是也，我果非也邪？其或是也，其或非也邪？其俱是也，其俱非也邪？我与若不能相知也，则人固受其黮闇，吾谁使正之？使同乎若者正之，既与若同矣，恶能正之？使同乎我者正之，既同乎我矣，恶能正之？使异乎我与若者正之，既异乎我与若矣，恶能正之？使同乎我与若者正之，既同乎我与若矣，恶能正之？然则我与若与人俱不能相知也。而待彼也邪？

对于喜好辩论的人来说，这是一段无法回避的文字。我与若（你）与别人俱不能相知也，意味着彼此之间永远不能获得真正的理解。不同的我并存着，而且各自都坚持着自己的立场。如果真是这样的话，岂止是辩论，恐怕分辨性的言说本身也已经失去了意义。

辩无胜的说法仍然是在揭示着相对性的态度。我、若和人，让我们想起人、猴子和泥鳅，它们之间没有一个共同的东西，但每个事物及其习惯都有自己存在的合理性。也就是说，在"我"之外，有着另外的众多的"我"，你必须承认他们的存在。众多的"我"也就意味着无"我"，因为任何的"我"都没有权利把其他的"我"变成"你"或者"他"，即便是圣人、天子也不能。当尧要去讨伐几个荒外小国的时候，他感到了不释然。也许他觉得以自己的圣德，天下应该没有不随风而化的地方，可是竟然有例外。这是"我"所不能接受的，所以他要讨伐，但是在讨伐的同时尧或许也会思考诸如其他的"我"的权利，因而会导致对讨伐的正当性的怀疑。这怀疑当然就会产生不释然的感觉。舜把这个问题说得更加清楚，他强调的是十日并出，万物皆照。神话学者可以说这是一个神话，问题是庄子要借这个神话说什么呢？

十个太阳当然就不是一个，一个太阳也许只能照亮世界的一个角落，但十个太阳则可以让万物都生活在光明中。对于任何一个太阳来说，它都应该承认并允许其他的太阳存在。天空并不只是你的，大地也不是。庄子是要说，圣人之德当然不应该像一个太阳那样狭隘，它该像十个太阳那般，甚至超过它们。

尧在要讨伐那几个小国的时候，他的想法不一定是恶意的。相反，那很可能是出于善良的愿望，欲解民于倒悬之中。作为儒家理想的圣王之一，庄子依托尧很显然有和儒家对话的考虑。作为这个学派中最重要的观念，仁的一个最基本的规定就是爱人。而爱人的表现之一则是"己欲立而立人，己欲达而达人"❶。这种推己及人的做法，足以表现儒家思想中热情的一面。可是在庄子看来，这种热情有时候会把人灼伤。你怎么知道你需要的就一定也是别人需要的呢？如果是的话，倒还皆大欢喜。如果不是呢，则是把自己的意志强加于人，使人徒增痛苦。儒家是相信一个前提的，这个前提就是存在于人群中间的普遍性。如孟子所说：

> 口之于味也，有同耆焉；耳之于声也，有同听焉；目之于色也，有同美焉。至于心，独无所同然乎？心之所同然者何也？谓理也，义也。❷

这种普遍性的假设使得"推己及人"的做法有了可以实施的基础。但庄子从根本上是反对和否定这一前提的。从天下的"无同是"，到"我与若与人俱不相知"，都足以证明这一点。因此，对于由内及外推己及人的"仁"，庄子并不以为然。

---

❶ 《论语·雍也》。
❷ 《孟子·告子上》。

"大仁不仁",并不是一个空洞的表述,其中包含着庄子对世界和人的深刻理解。作为爱的仁和道是对立的,"道之所以亏,爱之所以成",这句话读起来颇有些像老子说的"大道废,有仁义"。仁爱是有"我"的,而且也是以"我"为前提的。不仁则意味着对万物的一视同仁以及"我"的放弃,而这就是齐物。

齐物的态度显然和辨以及辩是冲突的,而和"怀"相关。前者是众人的做法,后者则是圣人的做法。如果说辨是析一以为多,所谓的怀,就是合多以为一。在瞿鹊子和长梧子的寓言中,庄子写道:

> 长梧子曰:……且女亦大早计,见卵而求时夜,见弹而求鸮炙。予尝为女妄言之,女以妄听之奚?旁日月,挟宇宙,为其吻合,置其滑涽,以隶相尊。众人役役,圣人愚芚,参万岁而一成纯。万物尽然,而以是相蕴。……

这里提到了两种态度,一种是如瞿鹊子般的,看到鸡蛋就想到报晓的公鸡,见到弹丸就想到美味的烤鸟肉,未免算计得太细致太迫切。另一种是与日月为伴,与宇宙为伍,与天地精神相往来,合万物为一体,而置各种是非混乱于不论,无尊无卑,无贵无贱。这两种态度就是"辨"和"怀",前者是众人的,因为辨,所以终身役役而不得解脱。后者是圣人的,因为怀而若无所知。怀而不辨,则可以合万岁以为一,其中发生的种种差别都泯灭殆尽,心重归于纯粹和素朴。在这个纯粹素朴之心中,万物互相涵蕴着,没有绝对的界限,当然更没有绝对的对立。

庄子把这个也叫作"寓诸无境",也就是无或者无分别的境地,这才是心灵应该居住的地方,或者应该保持的状态。我们该如何达到这种境地呢,庄子说,要通过"和之以天倪":

> 何谓和之以天倪?曰:是不是,然不然。是若果是也,则是之异乎不是

也，亦无辩；然若果然也，则然之异乎不然也亦无辩。化声之相待，若其不相待。和之以天倪，因之以曼衍。所以穷年也。忘年忘义，振于无竟，故寓诸无竟。

天倪也就是自然的界限或者分别，而不是人设的。是或者不是，然还是不然，不是凭借人的辩论来区分的。"是"如果真的是"是"的话，它和"不是"的区别就根本不需要辩论。"然"如果真的是"然"的话，它和"不然"的区别也不需要辩论。这个分际是自然的，这就是天倪。由辩论确立的分际不是自然的，这是人倪，是成心。庄子这样的说法主要并不是关于分别的，而是关于天人的。他是要通过这种揭示去除所谓的辩论，停止纷争。他要"和"，像老子的"和其光，同其尘"，所谓的"玄同"。❶这不是"和稀泥"。"和稀泥"是自己作为第三方加入到某一个辩论或争执中，以中立者的身份在对立的双方中进行调节。"和"则和对立的双方无关，它只和是非有关，是对待是非的一种态度，是自己面对自己而采取的一种态度。在"和"中，锐被挫掉了，纷被解决了，剩下的只有"因"。在"因"中，没有"我"，没有"你"，也没有"他"，有的只是"曼衍"，也就是不可捉摸的造化。造化有什么界限吗？没有。你刚说它有，它就没有了。现在是昼，一会儿就是夜；现在是生，一会儿就是死。这里也没有年，或者义，彭祖和殇子，兼爱和为我等，在造化中都被冶为一炉，熔化在无分别的境地之中。

至此，我们也就领会到了庄子主张齐物的真正用心。只有齐物，才可以让人从物的世界中摆脱出来，心才可以物物而不物于物。物物是做物的主宰，物于物则是做物的奴隶。我们不能离开这个世界，但是我们可以不在乎这个世界。在不在乎中，心获得了解放和自由。你有你的是非，他有他的是非，由你们去吧，与我何干？我不会作为第三方加入进去，我也不会试图做你们的裁判。我只是不在乎。庄子把这称为两行。无论如何，行总有走的意思，人们在不同的路上走着，竞逐着，我却不走。我静静地站在中间，站在熙熙攘攘的人群中间，心平

---

❶ 《道德经》五十六章。

如水。庄子是如此地清醒，也正因为此，他也感受到了巨大的孤独。他和这个世界，和人群，近在咫尺，却远在天涯。他好像是生活在梦境中，一个不真实的世界中。可是其实他醒着。他知道不是自己在做梦，而是他人。因为他们在追逐着一些虚幻的东西，而忘记了真实。就好像是那些执着于生的人，他们是那么地喜欢生命而厌恶死亡，他们不知道也许死亡才是人的真正的归宿，而生只不过是逆旅。又好比是丽姬，将要出嫁的时候，涕泣沾襟，她在为不确定的未来哭泣。可是当她成为王的宠姬，与王同床共枕，食刍餐豢的时候，她不禁为当年的哭泣感到后悔。也许真正的悲剧正在这里，不该哭泣的时候哭泣，该哭泣的时候却欢笑着。人们自以为找到了家园或者幸福，但是真正的家园和幸福却无可救药地隐去。

梦和醒之间的区别是巨大的。做梦喝酒作乐的人，醒着的时候可能在哭泣。做梦哭泣的人，醒的时候却在田猎。做梦的人只有在醒来之后才知道自己在做梦，在梦境中，他并不知道自己在做梦，一切都似乎是真实的。对于睡梦而言，总有醒来的时候，可是当整个的人生都成为一场梦的时候，谁来唤醒他呢？是死亡吗？那未免太晚了些。也许是醒着的某个人，他可以呐喊，将人们从大梦中惊醒。但梦里的人并不认为自己在做梦，他们以为自己醒着，他们会把呐喊的人当作扰乱自己清梦的疯子，把他毁灭掉，然后继续他们的梦。

这还不是最要命的。在庄子看来，最要命的事情莫过于那个呐喊的人也在做梦。的确，如果把庄子在《齐物论》中表达的相对的态度发挥到极至的话，那么梦和觉的区分又如何来确定呢？当我说你在做梦的时候，我是不是也在做梦所以说着梦话呢？这好像是一个悖论，庄子称之为吊诡。没有人可以解决这个悖论，庄子说万世之后而一遇大圣，或许知道解决的办法。那该是个什么样的办法呢？我想该是不解之解。这个悖论提出的真正意义，在于要醒着的人不要执着于梦与醒的分别。执着就意味着你又重新跌入梦中。

有梦才有醒，知道自己做梦，才意味着自己清醒着。所以清醒的庄子特别喜欢说梦，尤其是自己做的梦。有一次他梦见自己成为蝴蝶，翩翩地飞着，优游自在。这个时候，他不知道自己就是庄周。醒来的时候，才发现自己是庄周。庄子问着自己：究竟是庄周梦为蝴蝶呢，还是蝴蝶梦为庄周？也许都是。但是问题不在这。问题在于，庄周和蝴蝶显然是有区别的，可是它们的区别在梦境中消弥了。你可以是我，我可以是你，我和你还可以是他，那么这个世界还有真正的区别吗？没有。一切都在"造化"中连为一体，庄子把这称为"物化"。不化是凝固不通的，化则是流通的。在"化"中，物和物之间的界限消失了，鲲可以化为鹏，人可以化为蝴蝶，万物通而为一。

《齐物论》以一个美丽的梦来结束是颇具意味的，我们在这个梦中读出"物化"这个道理的同时，是不是也可以读出些无奈的感觉？也许庄子意识到，执着于彼此区别热衷于是非辩论的人固然是在梦中，那些主张"齐物"的人呢，是不是到头来也仅仅是做了一场梦？也许，齐物只是一个在梦中才可以实现的理想。只要是醒着，你就不得不面对各种各样的实在的区分，并情不自禁地身陷其中。这才是真正的吊诡。人就是这样徘徊在梦与醒之间，徘徊于在意和不在意之间。

由于其"论"的形式，《齐物论》的真正主题往往被误解或者淹没。我们可以看到有人会把它和名家的作品归入一类，或者否认它出自庄子的手笔。但是实际上，《齐物论》对于生命的关注丝毫不亚于内七篇中的任何一篇。在物的世界中发现和坚持生命的意义，是该篇讨论的最主要的问题。而其讨论的角度，则是偏重在心和物的关系上。"吾丧我"，简单地说，就是通过对于成心的破除，而达到心的虚通的状态，从而摆脱物的限制，优游于道中。齐物是"破除"万物的一种方式，一种态度。它要使万物之间的差别烟消云散，通同为一。如此，则万物不足以成为心的负担，因此也不会成为生命的负担。我们看看庄子借王倪之口说的话：

> 至人神矣！大泽焚而不能热，河汉冱而不能寒，疾雷破山、飘风振海而不能惊。若然者，乘云气，骑日月，而游乎四海之外。死生无变于己，而况利害之端乎？

对至人的这种赞美，很多人是会觉得狂而不信的。庄子当然不是说至人真的可以不怕火烧或者冰冻，通过这种狂言，他只是想表现至人对于外物的不在乎和无所谓。当人不在乎这个世界的时候，世界的任何变化都不会在心里造成涟漪。这个时候，生命会从万物中摆脱出来，登天游雾，游乎四海之外。

但不只是这轻松的心灵的一面。和庄子一样，我们也要考虑到形体。"齐物"在致力于"心莫若和"的同时，是否和"形莫若就"也有关联呢？其实，当一个人只是想"就"，想"因循"这个世界的时候，任何的区分还有什么意义吗？没有，一定没有。因此，齐物就变成了这种生活方式的必然的选择。在这里，我们会发现隐藏在"齐物"表面的潇洒后面深深的无奈。

"齐物"是一种生活态度和生活方式，而不是知识，这是我们关于《齐物论》说的最后的话。

第六章
《大宗师》

对于人的不信任以及由此而来的对于天或者道的敬畏和依赖，是老子以来道家精神中的一个重要方面。在老子中，这种精神体现为"孔德之容，唯道是从"[1]以及"人法地，地法天，天法道，道法自然"[2]的表述；在黄老学派中，则是帛书《经法·道法》提到的"道生法"。其实，隐藏在"道生法"这个说法背后的一个意义是，法不能从人中产生，因此只能从人之外获得。为此，《道法》中特别强调"生有害，曰欲，曰不知足。生必动，动有害，曰不时，曰时而□；动有事，事有害，曰逆，曰不称，不知所为用；事必有言，言有害，曰不信，曰不知畏人，曰自诬，曰虚夸，以不足为有余"。[3] 这些有害都

---

[1] 《道德经》二十一章。
[2] 《道德经》二十五章。
[3] 参见《马王堆汉墓帛书》（壹），北京：文物出版社，1980年。

是属于"人"的,如果要避免的话,除了舍人从道,没有他法。这里讨论的问题虽然和庄子有异,但仍然可以帮助我们理解庄子的重要背景。

顾名思义,"大宗师"讨论的问题总该和"宗师"有关。不过,和一般所理解的宗师不同,这里的宗师并不是某一个人,譬如儒家要祖述的尧舜、宪章的文武,❶ 或者墨家推崇的大禹,❷ 也不是道家一般尊崇的黄帝或者老子。对于一个生活在这个世界上,经常感受着无可奈何和不得已的人来说,他对于人的力量是一定不会估计得太高的,当然更不会刻意放大。同时,以人为宗师,在庄子看来,总不免于在人的世界中打转。如果想超越这个无奈的世界,该另辟蹊径才对。这个径并不是小路,而是大道:

> 吾师乎,吾师乎,鳖万物而不为义,泽及万世而不为仁,长于上古而不为老,覆载天地,刻雕众形而不为巧。

这里的师显然就是"大宗师"的师。它不是别的,就是道。除了道,谁还能泽及万世、长于上古、覆载天地而雕刻众形呢?正因为如此,《大宗师》才成为庄子的文字中描述"道"最多的一篇,在某种意义上可以称作"道"的颂歌。我们再看如下的一段文字:

> 夫道,有情有信,无为无形。可传而不可受,可得而不可见。自本自根,未有天地,自古以固存。神鬼神帝,生天生地。在太极之先而不为高,

---

❶ 《中庸》:"仲尼祖述尧舜,宪章文武。"
❷ 《庄子·天下》:"墨子称道曰:……禹,大圣也,而形劳天下也如此。使后世之墨者……以自苦为极。曰:不能如此,非禹之道也,不足谓墨。"

在六极之下而不为深；先天地生而不为久，长于上古而不为老。狶韦氏得之，以挈天地；伏羲氏得之，以袭气母；维斗得之，终古不忒；日月得之，终古不息；堪坏得之，以袭昆仑；冯夷得之，以游大川；肩吾得之，以处大山；黄帝得之，以登云天；颛顼得之，以处玄宫；禺强得之，立乎北极；西王母得之，坐乎少广，莫知其始，莫知其终；彭祖得之，上及有虞，下及五伯；傅说得之，以相武丁，奄有天下。乘东维，骑箕尾，而比于列星。

古时候的精和情本是一字，所以这里形容道的"有情有信"显然脱胎于老子的"窈兮冥兮，其中有精；其精甚真，其中有信"❶。无为和无形则是老子之后道家关于道的共同理解。"自本自根，自古以固存。神鬼神帝，生天生地"的说法似乎也不稀奇，在老子关于道的描述中，诸如"独立而不改""先天地生"❷"象帝之先"❸等，已经包含着类似的想法。对于庄子的阅读者来说，他们也许会关心庄子到底添加了些什么样的新内容，而不仅仅是对于既有东西的重复。在这一点上，富有想象力和创造性的庄子是永远不会让读者失望的。庄子描述道的角度是集中在它的可以为人师的前提上面的，因此，他更注重的是道和人之间的沟通和联系。"可传而不可受，可得而不可见"，显然着眼的是道和人的关系。道并不把自己封闭起来，它没有限隔，所以它可以传递，人也可以获得。但这种传递和获得不是像有形的事物那般，我可以递给你，你可以递给他。对于某个人来说，道的获得并不依靠另外一个人，这就像是精妙的艺术，即便在父子之间也无法私相授受一样。要获得道的人只能依靠自己的努力。也因此，得道的经验完全是私人的，不能和他人分享，同时它的用途也因人而异。

这也许就是庄子在关于道的描述之后，列举了一长串得道者名字的原因。庄子要突出的正是道的"师"的身份，而"师"的身份的确立是要依靠"学生"的

---

❶ 《道德经》二十一章。
❷ 以上见《道德经》二十五章。
❸ 《道德经》四章。

存在来证明的。从豨韦氏、伏羲氏到彭祖和傅说，这些都是道的学生。道是无形的因此也是没有界限的，道的学生们也不会拘泥在某一个领域。得道者既可以如黄帝般上登云天，西王母一样安处少广，也可以像河神冯夷似地游于大川，或者像颛顼处于玄宫。道可以用来治国，如傅说；也可以用来养生，如彭祖。道是伟大又神秘的，每个人都可以从它那里找到自己需要的东西。那么对于庄子来说，他要从道那里获得什么呢？

很简单，庄子只是想要一种真实的生活。他需要还人一个本来的面目，而不是一个被改造或者歪曲的形象。他厌倦了虚伪带来的沉重，因此他渴望着真实的轻松。《大宗师》一开始就呼唤着真人，也就是真正的人：

> 何谓真人？古之真人，不逆寡，不雄成，不谟士。若然者，过而弗悔，当而不自得也。若然者，登高不栗，入水不濡，入火不热。是知之能登假于道者也若此。

在这个类似于定义式的提问中（"何谓真人？"），庄子的回答却远不是定义式的。他一点一点地勾勒着真人的形象，譬如遇寡不逆，逢成不雄，于事不谋。做事得当不会洋洋得意，不当也不会悔之不及。登高而不惧，入水而不湿，入火而不热。他到底要表达什么呢？在我看来，这种看似杂乱的描写，正是想引导读者去思考背后那一以贯之的东西。这个一以贯之者可以从两方面去把握，从一方面来看，它是造道，至于道的境界，也就是这里说的"知之能登假于道者"；从另一方面来看，就是天真的生命和生活。后者是表现于外的，可以看见因此也可以描述的，前者则是体现于内的，作为真实的生命和生活的支撑。

如庄子所说，真人的生活并不是算计的，而是无心的。这是一种顺天也就是顺其自然的生活。也许一般人会计算多寡成败，并随之采取不同的态度，但是真人不会。因为真人的生活和多寡成败无关。想想《齐物论》中描写的世俗中人，"其寐也魂交，其觉也形开"，再看看这里的真人。其间的分别真不可以道里计：

> 古之真人，其寝不梦，其觉无忧。其食不甘，其息深深。真人之息以踵，众人之息以喉。屈服者，其嗌言若哇。其耆欲深者，其天机浅。古之真人，不知说生，不知恶死。其出不䜣，其入不距。翛然而往，翛然而来而已矣。不忘其所始，不求其所终。受而喜之，忘而复之。是之谓不以心捐道，不以人助天。是之谓真人。

对应着"其寐也魂交，其觉也形开"的紧张的，是"其寝不梦，其觉无忧"的轻松和自在。这是两种本质不同的生活。魂交和形开，是因为他的成心而逐物；不梦和无忧，则是因为他的无心而顺化。在真人这里，我们看不到诸如追求甘食似的嗜欲，感受到的只是实实在在的生命和天机。真人的天机是深深的，可以深至于踵；众人的天机是浅浅的，也许只是到达喉咙。而喉咙以下，则完全被嗜欲所充满。真人知道生死如四时代谢般的自然，所以不以生而悦，不以死而恶。出则出，入则入；往则往，来则来。一任自然，不容一丝一毫的人力。

当然不是不需要人力，或者在庄子的生活中就完全没有人力的位置。人力的位置需要在明晰的天人之知的前提下才可以得到适当的安顿。你必须知道什么是天之所为，什么是人之所为，才能够知道人可以做什么样的事情，不可以做什么样的事情。这是所谓真知，也就是真正的知识。其他的知识都不足以和此相提并论。庄子说：

> 知天之所为，知人之所为者，至矣。知天之所为者，天而生也；知人之所为者，以其知之所知，以养其知之所不知，终其天年而不中道夭者，是知之盛也。

真正的知识不是别的,而是关于生命的理解。这种理解不是要弄清生命的具体构造,那是生物学和医学的事情。庄子要追问的是生命的真正来历,这来历同时也就是生命的依据。这样做的时候,我们遇到了天。"知天之所为者,天而生也"的真正意义,在于道出了由天而有人而有生命的奥秘。人本身就是天的产物,因此在某种意义上,人就是天。人是天的后裔,天也就理所当然地成为人的"宗"。这里,我们看到了作为篇名的"大宗师"中"宗"字的着落。原来它指的就是天,而和作为"师"的道不同。"彼特以天为父,而身犹爱之",直接道出了天作为"宗"的身份。而《天下》也明白地说道:

> 不离于宗,谓之天人。不离于精,谓之神人。不离于真,谓之至人。以天为宗,以德为本,以道为门,兆于变化,谓之圣人。

"不离于宗,谓之天人"以及"以天为宗"的说法,明显地提示着天和宗之间的同一关系。这和《大宗师》的理解是一脉相承的。以天为宗的说法,其意义在于给生命找到了一个超乎人间世的依据,从而为人超越这个世界提供了可能。人回到天只是回家、返本,法天的生活才是人应该有的真正的生活,也才是真正的人力的体现。

在庄子这里,真总是和天联系在一起的。"法天贵真"[1]的说法虽然没出现在内篇,但是仍然可以看作是庄子思想的表达。因此,真人也就是《天下》中说的天人,不离于宗的人。对于一个不离于宗的人来说,他的所为如何呢?是追逐外在的功名利禄呢,还是纠缠于仁义是非?什么都不是。那些都是人的成心的造作,心机的显现。真实的生命和天机中原本是不包含这些内容的。在这个地方,庄子表现出了对于生命的极端的重视。不是有所谓的知识吗,关于善

---

[1] 《庄子·渔父》:"故圣人法天贵真,不拘于俗。"

恶的，关于是非的，总之是关于外物的，但在庄子看来，这些都不是真正的知识。真正的知识和真人是相关的，有真人而后才有真知。真知是关于天的，因此也是关于由天而有的生命的。"知人之所为者，以其知之所知，养其知之所不知，终其天年而不中道夭者，是知之盛也。"人之所为的核心，该是尽其天年而不中道夭折。知识也应该是围绕着这一点的。换言之，知识该是围绕着生命的。尽其天年不仅仅是完成一个人的生命，还是一种事天的行为。因为年是属于天的，它虽然和人捆绑在一起，却和人无关，所以才称为"天年"。

"天年"的说法很能够显示出天和人之间复杂的纠葛。的确，当儒家譬如孟子以仁义礼智等为人性的时候，他是把这些与道德和价值相关的东西看作"天"的。"天"就意味着这是我固有的东西，而非来自于外部，所以孟子才有"尽其心者，知其性也。知其性，则知天矣"❶的说法。因此，仁义礼智等的实践、心的扩充，也就不是对天的破坏，相反，那是合天事天的行为。庄子当然不会认同这一点，他所谓的真人是"不以心捐道，不以人助天"的，而孟子恰好是以心捐道、以人助天的典型。对于庄子来说，心在虚的时候会离道更近，会与天更合，这从《人间世》的"心斋"之说中就可以看出。可是孟子呢，要达到天，非要尽心、尽可能地扩充其心不可。庄孟之间，一虚一实，一忘一充，正好体现出两种不同的思路。

可是哪一个才是真正的天呢？这确实是难于辨别的。如庄子所追问的："庸讵知吾所谓天之非人乎，所谓人之非天乎？"天与人之间的分别并不像是你区分自然界和人那么简单。这种分别的困难在于，它恰恰是在"人"之内进行的。对于一个现实的人来说，他可能既表现着天的一面，也实践着人的一面，他是一个天和人纠结在一起的复杂体。你需要去辨别。不只是庄子要辨别，儒家也在辨别。孟子中性与命的区分以及后来明确起来的天理、人欲的区分不就是一种辨别吗？不过，此别非彼别，孟子以为天的，也许庄子认为是人。反之亦然。譬如仁义礼智，孟子当然以为是天性，庄子则以为是"以心捐道，以人助天"，是对真

❶ 《孟子·尽心上》。

正的人性的伤害。在这里，庄子使用了作为人间世界刑罚的黥和劓这两个字眼，来表现仁义等对于人的自然状态的破坏：

> 意而子见许由，许由曰：尧何以资汝？意而子曰：尧谓我汝必躬服仁义而明言是非。许由曰：而奚来为轵？夫尧既黥汝以仁义，而劓汝以是非矣，汝将何以游夫遥荡恣睢转徙之涂乎？意而子曰：虽然。吾愿游于其藩。许由曰：不然。夫盲者无以与乎眉目颜色之好，瞽者无以与乎青黄黼黻之观。意而子曰：夫无庄之失其美，据梁之失其力，黄帝之亡其知，皆在炉锤之间耳。庸讵知夫造物者之不息我黥而补我劓，使我乘成以随先生邪？许由曰：噫！未可知也。我为汝言其大略。吾师乎，吾师乎，鳌万物而不为义，泽及万世而不为仁，长于上古而不为老，覆载天地，刻雕众形而不为巧。此所游已！

这寓言托名于尧，自然是再恰当不过的了。因为他正是儒家所谓圣人的象征，仁义的造作者。同时，意而子和许由的名义也会引起读者的联想。"意"总和心和某些造作有关，"由"则是无心以顺物。在无心的许由看来，尧教给意而子的仁义和是非之心就好像是黥和劓一样，是人强加在心上面的烙印。带着这烙印的心会让人无法畅游于造化之途。因为你要去区分，去辨别，心忙碌着仁义是非彼此等，不得安闲。这里，庄子使用了"遥荡恣睢转徙之涂"的说法，一方面用来表现造化的神妙莫测，另一方面则是渲染游于造化之中的优游自在。这"遥荡恣睢转徙之涂"是那些固执于仁义和是非等规矩者所无法想象的。他们生活在某些不是出自天性的规矩之中，画地为牢，作茧自缚，不能欣赏世界的丰富多彩和壮美。在这一点上，他们好像是盲者和瞽者，当然，一般的盲和瞽是因为眼睛或者耳朵，他们则是由于心。

应该注意的是，否认仁义礼智是天性，并不意味着对于某些道德情感或者价值的完全否定。这就像是老子，一边宣称着"天地不仁，以万物为刍狗；圣人不仁，以百姓为刍狗"，❶ "大道废，有仁义；智慧出，有大伪；六亲不和，有孝慈；国家昏乱，有忠臣"❷ 以及"绝仁弃义，民利百倍；绝圣弃智，民复孝慈；绝巧弃利，盗贼无有"，❸ 但是另一边也呼唤着忠信和真正的孝慈。在这方面，庄子和老子一样，他们都呼唤着真实的而不是虚伪的东西。在老子那里是素朴，在庄子这里就是天。真实的东西就是天，而它也就是真正属于人的，人之所以为人者。在"真"这里，天和人合为一体。庄子在此基础上对圣人等进行了重新的定义：

> 故乐通物，非圣人也；有亲，非仁也；天时，非贤也；利害不通，非君子也；行名失己，非士也；亡身不真，非役人也。

这些定义都可以看作是针对着儒家的。儒家所谓的圣人，是指心通于万物，因此可以获得上下与天地同流的"乐"的感觉的人。如孟子所说："万物皆备于我矣，反身而诚，乐莫大焉。"❹ 但在庄子看来，这种乐仍然是以有我和有心为前提的。圣人该是"其心志，其容寂，其颡頯。凄然似秋，暖然似春，喜怒通四时，与物有宜而莫知其极"者，也就是无心以顺物者。既可以凄然，也可以暖然；既可以喜，也可以怒。但这种种的情感或者情绪都不是出于有心，而是与物相感之后的自然发动。所以"乐通物，非圣人也"。同样，仁也不该是所谓的亲亲，君子也不是所谓的利害不通，士也不是为了名而失去自我者，役人（治人）也不是不能全身保真者。儒家的信仰者在弘扬道德价值的同时，却丢失了真正的自己，从而也让所有的人都处于"失真"的状态。看看他们所谓的圣人和贤人，譬如伯夷、叔齐、箕子等，为了所谓的义，他们扭曲或者丢弃了生命。在庄子看来，这都是

---

❶ 《道德经》五章。
❷ 《道德经》十八章。
❸ 《道德经》十九章。
❹ 《孟子·尽心上》。

"役人之役，适人之适，而不自适其适者也"。他们都不是为了自己而生活，而是为了某些虚假的名誉。也因此，身（生命）变成了身外之物的工具，真实的生命被淹没在与道德和价值相关的一系列"名"之中。

人间世的人总是已经进入了藩篱，套上了枷锁的人。无论这枷锁是欲望、功利还是仁义。为功利者可以蔑视单纯欲望的追求者，为仁义者也可以蔑视单纯为功利的追求者，那么为道者呢？为道者无所求。他只想在自然的造化中无心任化，安顿自己的生命。他不想要什么仁义，或者是非。他不想去赞美尧，或者批评桀。他不喜欢相濡以沫相呴以湿的生活，那太沉重。如果让他选择的话，他宁可相忘于江湖。

对于已经上了枷锁的人来说，这些枷锁还能不能摘掉呢？当然能。造化是神奇的。正如意而子所说的，你怎么知道造化不会把我的那些烙印抚平呢？既然无庄可以失其美，据梁可以失其力，黄帝可以亡其知，我也可以去除仁义是非之心。但这不是一个随便就可以完成的过程，它需要炉火的锤炼。在锤炼中，所有附着的东西都会脱落，留下的只是真实的人心和人性。这个脱落的过程，也就是庄子称之为"忘"的过程：

> 颜回曰：回益矣。仲尼曰：何谓也？曰：回忘仁义矣。曰：可矣，犹未也。他日，复见，曰：回益矣。曰：何谓也？曰：回忘礼乐矣。曰：可矣，犹未也。他日，复见，曰：回益矣。曰：何谓也？曰：回坐忘矣。仲尼蹴然曰：何谓坐忘？颜回曰：堕肢体，黜聪明，离形去知，同于大通，此谓坐忘。仲尼曰：同则无好也，化则无常也。而果其贤乎？丘也请从而后也。

以颜回和仲尼为寓言的主角，而且用来否定儒家的思想，看来是沿用了《人间世》的老把戏。这寓言的核心，显然是一个"忘"字。从"忘仁义"，到"忘礼乐"，再到"坐忘"，层层递进，步步深入。如果说忘仁义或者忘礼乐，都还是对某种具体东西的遗忘的话，那么所谓的坐忘，要忘掉的则是自己——忘掉自己的肢体，忘掉自己的聪明，达到形若槁木，心若死灰的状态。这正是坐忘高于仁义之忘或者礼乐之忘的原因。忘的目的，或者说其意义何在呢？简单地说，就是摆脱那些强加于人身上的限制，返回到真实的状态，以游于造化之途。有仁义，那么仁义就成为藩篱；有礼乐，那么礼乐就构成了桎梏。没有了仁义礼乐，你还可能有自我。所以，你还要忘掉自己，将桎梏连根去除。这个时候，仁义礼乐消失了，自我消失了，一切的条条框框一切的限隔都不复存在，于是可以至于"同于大通"的境界。大通不是别的，其实就是无限隔的造化之途，也就是道。如《齐物论》所说："故为是举莛与楹，厉与西施，恢恑憰怪，道通为一"，道正是把所有的事物通起来者。在大通的状态中，你没有好，也没有恶；没有是，也没有非。一切都在流转，没有固定的界限，就像是庄周梦蝶寓言中所说的物化。对于你来说，要做的就是无心而任化。

对于通而言，有两个因素一直是需要注意的。首先是虚，虚才可以通，实则不能。"实"就意味着你要占据一定的空间，就会构成阻塞；或者意味着你心有所主，有是非好恶。马王堆帛书《道原》所说大虚而后可以"通天地之精"，以及《管子·心术上》强调的"天之道虚其无形，虚则不屈，无形则无所位迕。故遍流万物而不变"，说的正是虚和通的关系。以虚来应世，正好像是庖丁解牛时的"以无厚入有间，恢恢乎其于游刃必有余地矣"。其次是化，如《系辞传》"变则通"的说法所暗示的，通意味着变化，意味着一个变化之流。除了变化之外，没有什么固定或者永恒的东西。

这让我们想起了《天下》对于庄子思想的概括，"寂漠无形，变化无常，死与生与，天地并与，神明往与？芒乎何之，忽乎何适？万物毕罗，莫足以归"。寂寞无形说的是虚，变化无常说的是化。而"死与生与"以下，则是对变化的描述。无论这个概括出自谁之手，它都是非常精当的，庄子确实是对变化有着特别感觉的人。不过，与同样对于变化有感觉的《周易》的解释者们不同，他没有他们那样有信心，认为变化有章可循。在《易传》中，虽然也有"唯变所适"的说法，与庄子似乎有共同的一面，但"道"却把变化规范在"一阴一阳"的范围之内。借助于道，这个变化的法则，变化是可以把握的。而在庄子中，道只是虚，是通，和法则无关，因此变化就成为不可捉摸的河流。

对于不可捉摸的东西，我们一定要去捉摸它吗？甚至不惜给它加上一个虚假的法则？譬如本无所谓是非的非要分出是非，或者本无所谓胜负的非要分出胜负。对这种明显地以人助天的行为，庄子的答案当然是否定的。对于庄子来说，不可捉摸的东西就不要捉摸，不可思议的东西就不要思议。它们属于命和天，譬如死生或者昼夜。"死生，命也；其有夜旦之常，天也。人之有所不得与，皆物之情也。"人必须承认自己的局限性，这个世界有太多的自己不能涉足和控制的领域。而对于这个领域，最明智的做法就是保持沉默，安之顺之。

也许最适合表现庄子此种安顺态度的事件是死亡。在这个一般人会不遗余力地表现其悲哀的时刻，庄子会如何呢？他是像儒家的信徒们一样遵守着那些烦琐的丧礼的规矩呢，还是像孟孙才一样，即便是母亲死去的时候，也是哭泣无涕，中心不戚，居丧不哀？应该是后者，如果我们相信《至乐》中那个著名的记载，庄周妻死的时候，他还在鼓盆而歌；当面对好朋友惠施的责问时，他的解释是生死乃气之聚散，如四时更替般自然，我们就该相信庄子会同意孟孙才的做法。对于这种看似"非礼"的行为，庄子在《大宗师》中也给出了自己的解释。我们看一下这个寓言：

> 颜回问仲尼曰：孟孙才其母死，哭泣无涕，中心不戚，居丧不哀。无是三者，以善处丧盖鲁国。固有无其实而得其名者乎？回壹怪之。仲尼曰：夫孟孙氏尽之矣。进于知矣。唯简之而不得，夫已有所简矣。孟孙氏不知所以生，不知所以死，不知就先，不知就后。若化为物，以待其所不知之化已乎？且方将化，恶知不化哉？方将不化，恶知已化哉？吾特与汝，其梦未始觉者邪？且彼有骇形而无损心，有旦宅而无情死，孟孙氏特觉人哭亦哭，是自其所以乃。且也相与吾之耳矣，庸讵知吾所谓吾之乎？且汝梦为鸟而厉乎天，梦为鱼而没于渊，不识今之言者，其觉者乎，其梦者乎？造适不及笑，献笑不及排。安排而去化，乃入于寥天一。

在儒家的故乡鲁国，孟孙才被看作是善处丧者。虽然就我们所知，儒家也在反省着丧礼中烦琐的礼仪的问题，认为内心的悲戚较之外在的礼仪更为重要，像《论语》上说的"丧，与其易也，宁戚"。❶但必要的礼仪仍然是不可忽略的，比如三年之丧。更不要说内心的悲戚了。可是，两者都没有的孟孙才怎么会赢得善处丧的令名呢？这当然会让老实的儒者颜回感到困惑和奇怪，以至于认为他是徒有虚名。这个问题也是一般人会向庄子提出的问题。庄子给出的理由是什么呢？借助于孔子之口，庄子称赞孟孙才的做法是"尽之矣"，也就是到了极致。"进于知"的说法很容易让我们想起讨论"坐忘"时说过的"离形去知"，它应该就是"去知"的另外一种表达。只有去知，才可以忘我，才可以同于大通，融入到造化之流中去。在这里，你会发现原来生死如四时之化般自然，如昼夜交替般平常。你还会像普通人一样乐生哀死吗？你会觉得那些烦琐的仪式是可笑的，是"无知"的表现。因此你会简化掉它们。

其实，墨家也是主张节葬的。不过它的出发点是功用性的，它认为烦琐的丧礼和葬礼是费而无用。❷庄子的前提则是对死生之理的理解。其实庄子根本不是要简化，他是要去除。如孟孙才也还是要哭泣的，虽然无涕，依照庄子的性格，就连哭泣也是多余的。也许哭泣的唯一意义在于和世俗保持某种程度的妥协。庄子当然知道，在造化中，其实根本无所谓生死，也无所谓先后，死生先后都融为一体。生而为人，是气化的结果。死而为骷髅，也是气化的结果。无论是生还是死，等待在你前面的都是不可知的无穷无尽的变化。这中间就没有哀乐等情感寄放的空间，更谈不上礼仪了。

但是在变化中，有没有不化者存在呢？对于不化者而言，已经发生的变化意味着什么呢？对于作为读者的我们来说，变化的意义是很清楚的，如四时，如生死死生。那么什么是不化者呢？造化当然是。所有的事物都在变化，只有造化是不化的，就好像是后面要讨论的"杀生者不死，生生者不生"。另外的一个就是心。形体是变化的，世界是变化的，心却不能与之俱化，"其形化，其心与之然，可不谓大哀乎"？《齐物论》的这段话提示的是人们在形化面前，心要保持不化。

---

❶ 《论语·八佾》。
❷ 参见《墨子·节葬》。

只有不化，才能应化。所谓的"有骇形而无损心，有旦宅而无情死"，说的正是这一点。有骇形和有旦宅说的是形化，无损心和无情死说的是心不化。但是心的不化并不是说心固执于某种状态，固执于某种状态是有心，是所谓的成心。而心的不化指的是它的既虚又静，因而可以保持不动。在虚静中，"我"消失了，只剩下一个"吾"的假名。"我"和"吾"的区别在于："我"是有形的，而"吾"是无形的；"我"是实的，而"吾"是虚的。虚无形，因而是可以变化的，就像在梦中可以成为鸟而飞于天，可以成为鱼而潜于渊一样，在造化中，"吾"可以化为任何的东西。

在这里，和在《齐物论》中一样，庄子又一次强调了梦和觉的区分。孟孙氏是觉的，众人如颜回则宛如梦中。梦中的人执"吾"以为"我"，冥顽而不化；觉醒的人则化"我"以为"吾"，无心而任化。执着的梦中人贵此而贱彼，好我而恶彼，因此有我则喜，一旦我化掉了，悲哀自然如期而至。安化的觉悟者则将彼此你我视为一体，他们随遇而安，无所不适，平静地置身于造化之中。这是真实恬淡的人生，和大喜大悲无关。正所谓"造适不及笑，献笑不及排"，随遇而安，无所不适的人是无所谓笑或者哭的，笑或者哭都代表着一种执着，对一定要变化的事物的执着。也许笑的时候哭就已经等在前面。当你正在为自己是"人"而沾沾自喜的时候，你发现自己很快就化为非人。你的笑跟得上造化的这种推移（排）吗？你会永远地生活在喜怒哀乐之中，被外物和自己的变化牵引着，不得安宁和休息。庄子不要这样的生活，他要的是"安排而去化"，安于排而去于化，也就是安时而处顺，这样才可以与天合一，即所谓的"人于寥天一"，返回到本宗。

在人间世中浸染了太久的人们，已经被塑造得越来越像"人"，因此越来越远离天。要想弃人从天，返本归宗，谈何容易？他们已经适应了外面的世界，甚至把这客居的世界看成了家。天已经变得如此遥远和陌生，以至于法天的生活会被看作是另类。法天的人也就是真人，在世俗的眼中，却被看作是"畸人"，畸形的人，让我们想起《德充符》中触目可见的残疾人的形象。但在庄子看来，"畸人"的真正意义乃是"畸于人而侔于天"。他违背世俗的生活，却符合天的法则。在《大宗师》中，庄子在刻意地表现着天和人的冲突，人间的所谓君子，儒家所理想的人格，对于天来说，恰恰是小人。天之小人意味着人间所谓的君子缺乏对于寥廓的天的理解，缺乏对于一的领悟，而只生活在一个很小的世界中。这个世界中，有仁有义，有礼有乐，即《天下》所谓的"以仁为恩，以义为理，以礼为行，以乐为和，薰然慈仁，谓之君子"，人们相与着，相为着，相呴以湿，相濡以沫。他们想到过还有另一种生活，相忘于江湖的生活吗？

在水中，鱼是舒适的，这是它的故乡。它不必和别的鱼玩"相呴以湿，相濡以沫"的把戏。舒适不需要用爱来点缀，就好像是"造适不及笑"。笑的时候固然表现着你的快乐，可是你会永远地笑下去吗？不笑的时候就是悲伤。爱也一样。相忘于江湖不同于狭隘的仁爱，那种爱固然可以给苦难中的人们以某种支持，可是它能从根本上改变他们的生存处境吗？"相呴以湿，相濡以沫"固然可以让鱼们在死亡之前感到某些温馨，却改变不了残酷的现实和死亡的命运。其实，当每个鱼都可以在江湖中找到自己的安身立命之地的时候，它们是不需要爱的。它们甚至没有爱和被爱的意识。它们以无相与的方式相与着，以无相为的方式相为着。比起浓浓的爱，淡淡的水显然更让鱼们感到自在。而对于鱼而言的水，对人来说就是道或者道术。庄子说：

> 鱼相造乎水，人相造乎道。相造乎水者，穿池而养给。相造乎道者，无事而生定。故曰：鱼相忘乎江湖，人相忘乎道术。

尽管可以有多种多样的解释，但在我看来，"生定"说的就是安身立命的感觉，这种感觉只有在"家"中才能获得。一切都那么地自然，没有造作，没有虚伪。就像是在池塘中游泳的鱼，只要有水，它们就别无所求。体道的人也是如此，有了道，有了可以让他们返本归宗的道术，他们就优游自在，无为无事。在这种"适"中，一切都忘记了，无论是别人还是自己，无论是生还是死。

也许我们可以接受庄子的说法，"鱼相忘乎江湖，人相忘乎道术"。不过按照同样的逻辑，如果没有江湖的话，鱼该不能做到相忘吧？在其他生命的苦难和死亡面前，在自己生命的苦难和死亡面前，它会无动于衷吗？孟子不会，见孺子之将入于井，其恻隐之心会油然而生。庄子呢，当他见到孺子之将入于井，会有什么样的反应呢？也许庄子会回避这样一个具体的问题，不过他回避不了更一般的问题。在一个无道的世界中，一个众人都陷入苦难的世界中，人们能够彼此相忘吗？《大宗师》当然没有直接提出和回答这个问题，不过，如果我们回顾《人间世》的教诲的话，想想"螳臂当车"的寓言，答案可能就呼之欲出了。"存诸己而后存诸人""知其不可奈何而安之若命"，孺子之将入于井，一个生命的即将逝去，我的心能不动吗？可是我能怎样呢？也许是鞭长莫及而无能为力，或者我可以伸出援手，然后被一起带入井中。也许忘记是好的，闭上眼睛，至少可以给自己的心一片宁静。所以，我别无选择，只有选择"忘记"。

在一个有道的世界中，忘记是一件自然而然的事情。而在一个无道的世界中，忘记则是对痛苦的超越。这个世界没有"道"，但它可以存在于我的心中。心中有道的人，就可以像江湖上的鱼一样，可以互相忘记。子桑户、孟子反、子琴张就是这样的三个人。他们成为朋友是因为"莫逆于心"的共同的体认："孰能相与于无相与，相为于无相为，孰能登天游雾，挠挑无极，相忘以生，无所终穷？"他们已经超越了"人"，超越了相与相为的仁爱，登天游雾，挠挑无极。在他们所游的雾中，一切的差别都消失了。在忘中，我们会遇到同样的情形。这个时候，那个以差别作为其本质的用来规范人际关系的"礼"还有存在的必要吗？当然没有。庄子再一次以对待死亡和丧礼的态度来表现其主张。当三位朋友中的子桑户死去以后，孟子反和子琴张并没有像俗人一样痛哭流涕，他们或编曲，或鼓琴，相和而歌。这种对待死亡的另类方式反映的是他们对于世界的独特理解。他们在歌中唱道："嗟来桑户乎，嗟来桑户乎！而已反其真，而我犹为人猗！"死亡在他们看来不是离去，而是回归，向本真的回归。这里没有丝毫对生命的留恋，对"人"的身份的执着。死亡更像是一种解脱。因此，即便囿于人情，不便祝贺的话，至少也不必悲哀。在这样的理解之下，丧礼的存在还有什么坚实的依据吗？它只是人间的事情，和天无关，因此也和法天的人们无关。

但是即便是天人，毕竟也要"生活"在人群中，他们该如何面对世俗那怪异的目光呢？要人来理解天，就像是希冀着小鸟来理解大鹏，显然是一件很困难的事情。因此像子贡式的责问就是很自然的事情："彼何人者邪？"他们是什么样的人呢？他们没有儒家一样的修行，不把形骸当回事，面对着死去的人们，当一般人在哭泣的时候，他们却在歌唱，没有丝毫的哀容。他们到底是什么样的人呢？他们是真人，是天人，可是俗人或许以为他们是疯子。以俗人来看天人，就像是《逍遥游》说的以人来视天，出现"天之苍苍，其正色邪"的疑问，是很自然的事情。这就好像是子贡"彼何人者邪"的疑问。的确，他们原本就生活在两个不同的世界，一个是方内的世界，一个是方外的世界。一个仍然局限在人间，另一个则登天游雾，挠挑无极。当局限在人间的人们每天计算着如何处理父子、君臣、夫妇、兄弟、朋友等关系时，天人正在和造物者为伴，在天地一气中畅游。他的眼中哪里有所谓的人或者物呢？这正是《天下》说的"独与天地精神相往来"。对于他们来说，生死就像花开花落一样自然。当然，庄子似乎不大喜欢这样美丽的比喻，在他的笔下，天人们把生看作是"附赘悬疣"，也就是多余的瘤子；死则是"决疴溃痈"，像是瘤子的溃烂。生死并没有那样的庄严和神圣，它们只是大化流行的一部分，因此也就不必特别的留意。其实，又何止是生死呢？所有的差别都属于同一个大化流行，它们通体连贯着，反复终始，不知端倪。看似有界限，看似有区别，但所有的界限和区别都被大化之流冲破。没有肝胆之分，没有耳目之辨，真人们彷徨于尘埃之外，逍遥乎无为之业。他们游心于造化中，又怎么会仅仅为了取悦世俗之人而去遵守着那世俗的礼仪呢？

在这里，庄子清楚地表现了自己和儒家的不同，这个不同也就是方内和方外的不同。对于一个儒者而言，孔子所说的"不学礼，无以立"❶ 意味着礼是人之所以为人者。"礼以道行"，❷ 在人间世中行走，你就必须遵循它。就像是盲人必须依靠着导引。儒家的思考始终是不离人间世和人的范围的，它给无限的世界划了一个界限，这也许就是所谓"方内"之说所包含的一个主要意义。方内是一个礼的世界，一个"分别"的世界，父子之亲、君臣之义、夫妇之别，都被礼所肯定和明确着。但庄子是要游于方外的，他质疑着所有的分别，质疑着人的特殊性，质疑着儒家为什么要把人从大化之流中独立出来。他已经不再局限于方，而是立足于造化立足于天来重新审视这个世界。在这种审视中，人和天地万物都融

---

❶ 《论语·季氏》。
❷ 《庄子·天下》。

为一体，更不消说人之内的区别了。如此，则礼还有其存在的依据吗？

其实，严格地说，方外并不是某种和方内对立的东西，它只是对应于方内才有的一个权宜的说法。从方内的角度来看，自然有内和外的区别，它原本就执着于这种区别。但是站在所谓的方外的立场，这个世界反复终始，不知端倪，又哪里有内外之分呢？方外就好像是老子说的"大方"，它是无隅的，没有形迹，没有任何的分别，整个世界就是"一体"。庄子说：

> 子祀、子舆、子犁、子来四人相与语曰：孰能以无为首，以生为脊，以死为尻，孰知死生存亡之一体者，吾与之友矣。四人相视而笑，莫逆于心。遂相与为友。

这也许是"一体"说法最早出现的地方。虽然说的还只是死生存亡的一体，其实整个世界也该作如是观。"天地一指也，万物一马也"，说的不正是这种一体的状态吗？世界就像是一个身体，血脉通连。其中纵然有"百骸、九窍、六藏"的不同，但如《齐物论》所追问的："吾谁与为亲？"它们对于我以及我对于它们都该是相同的，没有亲疏远近或者好恶的分别。"一体"的观念排斥的并不是差别，譬如首、脊和尻的不同。它排斥的是对差别的执着，也就是分别，是人按照某一个标准来做的分别。譬如认为首是贵的，而尻是贱的。它们是无所谓贵贱的，它们都是同一个东西的组成部分。不过为了破除分别，我们需要和庄子一样对差别有一种理解。差别不该是绝对的，它是同一个东西的差别，一体中的差别。而且这一体不是一个固定的或静止的东西，它是流转的一体。在这个流转中，首可能变成尻，尻也可能变成首。神奇可以化为腐朽，腐朽也可以化为神奇。

这个"一体"可以有很多名字，譬如一，或者气，或者道，其实它就是造化。所有的事物都不能摆脱造化，包括人。造化是会捉弄人的，但它捉弄的只是人化的人，而不是天人或者真人。真人以其真知早就理解了造化，就好像是子祀、子舆、子犁、子来。❶ 造化可能会在一夜之间把一个健康伟岸的人变成曲偻发背者，或者把生命变成死亡，当这些是由你或者你的亲人来承受的时候，你该如何面对呢？也许这完全取决于你对于所发生事情的理解。每个人都喜欢健康，或者都有一点留恋生命，我想庄子也是。可是造化不会在乎你的喜欢和不喜欢。它有自己的法则，或者没有法则。而你是无法抗拒造化的，你当然可以选择做螳螂，去阻挡造化的脚步，成为烈士。可是这有什么意义呢？或者你在造化面前呻吟哭泣，祈求着造化可以如你所愿，可是造化没有恻隐之心，它也没有眼睛和耳朵。这些都还是以人来助天，以人来度天。最好的办法就是安于造化，既然一切都是一体，我还留恋什么或者拒绝什么呢？而且留恋或者拒绝也无任何的益处。如果你把我的左臂化做卵的话，我就用它来孵鸡叫早。你把我的右臂化为弹的话，我就用它来打鸟烤了吃。你把我的尻化成车轮，我的神化成马，我就乘着它游历。在这里，庄子正式提出了他对于变化的态度：

且夫得者，时也；失者，顺也。安时而处顺，哀乐不能入也。此古之所谓县解也。而不能自解者，物有结之。且夫物不胜天久矣，吾又何恶焉？

得是由于时，失是由于顺，一切都不由自己，因此自己也就不能也不必好得而恶失。得亦安，失亦安；失亦处，得亦处。有这样的理解和态度，也就不会有哀乐之感。庄子说，这是古代所谓的县解（悬解），也就是悬的状态的解除。只有悬解，才可以找到安身立命之地。在悬的状态中是不会安处的，你需要把捆绑你的绳子剪断。这绳子不是别的，就是人对于物的分别和追逐，对于不可控制的

---

❶ 四人的名字，虽然各个不同，但也是一体的。祀象征着往（死亡），来自然意味着来（出生），舆和犁则是生命历程中所不可或缺者。四人的相与为友，看起来正是对死生存亡一体的另一种表达。但这个一体并不是一个固定的或静止的东西，它是流转的一体，它就是造化。正是造化让不同的东西联系在一起，让一体成为可能。

东西的分别和追逐。在这里，庄子再一次地表现了他对于人的"轻视"，所谓的"物不胜天"，当然就是人不胜天。在造化面前，人是无能为力的，既然如此，又何必自找无趣和束缚呢？

因此当"子来有病，喘喘然将死，其妻子环而泣之"的时候，子犁出场了。"无怛化"的开场白一方面点出死亡不过是造化，另一方面又表明了对于造化的态度。恐惧是无益的，拒绝更不可能，你只有顺从。你不知道造化会把你带向什么地方，它可能把你变成鼠肝，或者把你变成虫臂。在这里，庄子再一次突出了造化也就是天，也就是阴阳的宗的地位：

> 子来曰：父母于子，东西南北，唯命之从。阴阳于人，不翅于父母。彼近吾死而我不听，我则悍矣，彼何罪焉？夫大块载我以形，劳我以生，佚我以老，息我以死。故善吾生者，乃所以善吾死也。今大冶铸金，金踊跃曰：我且必为镆铘。大冶必以为不祥之金。今一犯人之形，而曰人耳人耳。夫造化者必以为不祥之人。今一以天地为大炉，以造化为大冶，恶乎往而不可哉？成然寐，蘧然觉。

在《人间世》中，儿子对于父母该是唯命之从的。如果我们超越人间世的范围，我们想想人和万物的祖宗，天或者造化或者阴阳，他们的权威该不亚于父母吧，我们是不是也该遵循它的安排呢？如果君要臣死，臣不得不死成为一条法则的话，那么天要人死的时候，人是不是也该坦然接受呢？当然要接受，我不该是一个悍人，我会安于造化的安排。无论是生还是死。设想一个伟大的冶师，当他铸金的时候，金要求把自己一定铸成镆铘，大冶一定会认为它是不祥之金。如果我们设想天地是一个大炉，造化是一个大冶，你要求造化者一定把你造成人，他会怎么看你呢？一定是不祥之人。在庄子看来，真正的态度该是无往不可，随遇而安。

这样的话，你才会和造化融为一体。一体就是一种无外的感觉，无论变成什么，鼠肝、卵或者弹，那都是你，也都不是你。你并不是一个固定的存在，在造化中，没有固定的东西。一切都在流转，都在变化，你要做的就是顺应这种变化，与化俱往。这个时候，你的心中就不应该有任何的垒块，或者规矩，或者"方"。如果有的话，你要把它们排除掉。这个排除的过程，庄子称之为"外"：

> 南伯子葵问乎女偊曰：子之年长矣，而色若孺子，何也？曰：吾闻道矣。南伯子葵曰：道可得学邪？曰：恶，恶可？子非其人也。夫卜梁倚有圣人之才而无圣人之道，我有圣人之道而无圣人之才。吾欲以教之，庶几其果为圣人乎？不然，以圣人之道告圣人之才，亦易矣。吾犹守而告之，参日而后能外天下。已外天下矣，吾又守之，七日而后能外物。已外物矣，吾又守之，九日而后能外生；已外生矣，而后能朝彻；朝彻而后能见独。见独，而后能无古今。无古今，而后能入于不死不生。杀生者不死，生生者不生。其为物，无不将也，无不迎也，无不毁也，无不成也。其名为撄宁。撄宁也者，撄而后成者也。

"外"也就是把某些东西剥离出去。外之所以可能，是因为它们原本就不属于自己，就是外在的。天下非吾有，物非吾有，生亦非吾有。因此要舍弃，坚决地舍弃。这让我们想起老子的说法："为学日益，为道日损"，❶外就是一个为道的过程，就是日损。三日可以外天下，七日可以外物，九日可以外生，这看起来像是"日损"的注脚。庄子也提到了"学"，借助于南伯子葵的提问："道可得学邪？"庄子表明了他对学的态度："恶，恶可？"不可以，怎么可以呢？道是可以得的，但不是通过学。学只会让你增加些什么东西，让你离道更远。以学求道，恰似南辕北辙。相比起道来，人不是缺少，而是富余。人富余了欲望，富余了功名，富余了自己，因此要把它们去除。

---

❶ 《道德经》四十八章。

外或者去除的目的，是为了得道。在经过了外天下、外物和外生这几个阶段以后，庄子提到了"朝彻""见独""无古今"和"不死不生"。彻的意思是通，朝彻可以理解为一朝而通，这是得道的一个重要标志。庄子屡次地提起通，譬如"坐忘"时的"同于大通"以及《齐物论》中的"道通为一"，都和道有关。独在老子那里曾经被用来形容道，即所谓"独立而不改"，因此可以看作是道的代名词。对于"长于上古而不为老"和"自古以固存"的道来说，它自然是无古今的，也是不死不生的。

这看起来是一个宁静的世界，但绝不是死气沉沉的。它是喧闹中的宁静，其中有生也有杀，有成也有毁。道就存在于生杀和成毁的背后。它是杀生者，也是生生者。是毁成者，也是成成者。看起来它很忙碌，送往迎来。但是其实它既不送也不迎，既不杀也不生。道是无为的，的确，它是个造物者，但不是有意志的。所以虽然撄，却不碍其宁。庄子这里特别地提出撄宁，并说"撄宁也者，撄而后成者也"，似乎是在强调宁和撄之间的复杂关系：宁并不是排斥撄的，而是在撄的基础之上达到的一种状态。就好像不死不生并不是排斥生死，而是在生死中求得对生死的破除，求得一种对于生死的新的理解。因此"外"也并不是要彻底逃离这个纷扰的世界，而是在纷扰之中，达到宁静。

无论是通，还是宁，无论是忘，还是外，庄子希望的都是通过某种方式消解这个世界向自己提出的问题，从而安顿心灵和形体。这个世界充满着无奈、痛苦、不公平，等等。我无力改变，因此只能接受。庄子是痛苦的，他想要消除痛苦，因此他追求着回到本原处以获得对世界的不同的理解，以求得心灵的平静。他做到了吗？也许我们可以从子桑那无奈的悲歌中领悟到答案：

> 子舆与子桑友，而霖雨十日。子舆曰：子桑殆病矣。裹饭而往食之。至子桑之门，则若歌若哭，鼓琴，曰：父邪，母邪！天乎，人乎！有不任其声而趋举其诗焉。子舆入，曰：子之歌诗，何故若是？曰：吾思夫使我至此极者，而弗得也。父母岂欲吾贫哉？天无私覆，地无私载，天地岂私贫我哉？求其为之而不得也，然而至此极者，命也夫！

在这里，也许我们可以发现庄子思想中的另一面。在追求安宁的背后，是不是波涛汹涌的情感呢？面对着困境，如子桑者也会鼓琴而哭。而宁静只是出现在号啕大哭之后。"父邪，母邪！天乎，人乎！"的呐喊，显然不同于安时而处顺的态度。我们从中读出的是绝望的情绪以及绝望之后的抗议。但抗议又如何，世界仍然是这样的一个世界，我仍然处在这样一个贫困的境遇中，我知道这不是父母的愿望，也不是天地的罪过，这是命运。正是对于不可抗拒的命运的肯定才可以最终安顿敏感而疲惫的心灵，才让心灵有了想回家的想法，以及对回家的路的追求。于是才有了宗和师，也就是天和道。

也许关于宗和师，我们还应该再说几句话。记得在回答如何才能游于"方外"的问题时，孔子给颜回提供的"方"就是道。只有道才可以让我们回到天，才可以登天游雾。在这里，我们看到了所谓宗和师之间的某种关系：师是帮助我们反本归宗的工具。如前所述，《大宗师》在某种意义上是道的颂歌，但更重要的是，它也是天的颂歌。它歌颂着天的伟大，描写着人的渺小。它要人回到天，做一个真人、天人，而这只有借助于道才可以完成。

．
．
．
．

逍遥游其实是一个从人间世开始的艰难旅程的终点。

第七章
《逍遥游》

在经过了一个从《人间世》开始的培风的旅程后，我们终于可以一睹"逍遥游"的风采了。这个听起来就自由自在无拘无束的洒脱境界，往往是一般人对于庄子最深刻的印象。的确如此，《逍遥游》位居首篇无疑能够显示出某种意味，譬如它可能是立说的宗旨，或者作者刻意要突出的某些内容。可是我想强调的一点是，无论它看起来是如何的怡然自得，逍遥游其实是一个从人间世开始的艰难旅程的终点。在这个旅程中，有德的内充，有道的显现，有知的遗忘，有行的戒慎……所有这一切，对于逍遥游来说都是必须要走的路。只有先走，才可以游。当然不是在水中的游，而是在空中，在九万里的高空。在水中游仍然是滞重的，阻力重重，如果是在空中，绝云气，负青天，那该如何呢？

在水中游的是鲲，一个据说是生活在北冥里的大鱼。《逍遥游》就是从这条大鱼开始的：

北冥有鱼，其名为鲲。鲲之大，不知其几千里也。

我们不知道鲲是如何游于北冥的,他是否如濠水中的鱼那般优游自在。可能不是,他似乎不满意于自己的现状,于是要变化,而且确实变化了:

> 化而为鸟,其名为鹏。鹏之背,不知其几千里也。

鱼变成了鸟,以常识来说,当然是荒谬的,可是在寓言中,一切都显得那么自然,而且富于意义。和鱼的深游不同的是,鸟是要高飞的。特别是有大翼的鸟,飞得当然更高。《逍遥游》形容大鹏的高举时说:

> 怒而飞,其翼若垂天之云。是鸟也,海运则将徙于南冥。南冥者,天池也。

飞,以及飞所代表的上升,正是《逍遥游》的主题。这种飞可以让我们暂时离开并且俯瞰这个世界,从而获得与在这个世界之中不同的另外一个角度。如果说前者是人的角度的话,后者则直接和天有关。以人视人和以天视人,其间的差距该是巨大的吧。大鹏的高举,水击三千里,抟扶摇而上者九万里。它的飞是在天际进行的,而不是像麻雀一样紧擦着地面。其落脚处的南冥,庄子也把它称为天池。❶ 在这样的高度俯瞰人间,情形会如何呢?

---

❶ 鲲鹏的寓言在《逍遥游》中重复了一次。"穷发之北有冥海者,天池也。有鱼焉,其广数千里,未有知其修者,其名为鲲。有鸟焉,其名为鹏,背若太山,翼若垂天之云,抟扶摇羊角而上者九万里,绝云气,负青天,然后图南,且适南冥也。"从细节上来说,它与第一次的描述之间好像有着一些差别。诸如北冥在这里也被称作天池,鲲鹏之间好像也看不出"化"的关系。

要想明白以天视人的情形，也许该从以人视天开始。天的高远，以人看来，乃是一个苍苍的世界。可是当你真的像大鹏一样上达天庭的时候，你会发现天的瑰丽。你同时发现的当然是人的短视，对人的眼光的怀疑就是自然而然的事情了。"天之苍苍，其正色邪？其远而无所至极邪？其视下也，亦若是则已矣！"天之苍苍，原来并非它的正色，只是由于人的目力无法到达如此高远的地方，于是才有了苍苍的印象。这种认识和怀疑当然是得自于登天之后的亲历，一方面是在天庭的所见所闻，另一方面则是自上视下所带来的震撼。那个原本清晰的人的世界在天看来竟也是苍苍的，一切似乎都隐藏在云雾中。天会在意人那么在意的诸种分别吗？当然不会。在天光之下，一切的界限都变得非常模糊，你自然可以理解《齐物论》中说过的话："天下莫大于秋毫之末，而太山为小。莫寿于殇子，而彭祖为夭。"

看起来，《逍遥游》一开始就突出了两种视角——天的视角和人的视角——的对立。它的目的当然是想让人摆脱人的视角，上升到天的高度来俯瞰这个世界。但是这种摆脱显然不是一件轻而易举之事。人可以摆脱自身吗？即便可以的话，怎么做才可以实现这种摆脱呢？

还是回到鲲鹏的寓言上面来。寓言之所以为寓言，乃是因为言中寓有无穷的意义。在这个寓言中，有两个字眼是值得特别留意的。一个是"大"，一个是"化"。鲲是大的，大到不知其几千里也。鹏也是大的，它的背不知其几千里也，其翼若垂天之云。这种"大"的描写给读者的印象一定是很深刻的，因为它不仅超出了现实，还远远超出了一般人的想象。其实，阅读过《庄子》的人，不消刻意的记忆，就可以记得在庄子的笔下，想象中的大物是随处可见的。譬如那能蔽数千头牛的大树，或者其坚不能自举的大瓠等等，更不要说任公子钓到的大鱼了❶。在不同的语境中，这些大物的意义也许是不同的。那么在鲲鹏的寓言中，"大"的意义何在呢？

它也许可以有很多种意义。譬如蓄积，没有足够的蓄积，是不足以成其大

---

❶ 《庄子·外物》。

的，也不足以和大的东西相配合。"适莽苍者，三飡而反，腹犹果然；适百里者，宿舂粮；适千里者，三月聚粮。"其所适不同，其所聚也就不同。换言之，其所聚不同，其所能适也就不同。就像水的深浅，浅水只能负起小舟，要负起大舟，则非深水不可。这也就是庄子说的："水之积也不厚，则其负大舟也无力。"以鲲之大，它的蓄积也该是很深厚的吧。

不过蓄积就是蓄积，它是一种准备，为了达到某个目的，或者实现某个目标而进行的准备。鲲的蓄积是为了什么呢？这时，我们就需要寓言中的另一个字眼——化——了。对了，是为了化，鲲可以化作大鸟——鹏，因此可以高举、可以上升。高举或者上升是鲲所不能实现的，因此它需要化为异类。但惟有大，才可以化，所谓的"大而化之"，在这里适可以获得一种正解。反过来说，小是不能化的。小的东西只能固守自己的界限，生活在自己的世界里面。看看庄子笔下的小鸟吧。面对着大鹏的抟扶摇而上者九万里，它们在想些什么呢？"我决起而飞，枪榆枋，时则不至，而控于地而已矣，奚以之九万里而南为？"或者"彼且奚适也？我腾跃而上，不过数仞而下，翱翔蓬蒿之间，此亦飞之至也。而彼且奚适也？"由于小，蜩与学鸠或者斥鴳只能局限于自己的世界，翱翔蓬蒿之间。"翱翔"的说法是极富有讽刺性的，不过却正适合小鸟们的心态。它们一定奇怪于大鹏的一飞冲天，或者"去以六月息者也"。以自己的眼光来看，那可是无用的费力之举。

其实不只小鸟面对大鹏时是如此，任何小的东西面对大物时都会有类似的问题。这并不怪它们，指望寿命只有一天的菌知道晦和朔的区别，或者只在夏季生存的蟪蛄知道春和秋，那都是不可能的事。对于世界上的事物来说，它们每一个都有自己与众不同的世界。像楚国南部那棵以五百岁为春五百岁为秋的大树，或者据说是上古时候曾经存在的一棵以八千岁为春八千岁为秋的大树，它们的经历，显然非一般的树可以比拟。扩展到人呢，一般的人上寿一百，中寿八十，下寿六十，可是以长寿特闻的彭祖呢，众人如果一心和他相比的话，不是一件很可悲的事情吗？

因此，无论《齐物论》中如何地说着"万物一齐"或者"道通为一"的话，小和大的分别，也就是小大之辨，是庄子也是我们都不得不承认的一个事实。"齐物"不仅仅是要超越万物之间的区别，更重要的，它是以对万物差异性的肯定为前提的。很明显，如庄子所揭示的，小年是不及大年的，就像众人不及彭祖；小知也一定不及大知，就像小鸟不及大鹏。问题是：彭祖和大鹏的所见所知就是知识的尽头吗？

显然不是。如《养生主》"吾生有涯而知无涯"的说法，知识是没有尽头的。彭祖和大鹏等大物的出场，在某种意义上只是为了显示众人和小鸟等小物的无知和局限。这种无知和局限表现在坐井观天式的盲目自得，或者管锥天地式的浅薄鄙陋。可是在以大鹏们破除了小鸟们的无知和局限之后呢，如果我们执着于大鹏和彭祖的世界，我们是不是仍然和小鸟们一样地无知着和局限着？

因此在鲲鹏的寓言中，关键的问题不在于知识，而是眼界，或者人们习惯说的境界。不在于知识不是说和知识无关，而是说它是超越知识的。小大之辨，突出的是眼界的高低，数丈和九万里，显然不可同日而语。在如此不同的高度上来看世界，该是非常不同的吧。一个是历历在目，清晰可见，山是山，水是水，你是你，我是我。另一个呢，山水你我都消失在如野马尘埃般氤氲着的宇宙大化之中。各种各样的形体都不见了，融化在十日并出的光芒中，没有固定的东西，鲲可以化作鹏，庄周可以化为蝴蝶，这是一个流动的物化的世界，还有什么东西可以执着吗？

其实重要的不是执着于外物，而是自己。小物之所以为小，乃是因为执着于自己，并以为是最后的真理，所谓的冥顽不化。而鲲"化"为鹏，正是对自己的一种超越。"化"是一种象征，一种遗忘和丧失自己的象征。在这个意义上来理解化，"化"也就有了远远超乎形体之变的意义。你不会仅仅把它看作是一个神话式的描写，而是某种意义的表达。"化"所代表的是"我"的消失——没有一个一成不变的我，有的只是宇宙大化。在这个意义上，"化"也就是《齐物论》中说的"吾丧我"。忘记了外物，还可以剩下一个自己。如果是忘掉了自己呢？那就什么都没有。没有了自己，外物自然不足为累。皮已经没有了，毛又会在何处依附呢？

于是你就会体会到一种前所未有的轻和清的感觉，自我的丧失使得人间世的引力失去了作用，功名利禄等失去了寄放之地，你就会像大鹏一样高举和上升，到达九万里的天际。当然，这样高举和上升的并不包括你的身体，而仅仅是你的心灵。心灵高举了，你的身体仍然留在浊重的人间世，这是人，一个有着形体的人永远无法摆脱的宿命。形体是不能上升的，他没有翅膀，而且过于浊重。但虚的心是可以的，它可以无翼而飞。

于是，我们又一次看到了庄子哲学中心灵与形体的分裂。庄子不只一次的在把心灵提升到天际的时候，却把形体留在人间世。这样，我们或许可以发现鲲鹏寓言中的另一个意义，与形体和心灵有关的意义。生活在北海中的鲲是不是也象征着形体呢，而大鹏是否代表着心灵？鲲之大，不知其几千里也，这种大，似乎有些沉重的味道，拖累着它，不能高举。好像是人间世中的父子之亲、君臣之义，不可解于心，无所逃于天地之间。庄子虽然没有描述北冥的样子，可是以古代中国人对于北方的印象，这该是个阴冷冰寒的地方吧，就像是庄子感受到的世界。生活在这里，这是鲲无法摆脱的命运，他显然没有在濠水中的鱼那般优游自在的感觉。他一方面接受着这个命运，另一方面却明显地想摆脱。于是他要化，就是鲲的化为鹏。其实，鲲又怎么能够化为鹏呢？能够化为鹏的只是鲲的心。在庄子的笔下，鹏之大不仅不构成滞重，反而是高举之所资。这种大是达到轻和清的前提。在大鹏的上升中，你感觉到心随之一起飞翔到天际，然后降落到南冥，一个和北冥相对的光明之地。

在《逍遥游》中，心是毋庸置疑的主角。相应地，心和形之间的对立，以及心对形的摆脱和超越，也就成为重要的问题。对于一个人来说，对于一个同时包含着心灵和形体的人来说，要用一面超越另一面显然不是一件轻而易举的事。心随形走好像是再正常不过的事情，像是水往低处流。于是心灵更多时候是被形体征服，从而迁就着形体的要求。看看这个世界中的人们，不是都在满足着形体的满足吗？形体是虚荣的，知识、道德、功名、利禄，等等，就像是五颜六色的服饰，不停地满足着形体的虚荣，从而也满足着被形体征服的心。庄子描述说：

> 故夫知效一官，行比一乡，德合一君，而征一国者，其自视也，亦若此矣！而宋荣子犹然笑之，且举世而誉之而不加劝，举世而非之而不加沮。定乎内外之分，辨乎荣辱之境。斯已矣！彼其于世，未数数然也。虽然，犹有未树也。

若此,指的是斥鴳般的自鸣得意。那些在世俗中因为知识或者才能而见用的人,因为满足了虚荣的形体,已经成为形体奴仆的心,难免会有小鸟一样洋洋得意的感觉。可是正如老子所说的,"宠辱若惊,得之若惊,失之若惊",❶满足了虚荣,固然会得意,如果是失去呢?沮丧自然是难免的。于是心完全淹没在虚荣的得失之中,时时计算着,渴望着,兴奋着,失望着,不得安歇。

这是人该生活于其中的状态吗?一定不是。心为形役者总让人想起逐日的夸父,他也许接近了太阳,最终却死在太阳的光芒之中。的确,在虚荣之中,在耀眼的光芒之中,真正的人却消失了。真正的人,和外在的光芒无关。因为人之所以为人,显然不在于形体。形体是人自己无法决定之物,所以也就不是真正属于人的。不论是与生俱来的形体,还是所谓社会的形体,诸如名誉、地位等,借用孟子的话说,都是求之在外的东西。对于人而言,真正属于人的,只有自己的心。我们该如何对待我们的心呢?

剥离是第一步。心和形体是有区别的,于是你就该把它们区别开来。心是心,形是形。在庄子看来,宋荣子该是了解这个分别的。"定乎内外之分",不就是固守着心和形的分别吗?宋荣子的主张,譬如"人之情欲寡"以及"见侮不辱",❷正是以这种分别为前提的。来自于他人的毁誉,都是在外的东西,你的心尽可以无动于衷。很显然,"名"的算计和考虑在宋荣子这里已经消失了。名的剥离意味着心可以拥有更大一些的空间,可是仅此而已。宋荣子固然忘掉了名,可是功呢,更进一步地说,自己呢?这些好像仍然不能让他释怀。

比较起宋荣子,列子似乎走得更远。这个庄子的前辈,关尹的弟子,历史上也被归之于道家的智者,在养气方面似乎下了很大的工夫,并练就了御风而行的本领。"夫列子御风而行,泠然善也,旬有五日而后返",御风而行,如风般的流动,可以让人想起"风流",这该是一件很惬意的事情吧。这不仅是一种本领,更重要的,它代表了一种态度,一种超离人间世的态度。风吹散了人间世的烦恼和无奈,当然也吹走了对于名和功的追求。御风而行的人是不必留情于世务的,

---

❶ 《道德经》十三章。
❷ 《庄子·天下》。

于是人间世的烦恼和无奈也就不足以为累。荣辱自然是无关乎他的，成败也不在他的考虑之内。

可是他仍然有他的关怀和考虑。他可以不关怀荣辱和成败，免于人间世的行走（如庄子说的"此虽免乎行"），却不可以不关心风。如果没有风，列子又如何行呢？几乎和庄子同时的慎到，这个在思想史上以重势闻名的学者，曾经说过这样的话：

> 飞龙乘云，腾蛇游雾，云罢雾霁，而龙蛇与螾蚁同矣，则失其所乘也。❶

如果没有风，列子大概也会像失去云雾的飞龙和腾蛇吧，那种尽得风流的感觉当然会消失殆尽，你也许只看到一个灰头土脸、伤痕累累的人，在这个世界上爬行。因为正如那个在邯郸学步的人，"免乎行"的训练已经让他失去了行走的本领。这该是一种什么样的悲哀呢？这种悲哀其实都源于一个简单的事实，他仍然是一个有所待的人。他对这个世界仍然有着依赖，尽管依赖的不是功，也不是名，而只是风。

御风而行的困境再一次地显示出形体的沉重。如果没有形体，当然也就不需要风。心是可以没有任何凭借就如风般流动的。因此重要的问题仍然是形体的舍弃。首先是名，然后是功，然后是形体本身。离开了形体的心是空灵的，一无所执，泛乎若不系之舟。这正是所谓的游，逍遥游。庄子说：

> 若夫乘天地之正，而御六气之辩，以游无穷者，彼且恶乎待哉！故曰：至人无己，神人无功，圣人无名。

---

❶ 《慎子·威德》，见《群书治要》卷三十七。

逍遥游不需要风，因为它不乘风也不御风。它乘的是天地之正，御的是六气之辩，这并不是什么玄虚的东西，也就是一任自然之涂，也就是游在这个真实的世界。所谓的游，并不是如列子般对这个世界的完全超离。世界是无法逃避的，我们生下来就在这个世界，我们也注定了要在这个世界中生活，直至死亡。于是我们的游一定是在这个世界之中的游。但是你又必须和这个世界保持距离，你不能完全地进入或者投入这个世界，譬如全身心的投入。完全的进入，意味着和这个世界融为一体，世界会和你捆绑在一起，你又如何能实现游的理想呢？

这样的话，也许我们就可以找到一个合适的字眼来描述逍遥游了。这个字眼就是若即若离，却又不即不离。"知效一官，行比一乡，德合一君，而征一国"的人们是即的，列子的御风而行是离的，但这两者都不能达到庄子式的逍遥。逍遥应该是在两者之间的，却又和两者完全不同。"若即"就不是即，它是似即而不即，在这个世界之中，却又在这个世界之外，如蜻蜓点水。"若离"也不是离，它是似离而非离，离开了这个世界，却又在这个世界之中，如藕断丝连。"若即"是因为这个世界的无法逃避，"若离"则是因为这个世界的需要超越。若即若离一方面表现的是人和这个世界之间的错综复杂的关系：世界的无法逃避和无可奈何，另一方面则是这个基础之上的超越。无法逃避决定着你必须置身于这个世界之中，无可奈何又驱使着你超越这个世界。而逍遥游正是在无可奈何的命运之中开展出的新的生命空间。这个空间并不需要一个固定的地盘，如果需要的话，就是有待，就不是逍遥。相反，在任何一个空间里，逍遥都可以实现。

但是它确实又需要一个地盘，不过这个地盘仅仅是一个方寸之地。仍然是心，这个使人成为真正的人的东西，才是游的根源。形体是无法游的，它占据着实际的物理空间，这意味着它和另外的形体以及空间对峙着，相互无法逾越。因此它必须妥协，迁就这个世界，与物委蛇。心却不必，这个无形之物，确切地说，它不是物，所以它可以化一切物于无形，因此可以给自己创造一个轻灵无碍的世界。在这个世界中，物消失了，当然不是物理上的消失，而是被心消解于无形。

这不就是所谓的游于无穷吗？没有任何的限制，没有任何的条条框框，没有任何的障碍，你自由地游在没有尽头的世界中。这里只有你，没有任何与你相对的东西。这就是无待。你当然可以用无所依赖，无所牵挂，无所凭借等来形容或者描述它，但在更根本的意义上，也许只有"无对"最适合用来表现它。无对，没有任何事物与你相对,你就像是老子说的作为万物之母的道,"独立"于世界,又焉能不逍遥自在呢?

一个很简单的事实是,这个世界中有太多和你相对的事物。作为儿子,你和父亲相对;作为臣子,你和君主相对;作为路人,你和另一个路人相对……你怎么样才能达到无对呢?你显然不能期待着与你相对的事物消失,但是"无对"又要求作为对象的它们必须消失。这看起来是个不可能实现的任务,可是庄子有他的办法。虽然作为对象的它们不能消失,但是自己可以消失。自己消失了,对象也就消失了。如果没有自我,世界将会怎样?世界仍然还是这个世界,却又完全不是这个世界。如古语说的:心不在焉,视之不见,听之不闻。我心不在,世界又何在呢?

这个时候,你看到的只是一个白茫茫的世界,一个一无所有的世界,你自然可以游,优游自在。只要这个世界还保存些什么东西,你就无法达到这一点。而这个世界之所以会保存些什么,只是因为你的心中还有些许保留。于是我们可以理解庄子为什么把无己看作是至人的规定了。至人,如"至"字本身所显示的,乃是庄子心目中最高的人。他是没有自我的,也就是无心的。无心,也就没有这个世界。换言之,他对这个世界无所牵挂。比较起来,神人和圣人似乎还有一间未达。因为比较起己来,功和名毕竟是身外之物,这种内外之别是不容忽视的。

但是忘掉功名毕竟是忘我的前奏,在某种意义上,也可以说是它的表现。一个连功名都不能忘记的人,当然更不会忘掉自我。功名之大,莫过于天子吧。楚威王曾请庄子为相,却遭到拒绝。为相虽然是尊贵的了,但仍然是寄人篱下。如果是天子呢,庄子还会拒绝这样的诱惑吗?看看这个寓言,我们就会知道答案:

> 尧让天下于许由。曰:日月出矣而爝火不息,其于光也,不亦难乎!时雨降矣而犹浸灌,其于泽也,不亦劳乎!夫子立而天下治,而我犹尸之,吾自视缺然,请致天下。许由曰:子治天下,天下既已治矣,吾犹代子,吾

将为名乎？名者实之宾也，吾将为宾乎？鹪鹩巢于深林，不过一枝；偃鼠饮河，不过满腹。归休乎君，予无所用天下为！庖人虽不治庖，尸祝不越樽俎而代之。

庄子一定会拒绝的，因为许由拒绝了。而且，更重要的，这对他来说根本不是个诱惑。他很清楚自己究竟需要什么。面对着楚威王的使者时，他想做一头在污泥中嬉戏的猪。在《养生主》中，他要做一只不蕲畜于樊中的泽雉。在这里，则是鹪鹩和偃鼠。鹪鹩并不想拥有整个森林，有一枝可以栖身就足够了；偃鼠也不想吞掉整个河流，有一些水能够解渴就满足了。和许由一样，庄子也不想成为富有天下的人，他只想在天下中找到一个安身之地，自埋于人群之中。那么大的天下，对我来说有什么用呢？

庄子当然不是嫌天下太大，他心中有比天下更大的东西。他怕天下束缚或者限制了他追求逍遥的心。就拿做天子而言，究竟是为了什么呢？为了"实"吗，不能享受做天子的乐趣，又有何实呢？为了"名"吗，较之于实，这更是第二义的东西。许由找不到自己可以做天子的理由，且不说尧已经做得很好，即便不好的话，又关自己何事？

站在儒家的立场，你可以很轻易地批评庄子缺乏对这个世界的担当，缺乏"宇宙内事即己分内事"的道德自觉。但庄子的思考始终是立足于个人生命的。一个人究竟有没有权利选择自己的生活？当然有。尽管世界给了你太多的限制，可是你仍然可以在这些限制中寻找到腾挪的空间。你不能拒绝父子之亲，或者君臣之义，可是你确实可以拒绝权力本身。和生命不同，权力是可以选择的。你可以选择接受或者放弃，选择追求或者逃避。庄子并不反对有人可以享受权力，在权力中获得乐趣。如尧的话中暗示的，天子在某种意义上确实如日月和时雨，照耀着天空，滋润着大地，因而也享受着万物崇拜的荣耀。对于尧，孔子不是发出过"惟天为大，惟尧则之"的由衷赞美吗？也许庄子在某种意义上会同意这样的评价，可这不能让他以尧作为榜样。也许他觉得权力带来的光芒会反射回来，而他会在自己发出的光芒中死去。与其如此，还不如在一开始就和这光芒保持距离。他可以逃到一个没有光芒的地方，一个冥冥之地，安其身而立其命，享受着自由的快乐。

于是我们就看到了藐姑射之山。一个完全不同于世俗世界的另一个世界，一个冰清玉洁的世界。庄子描述说：

> 藐姑射之山，有神人居焉。肌肤若冰雪，绰约若处子。不食五谷，吸风饮露。乘云气，御飞龙，而游乎四海之外。其神凝，使物不疵疠而年谷熟。

"藐"该是个遥远的地方吧，而"山"在增加了距离感的同时，更使神人们可以居高临下地俯视这个世界。其实，也许神人们对这个世界根本就没有兴趣，当然也就没有俯视。和天子的高不同，神人的高显得有些冷艳。看起来，天子的世界是热闹而拥挤的，他的光芒中飞舞着无数的尘埃；神人的世界是独立而冷清的，这里没有耀眼的光芒，但有冰雪显示出的清明。在藐姑射之山，庄子似乎是在刻意地显示着神人与俗人的对立：若冰雪的肌肤，像处子一样的绰约，总让人想起人间世带给人们的污染和束缚。人间世的那些兀者们，还有那些奇形怪状的支离疏们，他们又为何可以肌肤若冰雪、绰约若处子呢？神人们是不食五谷的，他们吸风饮露，所以不必像庄子一样去贷粟于监河侯。❶ 他们也不必蹒跚而行，而是乘云气，御飞龙，游乎四海之外。这种清和轻的感觉，对于浊重世界的人们来说，是不是一副清新剂呢？

就像神人不能承受世俗的浊重一样，俗人也很难承受神人之轻。清和轻的感觉来自于剥离和舍弃，舍弃身体，舍弃欲望，舍弃心知，如《大宗师》中描述的坐忘。它是一种心造之境。庄子当然知道，藐姑射之山并不存在于实际的世界，它也许曾经存在于神话中，但现在，它只存在于庄子的心中。庄子一定是觉得自己像藐姑射之山的神人般孤单寂寞，不过这不是因为这个世界排斥他，而是他和

---

❶ 《庄子·外物》。

这个世界的格格不入。他自己选择了过神人这般的生活，一种世俗无法理解的生活。如肩吾所道白的，当他听到关于神人的传说时，他的反应是"惊怖"和"不近人情"：

> 肩吾问于连叔曰：吾闻言于接舆，大而无当，往而不返。吾惊怖其言，犹河汉而无极也。大有径庭，不近人情焉。

这的确是不近人情的。哪里会有这样的一个世界，又哪里会有这样的一个不食人间烟火的人？这样的生活是可能的吗？还是真的大而无当，往而不返呢？自然是可能的。不仅可能，而且非常真实。这是庄子心中真实的生活，和形体无关。形体固然无法离开这个世界，只能背负着人间世的沉重，承受着人间世的污浊，心却可以轻灵和冰洁，一尘不染。庄子知道，这样的生活是世俗无法理解的。世俗的心早已经淹没在五谷杂粮中，被它们充满，没有了空间。对其他的东西，他们听之不闻，视而不见，就像是聋子和盲人。于是，他们听到神人时的惊怖和不近人情的感觉就是再平常不过的了。但这有什么呢？老子不是说过嘛："上士闻道，勤而行之；中士闻道，若存若亡；下士闻道，大笑之，不笑不足以为道。"❶ 俗人的取笑不仅不为神人累，适足以成为超俗入神的标志。

尽管是寓言，但我们仍然可以稍微留意一下这大而无当之言的所出。寓言中人物的设计和安排显然不是毫无意义的，譬如《人间世》中更多地借用了世俗中人的形象，以适合其讨论的问题。神人的寓言，据肩吾所说，是闻之于接舆的。对接舆这个人，我们不该感到陌生。他是以狂闻名的。这个歌而过孔子之门的狂人，对于孔子执着于人间世的态度颇不以为然。这点已见于孔门的记载：

---

❶ 《道德经》四十一章。

凤兮凤兮，何德之衰！往者不可谏，来者犹可追。已而已而，今之从政者殆而！[1]

世俗既然如此的污浊和黑暗，你又何必汲汲于其间呢？这一方面是对孔子的劝告，另一方面当然也是庄夫子自道。如陶渊明《归去来兮辞》所说："世与我而相违，复驾言兮焉求？"于世无所求，才有了狂的资本。求见用于世的人是无法狂的，他们必须中规中矩地生活，取悦于人群，以获得为世所用的道德和社会资本。但是接舆可以，于是他就成了狂人。这当然不是箕子式的佯狂，佯狂或许是一种生存技巧，更多地表现在形体上。但狂是一种生活态度，主要和心灵相关。技巧是一时的，它是机心所现；态度是永恒的，它是真心所显。

　　庄子是这样的狂人吗？这个和世界虚与委蛇的人给人的感觉更像是懦夫，一定不是勇士，但不妨害他是狂人。勇士和懦夫是以胆量作为评价标准的，庄子连心都没有，又何谈胆？懦夫或者勇士的称号，不适合于他。但狂人的称号适合，因为狂，所以有太多的不在意，不在意功名利禄，不在意是非毁誉，甚至不在意自己，在这样的状态中，退不是软弱，进也不代表勇敢。因为狂，所以有太多的狂言。他的说话方式是狂的，他所说的话也是狂的。其实归根结底，是因为他有一颗狂心。有狂心，才有狂人；有狂人，才会有狂言。

　　正是在这种狂中，庄子表现出了他和世俗的对立。他在追求"无对"的过程中，把自己和整个的世界对立起来。神人和这个世界无关，"之人也，之德也，将旁礴万物以为一。世蕲乎乱，孰弊弊焉以天下为事？之人也，物莫之伤。大浸稽天而不溺，大旱金石流土山焦而不热。是其尘垢秕糠，将犹陶铸尧舜者也，孰肯以物为事？"这是一个对世界无动于衷的人，不动心的人。他很自觉地收藏起了自己的感觉，没有冷，没有热，没有美，也没有丑。原本丰富多彩的世界，无数的花红柳绿，或者喜怒哀乐，在这里都归于一，这一也就是无。万物都消失了，但不是消失在日月式的光芒中，在那种光芒中，它们还可以是游动的尘埃。

---

[1] 《论语·微子》。

在庄子的空心或者狂心中，它们却什么都不是。

与佯狂在某个方面仍有些类似的是，庄子式的狂虽然"消灭"了万物，但其主要考虑的还是自卫的。在庄子对神人的描述中，萦绕于心，因此进入我们眼底的仍然有"之人也，物莫之伤"的说法。这个简单的说法似乎在揭示着庄子内心的秘密：他原本是非常脆弱的，他的超越也许只是为了逃避，逃避来自人间世的伤害。当你什么都不在乎，因此对这个世界一无所求的时候，这个世界还会把你当做敌人吗？不。一定不会。庄子觉得这样的人会被世界遗忘，虽然存在着，却好像是不存在。近在眼前，却远在天边。他更像是一个所谓的隐形人，可以看得见这个世界，这个世界却看不到他。

但是如果仅仅把狂看作是和存身相关的东西，未免太小瞧了庄子。如我们上面提到的，狂是真心的显现。这真心或者叫赤子之心，其实就是神性之所寄。在狂中，在狂心和狂言中，我们可以发现一种追求，就是对于神性的追求。这种追求正是提升自己的一种力量，一种纯化人和纯化世界的力量。在某种意义上，人是一个怪胎。也许古代的神话确实能反映人的本质，那些半人半兽的神灵把神、人和动物结合在一起。人或许就是这样的一个存在：它介于神和动物之间。一半是神，一半是动物。相应地，人分裂为形体和心灵。这种分裂决定了他可以选择不同的生活，动物的或神的，纯粹形体的或者纯粹心灵的，或者是在它们之间。人既可以享受作为动物的快乐，也可以享受作为神的欢愉。这完全取决于你的选择。庄子的选择是明确的，这种选择体现在神人的说法中。神人仍然是人，却是能充分体现其人的神性一面的人。在这里，神话中的神人成了最好的也是最方便的表现素材。神话中的藐姑射之山，这个神人之所居，在庄子这里，成为神性之所寄。

神性的追求意味着选择过一种心灵的生活，意味着动物性的放弃，也就是形体的放弃。乘云气，御飞龙，如果是形体的所为，和列子的御风而行似乎也没有本质的区别。但它们显然是有分别的。庄子清楚地意识到心灵和形体的不同，它们各自可以做什么，不可以做什么。乘云气，御飞龙，那只能是心灵的事情，和形体无干。当形体不得不笼罩在人间烟火中的时候，心灵却可以登天游雾。这是另外一种意义上的坐驰，形坐而心驰。但这种驰并不是让心淹没在形体中，淹没在万物中，而是让它从形体和事物中脱离出来，超越出来，获得宁静和自由。

每个人都有心，就如同每个人都有形体。形体是千差万别的，但是心可以是相同的。庄子并没有讨论到本心的问题，他不需要这样的问题，但是无论是否有一个本心，或者本心是否相同，有一点是肯定的，人和人的用心是不同的。这种用心的差异决定了你成为一个什么样的人，决定了你要过一种什么样的生活。你要开动机心吗？看看狸狌吧，"卑身而伏，以候敖者，东西跳梁，不辟高下，中于机辟，死于网罟"。它的机心无疑开动了，而且还要劳形，可是结局呢？世界之大，万物之妙，人心之叵测，人欲之难填，恐怕开动十个机心也无法了解。也许章甫之冠热销宋国，可是当你想把它们带到越国去发财的时候，你才发现原来越人断发文身，无所用之。这个时候，也许你会发现机心的有限。尧为天子，海内太平，万民称善，未尝不心满意足，可是当他面对藐姑射之山的神人时，他也许会有另外的感觉。他确实有了另外的感觉，如庄子所说，茫茫然丧其天下焉。他也许发现天下或者天子之位并非一个可以安身立命之地，任何的功名都不过如此。今天我得到了，也许我找到了一个暂时的栖身之地，可是如果明天我失去了呢？就会变得惶惶如丧家之犬，丝毫没有安身立命的感觉。

其实真正的栖身之地不在别处，也不必外求，它就在人的心中。不同的心造就出不同的世界，不同的生活，不同的生命感觉。就如同《齐物论》中叙述的不同的孔穴在风中会生发出不同的声音，演奏出不同的音乐。世界和生命的意义在根本上是由人自己创造和赋予的，意义并不像是一个有形的东西那样存放在世界或者生命之中，也不会自然地在人面前呈现，它是一个心造之物。同样的一个事物，在不同的心面前，会呈现出不同的样态，这就是不同的意义。譬如一个不龟手的药方，有人只能用它来开洗衣房，有人却可以用来成就裂地封侯的事业。又好比是一个重五石的大瓠，在惠施看来是没用的东西，因此可以毁坏或者弃置一边，在庄子看来则是再好不过的浮游江湖的工具。还有那不中规矩和绳墨的大树，虽大而无用，所以匠者对它是不屑一顾的。可是以庄子之心，便可以树之于无何有之乡、广漠之野，彷徨乎无为其侧，逍遥乎寝卧其下。这是何等的优游自在呢！在这个地方，大树不必担心斤斧的伤害，因为它无所可用，如此则安所困苦哉？

无论是说大树还是大瓠，庄子说的都是大人，有一个大心的人。大心就是忘我之后的心，摆脱世俗追求神性的心。所谓的无何有之乡，广漠之野，并不在一个遥远的地方，它也并不是一个实际的空间，即便你到了一个荒漠，找到一棵大树，如果你的心是拥挤的，或者被物充满的，你仍然不会获得逍遥。无何有之乡言的不过是一个心境，这是心遗忘了世界遗忘了自己之后的一种状态，无功无名无己之后的状态。在这个状态中，心中无物，心中无人，心中无己，一切都消失了，心成了一个真正意义上的虚室。但是你千万不要把它看作是绝对意义上的虚无，因为在这个虚室中，可以生出光明，即所谓的虚室生白。生命的光亮和意义正在这里呈现出来。你会发现，原来消失的世界、万物和自己又渐渐地出现，先是模糊，然后越来越清晰，这是重生，一切看起来都是原来的样子，但是一切都不同了。万物都经过了心灵的洗礼，原来的浑浊都被涤荡，剩下的是清香。

于是想起了禅宗的和尚青原惟信说过的那段著名的话：

老僧三十年前未参禅时，见山是山，见水是水。及至后来，亲见知识，有个入处。见山不是山，见水不是水。而今得个休歇处，依前见山只是山，见水只是水。❶

由最初的"见山是山，见水是水"，经过了中间的"见山不是山，见水不是水"，到最后的"见山只是山，见水只是水"，看起来是转了个圈子又回到了起点，其实却大相径庭。"是"和"只是"显然是不同的。"是"是"实"，而"只是"却是虚空中的"实"。"实"于心是碍，虚空中的"实"则于心无碍。山水自然还是那山水，可是它之于人的意义却是截然不同的。这意思同样适用于庄子。同样的一个世界，对于一个神性的心和一个世俗的心而言一定是不同的。这种不同就好像是庄子自己和惠施的不同。《逍遥游》的最后，记载了庄子和惠施的两段对话。其中第一段是这样的：

---

❶ 《五灯会元》卷十七《青原惟信禅师》。

> 惠子谓庄子曰：魏王贻我大瓠之种，我树之成而实五石，以盛水浆，其坚不能自举也。剖之以为瓢，则瓠落无所容。非不呺然大也，吾为其无用而掊之。庄子曰：夫子固拙于用大矣。宋人有善为不龟手之药者，世世以洴澼絖为事。客闻之，请买其方百金。聚族而谋曰：我世世为洴澼絖，不过数金。今一朝而鬻技百金，请与之。客得之，以说吴王。越有难，吴王使之将，冬与越人水战，大败越人，裂地而封之。能不龟手，一也；或以封，或不免于洴澼絖，则所用之异也。今子有五石之瓠，何不虑以为大樽而浮乎江湖，而忧其瓠落无所容？则夫子犹有蓬之心也夫！

寓言中还套着寓言，就像是梦中还做着梦。这就是庄子。他的用心总是独特的，不仅惠施和他不同，恐怕几乎所有的人都和他不同。仔细想来，不如此也不能显示庄子的特别和伟大。在某种意义上，庄子自己就是那个大瓠之种结出的五石的庞然大物，他不适合于这个世俗的世界。的确，按照他的方式生活并不能为你获得财富和地位，你会被视为无用的人，遗弃到一边。庄子当然不会在乎别人的看法，因为他享受着别人不能理解的，同时也是没有发现的另一个世界。小知不了解大知，小年不明白大年，这是《逍遥游》一直在强调的东西。世界是无限的，内心是广大的，可是当你被眼前的"用"充满的时候，拥挤的内心只会让你看到世界的一个局部，甚至局部的局部。就像是那个掌握着不龟手之药，却世世做着洴澼絖之事的家族。他们因为太执着于那几个钱，甚至忘记了那药还可能有别的用途。譬如你还可以把它献给君王，统帅着水军，以胜利来裂地封侯。

庄子想说什么呢？再简单不过了，真正重要的不是物，而是心，是用心。同样的一个方子，不同的人因着不同的用心，就会给它派不同的用场，因此也会达到不同的效果。庄子当然不想裂地封侯，他只想做自己的主人。也许他觉得，其实每个人都有自己的不龟手之药，关键在于你如何地去运用它。你觉得无用的东西，在我看来，也许有非常大的用途。就像是那个大瓠，也许不能做盛水的容器，但却适合于做一个大樽，可以乘着它浮游江湖。优游自在，岂不美哉？

大樽是在水上漂的，如果是在陆地上呢？庄子为我们准备了一个无用的大树，以方便我们乘凉。我们且看最后一个寓言，也是惠施和庄子的第二段对话：

> 惠子谓庄子曰：吾有大树，人谓之樗。其大本拥肿而不中绳墨，其小枝卷曲而不中规矩，立之涂，匠者不顾。今子之言，大而无用，众所同去也。
>
> 庄子曰：子独不见狸狌乎？卑身而伏，以候敖者；东西跳梁，不辟高下，中于机辟，死于罔罟。今夫斄牛，其大若垂天之云。此能为大矣，而不能执鼠。今子有大树，患其无用，何不树之于无何有之乡，广莫之野，彷徨乎无为其侧，逍遥乎寝卧其下。不夭斤斧，物无害者，无所可用，安所困苦哉？

惠施是一直在意"用"的。他总是把事物按照某个标准分为有用的和没用的，并且只喜欢有用的东西。在他看来，不中绳墨和规矩的大树显然是无用的，即便是长在路上的话，工匠也是不会多看一眼的。而庄子的主张就和这个无用的大树一样。对于庄子来说，他不该完全否认这一点。的确，把这个大树用来做木材也许是无用的，可是如果你放弃这个"有用"的想法，你把大树安放在无何有之乡，广漠之野，然后你在它的下面游戏、寝卧，它为你遮挡着阳光和风雨，你还会觉得它无用吗？

无用者是有用的，其实，只有无用，才可以让心从形体、从事物中脱离出来，到达无何有之乡：一个一无所有的，完全空虚的地方。在这里，你是自由而无待的。你不必像狸狌那样开动机心，算计到死亡。斄牛是你的榜样，它有垂天之云那般大，却不能捉老鼠。不是不能，而是没有捉老鼠的心。也正因为没有这种心，斄牛也才会成就它的大。就像是庄子，只有不为万物所累，才能游于无穷。

无何有之乡是虚无缥缈的，也是轻灵无碍的。但我们仍然可以看到背后的沉重和无奈。"不夭斤斧，物无害者，无所可用，安所困苦哉？"即便在无何有之乡，庄子念念不忘的仍然是不受威胁的生命。这像是一个讽刺，它使得无何有之乡更像是海市蜃楼，梦中的幻象。醒过来之后，我们看到的仍然是一个熙熙攘攘的世界。但我们还是可以做逍遥之游，而且这个世界越拥挤和沉重，我们就越有追求逍遥的渴望。

.
.
.
.

在生命的意义上,每个人都可以是帝王。

就是让自己成为生命和世界的主宰,而不是奴役。

第八章
《应帝王》

现在我们可以进入《庄子》内七篇的最后一篇了。单纯从篇名上来看，庄子似乎对帝王之事还保持着兴趣。的确，很多人都记得并乐于提及《天下》中"内圣外王"的说法，而把《应帝王》看作是所谓"外王"的表现。在某种意义上，这种说法是可以接受的。既然我们生活的世界中有君主，君臣之义又无所逃于天地之间，我们当然就要面对，因此也就可以讨论关于君主的问题。这种讨论当然不等同于以治道为主要关怀的那些思想，它仅仅是不得已要涉及的，因此和生命的主题并不冲突。其实，这是一种在生命主题下的对"治道"的关注。的确，在一个专制的社会中，谁又能说自己的生命和君主无关呢？庄子见惯了以卫君为代表的残暴君主，他和一般人一样，希望君主可以变得理想一些，能够给自己同时也给普遍的人们带来一个轻松的生存空间，不必再身陷"民其无如矣"的困境。这个理想的君主，他称之为帝王。这个称呼本身就有某种复古的气息，因此对现实也就带有批判的色彩。根据战国时期流行的"皇帝王霸"的理论，帝王是历史上曾经出现和存在过的，现在的君主则基本上是霸。霸是以力服人者,他们把自己的意志强加于人,而帝王显然不是如此。

但是在我看来,庄子的"帝王"还有特殊的意义。这个意义和他以生命为中心的思考是不可分割的。不同于老子,譬如我们可以轻易地把老子的思想定义为君人南面之术,[1]或者帝王之术。但是庄子不是,他对帝王之术显然是不感兴趣的。在政治意义上,帝王只有一个。但是在生命的意义上,每个人都可以是帝王。后一种意义上的帝王就是让自己成为生命和世界的主宰,而不是奴役。在这种意义上,我们也可以讨论帝王之术,但它指的是处理自己与世界万物关系的态度和方法。每个人都需要一个态度和方法,《应帝王》告诉我们的就是一种可以成为"帝王"的态度和方法。

对于篇名这三个字的意义,我们该花些笔墨,因为有太多的误解。最有影响力的郭象的说法是:"夫无心而任乎自化者,应为帝王也。"无心而任乎自化,自然是不错的。但把"应"解释为应该,恐怕就不妥当。篇中有"应而不藏"之语,这应该是"应"字的所本。其实,应就是顺应,就是因。这只有在虚的前提下才能实现,所以接下来要说"不藏"。《管子·心术上》:"虚也者,无藏也。"无藏才可以因,才不会把自己的想法或者意志强加于事物。于是你可以做到对事物无益无损,任其自然,这就是它说的静因之道。"应帝王"的意思是说,只有应,才可以成为帝王。因此对于庄子而言,成为帝王或者做世界的主宰并不意味着必须像霸那般让世界打上自己的烙印,也许刚好相反,因应而不是想改变这个世界,才可以达到上述的目的。

因应是要以心的虚静为前提的,从知识的角度来说,这就是无知。《应帝王》一开始就提出了无知的问题,它的文字是从一个"四问而四不知"的寓言开始的:

啮缺问于王倪,四问而四不知。啮缺因跃而大喜,行以告蒲衣子。蒲衣

---

[1] 《汉书·艺文志》,班固论道家语。

子曰：而乃今知之乎？有虞氏不及泰氏。有虞氏，其犹藏仁以要人，亦得人矣，而未始出于非人。泰氏，其卧徐徐，其觉于于；一以己为马，一以己为牛；其知情信，其德甚真，而未始入于非人。

如果我们稍微留意一下的话，就可以发现这个从"问"开始的寓言，却没有涉及提问的具体内容。这个现象足以让我们来关注庄子的用心。他想告诉我们什么呢？也许庄子想说，问题的内容如何其实是不重要的，重要的只是对待问题的态度。当你面对一个提问者的时候，你该以何种态度示人呢？你是喜欢以老师的身份出现呢，还是相反？

在一般的情形之下，"问"当然代表着一种请教。被问者很容易会进入一种老师的状态。像是我们熟知的儒家。儒家是很喜欢以老师的姿态出现在人们面前的。如果我们读《论语》的话，会看到各种各样的提问，你不会发现有一个提问是以"不知"的方式来回答的。但是庄子不。"四问而四不知"也许代表着被问者对问题的真正无知，所以无法回答；但是在我看来，它更像是对"问—答"这种方式本身的拒绝，因此不愿意回答。就后者来说，其实就是对"老师"身份的拒绝。王倪不愿意做老师，也许他觉得自己没有资格做老师，就像是《齐物论》中说的没有人可以有资格做裁判（正之者）一样。当然，他的没有资格，并不是因为知识的欠缺，而是因为对知识本身的根深蒂固地怀疑。我们真的可以了解事物，了解他人，了解自己吗？事实上，如果我们真地相信了物的"无同是"以及人与人之间的不相知，我们就很自然地会对个体独特性有一种肯定和觉悟，因此也就很难把自己摆在老师的位置上。

这种对老师身份的拒绝，其实质是避免把自己的意志或者想法强加于人。这正是《应帝王》要表现的主题。帝王当然代表着对臣民的控制，可是这种控制是以什么方式实现的呢？是强加自己的意志于民，还是任万物之自然？就庄子所面对的思想资源来说，有老子的无为，有孔子的教化，有墨家的兼爱，有法家的法治，也许还有孟子的仁政，这些不同的主张中，除了老子的无为是要顺百姓之自然外，其余都有"强加"的意味。法家的强加是明白的，法作为君主制定的规矩，无论百姓愿意与否，都是必须遵循的东西。儒家的则有些暧昧。他们倾向于把规矩看作是人性中固有的，像孟子所说："仁义礼智，非由外铄我也，我固有之也。"❶ 因此，儒家倾向于把规矩说成不是强加于人的，它更像是百姓自觉自愿的要求。他采取了一种更为柔性的方式，这种方式就是把君主变成老师。与法家的以力服人不同，儒家是以德服人。但在服人上，二者之间并没有本质的区别。

对于庄子来说，真正的问题在于，为什么要别人服？所谓服，就是要别人接受自己的想法。这等于在说，自己是唯一正确的，不同于自己的所有想法（当然还有做法）都是错误的。也许服的方式可以有刚柔之分，如法家和儒家之别。但其背后的"非人"之心是共同的。庄子说的有虞氏虽然得人，却"未始出于非人"，也就是仍然没有摆脱己是而人非之念。于是仍然在思量着如何让他人接受（而且是心甘情愿地接受）自己的想法。有虞氏的心不是虚的，其中藏着仁，他用仁约束着其他人。而庄子推崇的泰氏呢？其卧徐徐，其觉于于，无心而任化，虚心以游世。没有高人一等的感觉，因此也就没有教化别人的冲动和理由。儒家是一直在意着人禽之辨的，孔孟荀皆然。这种辨别的意义在于，不接受儒家式教化的"人"，很方便地就可以被归入禽兽之列。典型的如孟子对于墨子和杨朱的批评："杨氏为我，是无君也；墨子兼爱，是无父也。无父无君，是禽兽也。"❷ 而泰氏呢，一以己为马，一以己为牛。他当然不是真正地变成了牛或马，其实质只是去除了自贤自美之心。其知情信，应该与《大宗师》的"夫道，有情有信"对观，都是出自《道德经》对于道的描述。因此，"知情信"就是在说他知了道。由道而有甚真之德，则可以得其环中，知其两行，于是是非之心泯灭，非人之说不再。

出或入于非人之境，看来是庄子提出的一个标志。《天下》叙述庄子的学说，曾经有不谴是非以与世俗处的话。说话的主体在这里似乎是庄子自己，或者世界中的一个普通人。在这里，不谴是非的目的从小的方面说是全生尽年，大的方面说是两行逍遥。如果换成君主呢？不谴是非的原则是不是同样有效？看来是的。

---

❶ 《孟子·告子上》。
❷ 《孟子·滕文公下》。

不谴是非就是不对这个世界指指点点，不把自己当作这个世界的主人。哪怕他是君主。在另一个寓言中，庄子描述了一个叫"日中始"的人，从名字上看，似乎就有世界中心的意味，无所不照，光耀天下。他给出的治国之道是：

> 君人者以己出经式义度，人孰敢不听而化诸？

君主依据自己的意志制定出规矩法度，然后要求百姓遵守和服从。这种强迫式的做法，以人从己，很明显地把自己摆在了如太阳般"中心"的角色。他人不许有自己的意志，如果有的话，也要"化"之。先是化心，如果心不能化，就要化身。而在化身的威胁下，心即便没有化，也会装做"化"了的。但是这样做真的可以成为帝王吗？也许我们该看看楚狂接舆的说法：

> 是欺德也！其于治天下也，犹涉海凿河而使蚊负山也。夫圣人之治也，治外乎？正而后行，确乎能其事者而已矣。且鸟高飞以避矰弋之害，鼷鼠深穴乎神丘之下，以避熏凿之患，而曾二虫之无知！

欺德也就是对于德的蔑视，对于真实的人的存在的蔑视。对于治理天下来说，强迫式的做法实际上是把自己摆在了和千百万人对立的位置上，其难度就好像是涉海凿河，使蚊负山，不可行明矣。圣人治理国家，并不是想着怎么样来改变他人，而是摆正自己的位置。作为一个统治者，应该了解的是：他人是不会轻易接受你的摆布的。不是有矰弋之害吗，鸟高飞就可以避之；不是有熏凿之患吗，鼷鼠可以深穴乎神丘之下。如果是人呢，当他面临来自于君主的威胁呢，会怎样呢？或许可以委曲求全，或许可以避世避地，或许可以揭竿而起……他可以选择不同的方式安身，但肯定不会坐以待毙。

在庄子看来，君主就是君主，他不能代表整个世界，他也不是老师。这个世界是丰富多彩的，你不能期望着把它变得整齐划一。因此最好的统治办法并不是强人从己，而是如下一个寓言所说的，顺物自然：

> 天根游于殷阳，至蓼水之上，适遭无名人而问焉，曰：请问为天下。无名人曰：去！汝鄙人也，何问之不豫也！予方将与造物者为人，厌，则又乘夫莽眇之鸟，以出六极之外，而游无何有之乡，以处圹垠之野。汝又何帛以治天下感予之心为？又复问。无名人曰：汝游心于淡，合气于漠，顺物自然而无容私焉，而天下治矣。

单纯从名字上来论，日中始和无名人就可以成为一个对子。当日中始享受着权力带来的支配他人的乐趣时，无名人却在无何有之乡游历。有关治理天下的问题对他来说已经是不豫的事情，更何况是直接的治理？即便勉强要说几句治天下的话，也不过是"游心于淡，合气于漠，顺物自然而无容私焉，而天下治矣"。这里有对"私"的直接的拒绝和排斥。所谓的私，并不就是私利，更主要的乃是私意。对于统治者而言，最重要的莫过于不要强加自己的私意于他人。这个想法，有点类似于老子说的"圣人常无心，以百姓心为心"，❶可是更加具体。当然，老子和庄子的区别在于，当老子在津津乐道于为天下之道，因此他的哲学被视为君人南面之术的时候，庄子却把这看作是不得已之事。他的理想是与造物者为人，也就是与造物者游，摆脱这世俗的世界。他要乘着"莽眇之鸟，以出六极之外"，就好比是《逍遥游》中提到的藐姑射之山的神人。在这个时候，权力对他又算得了什么呢？但这并不就是出世，世界是不可逃避的，因此也不必逃避。人所要做的，就是在这个世界中安存，而这需要一定程度的对这个世界的离开。

作为一个普通人，政治权力是可有可无的东西，治理天下并不就是天生的责

---

❶ 《道德经》四十九章。

任或者义务。可是如果碰巧你是一个天子或者侯王呢？你是不是要像伯夷和叔齐一样，一味地选择逃避呢？或者，你也可以在安居天子位置的同时，享受着逍遥之游？这曾经是大家熟知的郭象的问题：身居庙堂之上，其心无异于山林之中。这是不是也是庄子的问题？郭象的注庄，如果我们借用《孟子》中记载的"顺"和"戕贼"之喻的话，❶该是属于哪一种呢？不同人的答案也许是不同的。狡猾（两行）的人也许给每一种答案都留有空间，但是如果从《应帝王》来看的话，庄子虽然不愿意，很勉强，可是他仍然在肯定着君主的存在以及他理想的君主的样子。庄子借老聃之口说道：

> 明王之治，功盖天下而似不自己；化贷万物而民弗恃；有莫举名，使物自喜；立乎不测，而游于无有者也。

"功盖天下""化贷万物"和儒家心目中"博施于民，而能济众"的圣王比如何？从字眼上看是毫不逊色的。但是却没有儒家式圣王的荣耀，像北宸那样接受众星的膜拜。可是同时也没有那些憔悴愁苦。庄子笔下的当然也是其心目中的明王是"立乎不测，游于无有"的，因为无有，所以无私，可以顺任自然，成就万物。看起来明王什么事情也没有做，可是他都做了，因为万物自己都做了，都完成了自己。这样的"明"，看起来好像是"暗"的。因为他并没有在百姓中进行是非善恶的甄别，或者表达自己高低胖瘦的喜好。他就像是一个无知的人，这和一般人印象中的明王似乎不同。同一个寓言中曾经借阳子居的口说道：

> 有人于此，向疾强梁，物彻疏明，学道不倦，如是者，可比明王乎？

---

❶ 《孟子·告子上》。

明王该是一个敏捷果敢的人，鉴物分明的人，学道不倦的人。这似乎对应着儒家倡导的知、仁、勇三达德。但其中最重要的，还是和"知"有关。从孔子到荀子，去蔽就是下至庶人上至天子的共同要求。去蔽才能明，荀子称之为大清明。在这个状态下，万物的分别清晰地呈现出来。可是这又如何呢？在庄子看来，如此的明王对于圣人来说，只不过是"胥易技系，劳形怵心者也"。他们和文理粲然的虎豹、行动敏捷的猿猴相比有什么区别呢？后者因为它们的"明"而被捕捉，那么明王呢，会不会也是同样的命运呢？

明王也许不会被捕捉，但他们会被自己的明捕捉，从而陷入到真正的黑暗之中。他们以为了解了万物，可是他们真的了解了吗？世俗之明仅仅关注于事物的分别，就事物来论事物，如惠施，逐万物而不反，弱于德而强于物。其所谓"明"适足以构成其"蔽"。在庄子看来，事物只有在它的本原处也就是造物者那里才能获得理解。而在这样的理解中，世俗之明所关注的事物之别早就烟消云散了。万物通而为一，在浑沌中完成自己。这种"通"而不是"分"才是真正的明，也就是《齐物论》中反复说的"莫若以明"。

老聃理解的（也就是庄子理解的）明王和阳子居显然是不同的："明王之治，功盖天下而似不自己，化贷万物而民不恃，有莫举名，使物自喜。立乎不测，而游于无有者也。"这个明王看起来是一点都不明的，甚至有些昏暗。他做了很多事情，但是百姓只是觉得是自己完成的，和王并没有什么干系。这样的王是深藏不露的，就像《史记·老子韩非列传》中提到的良贾的"深藏若虚"，也就是这里说的"立乎不测"。而"立乎不测"的可能，正是因为他可以游于无有。

似乎是为了进一步揭示什么是"立乎不测"，同时也是要揭示世俗之明的昏暗，庄子又给了我们一个季咸和壶子的寓言。前者是一个神巫，据说能知道人的死生存亡，祸福寿夭，可以精确到某年某月的某一天。这该是一个"物彻疏明"的典型吧，看看他在壶子面前的表现吧：

> 郑有神巫曰季咸，知人之死生存亡，祸福寿夭，期以岁月旬日，若神。郑人见之，皆弃而走。列子见之而心醉。归，以告壶子曰：始吾以夫子之道

为至矣,则又有至焉者矣。壶子曰:吾与汝既其文,未既其实,而固得道与?众雌而无雄,而又奚卵焉?而以道与世亢,必信,夫故使人得而相汝。尝试与来,以予示之。

明日,列子与之见壶子。出而谓列子曰:嘻!子之先生死矣,弗活矣,不以旬数矣。吾见怪焉,见湿灰焉。

列子入,泣涕沾襟以告壶子。壶子曰:乡吾示之以地文,萌乎不震不正。是殆见吾杜德机也。尝又与来。

明日,又与之见壶子。出而谓列子曰:幸矣!子之先生遇我也。有瘳矣,全然有生矣,吾见其杜权矣。

列子入,以告壶子。壶子曰:乡吾示之以天壤,名实不入,而机发于踵。是殆见吾善者机也。尝又与来。

明日,又与之见壶子。出而谓列子曰:子之先生不齐,吾无得而相焉。试齐,且复相之。

列子入,以告壶子。壶子曰:吾乡示之以太冲莫胜。是殆见吾衡气机也。鲵桓之审为渊,止水之审为渊,流水之审为渊。渊有九名,此处三焉。尝又与来!

明日,又与之见壶子。立未定,自失而走。壶子曰:追之。列子追之不及。反,以报壶子曰:已灭矣,已失矣,吾弗及已。

壶子曰:乡吾示之以未始出吾宗。吾与之虚而委蛇,不知其谁何。因以为弟靡,因以为波流,故逃也。

巫的手段,原本就是借助于象来预测吉凶。譬如龟卜,乃是通过卜兆。又如占筮,则是不离卦象。季咸赖以预知吉凶祸福的,当然也不出象的范围,不过它是人之象。这对于追求游于物之初或者无何有之乡的庄子而言，显然是雕虫小技，不足挂齿。巫能相人，首先在于人可以相。如果人不可以相，譬如他的相和这个世界一样是变动不居的，巫又能如何呢？我们看寓言中的壶子，先示之以死（杜德机），再示之以生（善者机），又示之以不死不生（太冲莫胜），最后则示之以未始出吾宗。在变换不定的壶子面前，神巫也只好自失而走。

在世俗之明中，如神巫季咸者该算是难能的了。事实上，神巫正是世俗知识的象征。在庄子看来，世俗知识只是关于万物的知识，它执着于万物固定的一面，因此始终局限于某种固定的象的范围之内。譬如看见"杜德机"，也就是生机的关闭，就认为是死；再见"善者机"，也就是生机的彰显，又以为是活。它们知偏而不知全，知僵而不知化，知隔而不知通。知识是有定的，但诚如《齐物论》所说的那样，"其所知者特未定也"。你又如何能用这片面而又僵死的知识来了解和适应变化无常的世界呢？"鲵桓之审为渊，止水之审为渊，流水之审为渊。渊有九名，此处三焉"，虽然九渊之所指，我们不得而知，但显然较三渊要丰富得多。三渊之名无疑是对应着壶子四示中的前三示的，止水之审相当于杜德机，流水之审相当于善者机，鲵桓之审相当于太冲莫胜。壶子只是展现了部分的变化，就已经让季咸捉摸不定。如果是全部的变化呢？甚而言之，如果是整个宇宙的大化呢，似季咸般的知识可以把握吗？对于庄子而言，答案当然是清楚的。

因此知识是不足恃的。通过知识来看世界，就像是通过井口来看天空。这种"知"正表现着无知，于是反过来，无知就可以用来表现真知。真知并不就是一个人拥有无穷无尽的关于事物的知识。恰恰相反，在某种意义上，它是你忘却了关于事物的知识之后才能够达到的东西。本篇开始就提到的"四问而四不知"，正是对真知此种性质的揭示。拥有真知的人就是真人，真正的人。一般的人都被知识化了，因此也就被物化了，他们物于物。只有真人才能从物中超拔出来，摆脱物的纠缠，直接回到物的本原处，因此可以物物。而这样的人，就是这个世界的帝王。因为他可以支配、控制这个世界，而不是相反。在这个意义上，世俗意义的帝王也许正是这个世界的奴仆。

如果我们把"壶子四示"从具体的寓言中抽离出来，进行一般的讨论，我们就可以把它看作是一个由物入道的上升之旅。先是地文，然后是天壤，太冲莫胜，最后是未始出吾宗。这让我们想起了《逍遥游》中提到鲲鹏之化，自低而高，直冲九天。地文是地的形状，可以近观；天壤是天的象状，可以远望；太冲莫胜是虚无的状态，可以想象；未始出吾宗则是如《齐物论》中所说的"未始有夫未始有物者也"，纯粹的无何有之乡，万物之初。它已经不能用形和象来模拟，因此也就不能用耳目和心来认知，物的知识在它面前也就无能为力。这是这个上升之旅的终点，也是世俗知识的尽头，但却是真知的开始。

关于物的知识和关于道的知识是不可同日而语的。前者是分别的，自以为是的。后者是通同的，无是无非的。于是，当前者和后者相遇时，它们之间的格格不入就是自然的了。这种格格不入就像是季咸和壶子之间展开的直接较量，而庄子的态度当然可以从结局中轻易地看出。在寓言的设计中，壶子四示一方面是对季咸的嘲弄和示威，另一方面也是对列子的提示和导引，当然更是对读者的提示和导引。季咸的逃走有着双重的象征意义，一个显而易见的方面是，这是巫术在庄子思想中的退场。在讨论庄子思想的时候，我们不该忘记那仍然是一个巫术流行的时代。各种各样的技术，从龟卜到占筮，都占据着生活的舞台。尽管它们的具体操作技巧不同，但是有一个共同点似乎是可以肯定的：它们都是"象"的崇拜者。庄子对于技术是很熟悉的，但又是不屑一顾的。如同庖丁所说：臣之所好者道也，进乎技也。道而不是技才是庄子真正关心和追求的东西。技术涉及的仅仅是事物，道却不同，它可以消解事物，像庖丁面前的牛（目无全牛）。因此，巫术的退场背后隐藏着的另一个方面是，它同时也是物象的退场以及仅仅关注于物象的态度的退场。物象是变化的，你的感官和心知永远不能跟住它。就像是九渊，壶子只是展现出三种，就已经让季咸捉摸不定了。怎么办？要超越具体的物象，庄子提示着读者沿着上升的路前行，直到万物的本原处，以求得对于这个世界的真正的了解。在这个了解中，万物消失了（同时也保全了）。当然不是真正的消失，而是万物被解构了，解构到它不足以成为对人心的束缚。

对事物的超越，或者成为世界的帝王，并不意味着对事物采取一种傲慢的态度。恰恰相反，如本篇的篇名所暗示的，"应"才可以为帝王。看看列子在经历了壶子和季咸斗法之后的心得和表现吧：

然后列子自以为未始学而归，三年不出。为其妻爨，食豕如食人。于事

> 无与亲,雕琢复朴,块然独以其形立。纷而封哉,一以是终。

夫妇的分别消失了,人和动物的分别消失了,亲疏的分别也消失了。一切人为的因素消失了之后,他回到了最本真的状态。无知无识,无聪无明,看起来像是一块木头。这正是《齐物论》说的形如槁木,心如死灰,或者《大宗师》说的"堕肢体,去聪明,离形去知,同于大通"。在这样的心境下,应物就是自然而然的事情了。

无知的心其实就是虚而无藏的心。你心里藏着什么东西,那样东西就成为对你的限制。譬如藏着名,你就有一个追求名的心。藏着事,你就有一个追求功的心。你的生命就会被功名所支配。因此,要真正成为这个世界的帝王,要胜物而不为物所胜,你就要做到彻底的虚。庄子说:

> 无为名尸,无为谋府;无为事任,无为知主。体尽无穷,而游无朕。尽其所受乎天,而无见得,亦虚而已。至人之用心若镜,不将不迎,应而不藏,故能胜物而不伤。

名、谋、事、知,四事可以看作是两组,每组中各有一外一内。以谋求名,以知任事。可是谋果真可以求名吗?知果真可以任事吗?季咸该是个有谋有知的人了,在变化的事物面前,又如何呢?在庄子看来,名和事是该忘掉的,谋和知是该去除的。在世界的面前,不要藏有任何的机心,这也就是虚。至人的用心也就是无所用心,这是最大的用心。在这种情形下,心就像是个镜子,事物如其所是般地呈现在镜子里,并不停留。心并不选择什么,任何的事物都可以在镜子中出现,当然也可以不出现。于是,虚而无藏,则物来而顺应。你可以体会到"海阔凭鱼跃,天高任鸟飞"的乐趣。此时,人无所挂碍,自由自地游于大化之中。

这也就是"游于无有"。所谓的无有,并不是说这个世界一无所有。世界仍然是那个世界，只是看它是不是成为心的挂碍。心无挂碍，则世界虽有而似无有。心有挂碍，则世界虽无有却似有。在有的世界里，人只能蹒跚而行。在无的世界里，人才会进行他的逍遥之游。无的世界意味着自己和外物同时消失了，没有自己，也没有外物。这当然不是真正的（实存意义上的）消失，但却是一种消失。我们当然有着万物消失在光芒或者黑暗中的经验，我们还应该增加一种万物消失在心中的经验，这是庄子给予我们的经验。要有这种经验并不复杂，它需要的只是心的消失。心消失了，万物就不会留在心中，就不会在心中留下任何的痕迹。这时的心就像是一面镜子，万物在镜子中呈现，可是双方却互不增损。

心的消失当然不是说心死掉了。恰恰相反，这正是心的再生。心没有被淹没在物的海洋中，没有物于物，而是成为物的主宰。它就是它自己，于是它只是听从自己的命令，而不是物的命令。其实它自己也并没有什么命令，它只是回到自己最初的状态，也就是浑沌素朴的状态。没有任何的痕迹，也就没有任何的分别的欲望和要求。于是，万物的界限在心中也消失了，成为一个"通"和"化"的整体。这也就是无穷和无朕。

有了这样的背景，再进入浑沌的寓言，就是顺理成章的事情了。这个被放置在最后的寓言显然带有总结性，既是本篇的总结，也是整个内七篇的总结：

> 南海之帝为儵，北海之帝为忽，中央之帝为浑沌。儵与忽时相与遇于浑沌之地，浑沌待之甚善。儵与忽谋报浑沌之德，曰：人皆有七窍，以视听食息，此独无有，尝试凿之。日凿一窍而浑沌死。

这个脍炙人口的寓言在历史上曾经无数次地被以不同的方式解读过。它或许有着神话的背景，学者们不难在《左传》中发现"浑敦"的名字，[1]在《山海经》中

---

[1] 《左传·文公十八年》："帝鸿氏有不才子……天下之民谓之浑敦。"

发现"赤如丹火"的浑沌，❶于是它可以成为神话学研究的重要素材。但我们的兴趣不在这里。我们感兴趣的是，当这个寓言被安放在《应帝王》的最后时，它的意义何在呢？

浑沌是没有七窍的，因此也是无知无识的。庄子一直把七窍看作是知识之门，所以一如老子的"塞其兑，闭其门"，庄子一则曰"无听之以耳"，再则曰"徇耳目内通而外于心知"，三则曰"寓六骸，象耳目"。"寓""象"还是似有实无，没有七窍，则是真正的无了。无七窍，无知识，也就是无心。因此，也就无所谓善，无所谓恶。无所谓自己，无所谓别人，整个世界浑然一体。没有任何的分别，恰如其名字所显示的，中央之帝该是混浑沌沌的，所以也该是无心而任化的。

对于一个帝王而言，这也就是无为。相应地，是万物的自然。在无为中，万物都以自己的方式获得了安顿。如老子说的："我无为而民自化，我好静而民自正，我无事而民自富，我无欲而民自朴。"❷浑沌就是如此，他是无心的，也不会行善。"天地不仁，以万物为刍狗。"❸这虽然是老子的话，庄子也该是同意的。但浑沌的无心，在有心的万物看来也许是好意。寓言中描述的南海之帝倏和北海之帝忽就是如此，他们相遇在浑沌之地的时候，就有一种浑沌"待之甚善"的感觉。这种感觉又让他们产生了报恩的心理，于是凿七窍的想法就被提上了日程。

在浑沌寓言中，"凿"这个字眼是触目惊心的。我们一方面可以感受到倏和忽的努力，另一方面也能感受到浑沌经历的痛苦。很显然，"凿"是在善的名义下进行的。浑沌不是与众不同吗，一个没有七窍的怪物，何以立足于人间世？就好比正常的人遇到残疾人，总会生出怜悯之心，并希冀着他们可以健全一样。倏与忽想要浑沌拥有七窍，实在是一种再"善意"不过的想法。我们可以想到儒家

---

❶ 《山海经·西山经第二》："天山……有神焉，其状如黄囊，赤如丹火，六足四翼，浑敦无面目，是识歌舞，实惟帝江也。"

❷ 《道德经》五十七章。

❸ 《道德经》五章。

的"己欲立而立人,己欲达而达人",我们可以感受到炽热的心,热情,可是我们会不会在这种热情中融化,失去自我呢?像浑沌一样,在被凿了七窍以后,无奈地死去。

浑沌是在儵与忽的善意中死去的。就像海鸟在鲁侯的善意中死去,❶ 就像人们在儒家的善意中经历磨难。无论如何,"凿"代表的都是对于对象的"粗暴的"改变。而在这种改变的过程中,我们总免不了以己度人,以自己的标准来塑造他者。当他者成为自己或者自己的影子的时候,他者就消失了,剩下的只是一个单调而苍白的世界。

当这个世界只留下自己的时候,你是成为了世界的帝王,可是你真的是帝王吗?也许,在丰富而又充满变化的世界中,你会更能体会到帝王的快乐。而要达到此点,除了"应"之外,我们没有别的办法。

---

❶ 《庄子·至乐》:"昔者海鸟止于鲁郊,鲁侯御而觞之于庙,奏九韶以为乐,具太牢以为膳。鸟乃眩视忧悲,不敢食一脔,不敢饮一杯,三日而死。此以己养养鸟也,非以鸟养养鸟也。夫以鸟养养鸟者,宜栖之深林,游之坛陆,浮之江湖,食之鳅鲦,随行列而止,逶迤而处。"

.
.
.
.

无论从形式还是内容上来说,内篇都像是一个完美的艺术品。

内篇是天籁,从各种孔窍都发出声音,最后却归于空寂。

第九章
庄子和内七篇

在阅读本书的过程中，读者或许会产生无数的问题。其中有的问题是作者无法回答的，或者也不需要作者回答。但有些和文献有关的问题，诸如我们为什么只讨论内七篇，而不把外篇和杂篇包括在内？或者为什么不按照从《逍遥游》开始到《应帝王》结束的自然次序，而非要从《人间世》开始？就应该是作者必须要回答的内容。

首先要明确的是，本书讨论的是庄子哲学，而不是《庄子》哲学。这就决定了我们主要关心的是人而不是书。就古代中国的情形而言，类似于"庄子和《庄子》"这样的问题是普遍的，人和以他命名的书之间经常存在着复杂而不是简单的关系。古代思想的研究者一般都接受一个前提，"现在所以多数题为战国以前某某子之书，当视为某某子一派之书，不当视为某某子一人之书。如现在题曰《墨子》《庄子》之书，当视为墨学丛书及庄学丛书，不当视为一人之著作"。❶ 因此，在庄子和《庄子》之间显然是不能画上等号的。虽然离开《庄子》，我们永远也不能知道庄子。这就需要对《庄子》进行区分，好在历史上已经有沿袭下来的对《庄子》的区分，譬如有内篇、外篇和杂篇的不同。关于这种区分的来龙去脉，也许我们永远也无法知道。但其中可能就蕴藏着理解庄子和《庄子》之间区别的玄机。

内篇是特别的。这不仅是指它被安排在《庄子》的前面，还表现在很多方面。譬如其中每一篇的篇名都是三个字，而且和外杂篇只是草率地按照篇首的文字来起名不同，它们的名字都是对于该篇大意的概括。另外，内七篇的结构也显示出它似乎是一个自足的整体。这一点我们后面还有交代。最后，最重要的是，如我们前面讨论的，内七篇明显地是围绕着一个主题——生命的主题——展开的。这个主题正适合我们通过《史记》和《庄子》本身所能了解到的庄子的生活。

也许我们该和历史上以及现在的很多人一样，相信内七篇是庄子的作品，而外杂篇出自他的后学。他们已经给出了很多理由，但我们还是要给出自己的理由。这样做的时候，我想重新审视一下《应帝王》最后提到的浑沌寓言。这段被安放在内篇最后的文字除了要表达如上章所述的思想内涵之外，还有没有其他的寓意？七窍与内篇的数目是吻合的，这仅仅是巧合呢，还是一种有意识的安排？如果是一种有意识的安排，这本身是否可以构成一个支持庄子创作内七篇的证据呢？

关于《庄子》的最早记载当然要追溯到《天下》，王夫之把它和《寓言》一起看作是《庄子》一书的后序。在我看来，如果是后序的话，它也只能是内篇的后序，而非我们现在看到的《庄子》的后序。不妨先把《天下》关于庄子思想的论述列之于下：

---

❶ 冯友兰：《中国哲学史》上册，《三松堂全集》第二卷，郑州：河南人民出版社，1988 年，34—35 页。

> 寂漠无形，变化无常，死与？生与？天地并与？神明往与？芒乎何之？忽乎何适？万物毕罗，莫足以归。古之道术有在于是者，庄周闻其风而悦之。以谬悠之说，荒唐之言，无端崖之辞，时恣纵而不傥，不以觭见之也。以天下为沈浊，不可与庄语。以卮言为曼衍，以重言为真，以寓言为广。独与天地精神往来，而不敖倪于万物。不谴是非，以与世俗处。其书虽瑰玮，而连犿无伤也。其辞虽参差，而諔诡可观。彼其充实，不可以已。上与造物者游，而下与外死生、无终始者为友。其于本也，弘大而辟，深闳而肆；其于宗也，可谓稠适而上遂矣。虽然，其应于化而解于物也，其理不竭，其来不蜕，芒乎昧乎，未之尽者。

《天下》对各家思想的评述显然都是依据它们的著作，对于更加熟悉的庄子自然也不例外。最前面的一部分是一个大略的概括，然后是对庄子文字风格的描述。我们感兴趣因此也想特别指出的是，后面的几个句子似乎都对应着内七篇的某一篇，而且是按照我们现在所看到的顺序。"独与天地精神往来，而不敖倪于万物"，明显是说《逍遥游》的，篇中不是有"乘天地之正，而御六气之辩，以游无穷"和"乘云气，御飞龙，而游乎四海之外"的文字吗？"不谴是非，以与世俗处"，说的正是齐是非、通物我的《齐物论》，并在某种程度上关联着《养生主》和《人间世》。"彼其充实，不可以已"，很容易让读者想起《德充符》。"上与造物者游，而下与外死生、无终始者为友。其于本也，弘大而辟，深闳而肆；其于宗也，可谓稠适而上遂矣"，更是对《大宗师》的准确写照。这里不仅出现了"大"和"宗"两个字，而"与造物者游"和"与外死生、无终始者为友"等说法更是直接本于篇内的文字。"其应于化而解于物也，其理不竭，其来不蜕，芒乎昧乎，未之尽者"，"应"字直接呼应着篇名《应帝王》，芒昧的说法又让人想起浑沌。《天下》所述和内七篇的对应，该不是简单的巧合吧？

如果我们根据这个事实来进行推论的话，那么内七篇为庄子自著的说法显然就更有了说服力。而且，在《天下》写作的时候，内七篇作为一本书的规模以及它们的篇名就应该是确定的了。这当然不妨碍后来的人会继续增加此书的规模，像我们在其他书中也经常看到的一样。譬如《论语》，最初很有可能只有十篇的规模,后来又增加了五篇,然后又增加了五篇。❶ 或者是《孟子》,原本只有七篇,到《汉书·艺文志》的时候就成了十一篇。司马迁在给庄子做传的时候,他提到的当然已经不限于内篇,《渔父》《盗跖》《胠箧》等篇名已出现在外篇和杂篇了,"十余万言"的说法更合乎《汉书·艺文志》著录的五十二篇。我们现在不知道太史公是不是真的认为这些文字都出自那个叫庄周的人之手,但是郭象显然并不是这样认为的。甚至包括其他的注释者,譬如向秀和崔譔等,在注释《庄子》的时候,他们都删除了其中的部分内容,譬如郭象就删除了十九篇,只余下三十三篇,这就是我们现在看到的《庄子》的来历。郭象删书的理由如下:

> 夫学者尚以成性易知为德,不以政异端为贵也。然庄子闳才命世,诚多英文伟词,正言若反。故一曲之士不能畅其弘旨,而妄窜奇说。若《阏弈》《意循》之首,《尾言》《游易》《子胥》之篇,凡诸巧杂,若此之数,十分有三。或迁之令近,或迁之令诞,或似《山海经》,或似占梦书,或出《淮南》,或辩形名。而参之高韵,龙蛇并御,且辞气鄙背,竟无深澳,而徒难知,以因后蒙。令沈滞失乎流,岂所求庄子之意哉?故皆略而不存。令唯哉取其长,达致全乎大体者焉,为三十三篇。

这段话见于日本镰仓时代高山寺所藏《庄子》残抄本《天下》后跋语,因与陆德明在《经典释文》叙录中所引郭象之语类同,所以可以确定是出自郭象。❷ 按照这里的看法,显然郭象并不认为《庄子》全书都是庄子一人之作,所以他可以大胆地删削。后人当然还可以沿着同样的思路,继续向《庄子》提出质疑。譬如苏轼、王夫之等,不断地怀疑外杂篇的某些部分。同时,在这种怀疑中,却也产生

---

❶ 关于《论语》的编辑和成书,请参看拙著《论〈论语〉的编纂》,《简帛思想文献论集》,台北:台湾古籍出版有限公司,2001 年,299—337 页。

❷ 崔大华:《庄学研究》,北京:人民出版社,1996 年,46—47 页。

了某些肯定，即庄子只是创作了内七篇，而外杂篇只是出于其后学之手。❶

我们很难在历史问题上达到共识。在现代的《庄子》解释者中，我们仍然可以看到不同的倾向：以整本书为主的，打通内外杂的倾向；以人为主的，将内篇和外杂篇严格区分的倾向。当然，和在处理任何问题时候一样，你不可避免地会遇到各种各样的调和的态度。它们通过将外杂篇分类的方法，一方面将某些篇从"庄子"中剔除出去，另一方面，则把某些篇和"庄子"或松或紧地联系起来。在我看来，每一种处理方式，对于理解庄子和《庄子》来说都是有益的（当然，这要依赖于你的研究或者解释究竟要达到什么样的目的。你是研究一本书、一个人，还是一种哲学，或者其他的什么东西）。

对于我而言，我关心的是这个人以及这个人的哲学。我设想了这个人该是"一个人"，一个一贯的人，用庄子的话来说，是一个"一体"的人。也就是说，他有某种相对固定的生活态度，对世界的理解以及说话的方式等等。这个设想也许从根本上就是不能成立的，反驳者可以提出大量的例子来证明人的善变（不是贬义的），人的与时俱进，用庄子的话来说，是与时俱化。这在哲学家中表现得也非常明显。远的不说，生活在20世纪的现代哲学家们就很少有人能够做到一以贯之的，虽然还没有夸张到如庄子说的"五十而五十化"的程度。透过各种各样的资料，我们可以很清楚地勾勒出他们思想变化的痕迹以及所以迹。一个人能够从孟子变成荀子，再变成韩非，他怎么不可以从"自己"变成"自己的后学"呢？

但是，变化之中我们总能发现不变的东西。这可以是各种变化后面的不变者，也可以是变化之间的相对稳定的时期。你的文字是在何时写就的呢？血气未成的时候，血气方刚的时候，还是血气既衰的时候？如孟子所说，"志一则动气，气一则动志"，❷ 志气不同，发言行文也就有异。我们不是经常看到那些年轻时候的革命者在老迈的时候，"与时俱退"地变成保守党吗？相应地，他们激情洋溢

---

❶ 崔大华：《庄学研究》，北京：人民出版社，1996年，64—65页。

❷ 《孟子·公孙丑上》。

的"闻诛一夫纣矣,未闻弑君也"❶的革命文字也变成了"天不变,道亦不变"❷的卫道言辞。但这是两不相碍的。他年轻的时候就是个革命者,这是事实。他老迈的时候是个保守党,这也是事实。各性住于一世,皆归于永恒。

就内七篇而言,如果我们相信它是庄子的文字,该是出于哪一个时期呢?《孟子》是孟子血气既衰的时候和弟子写就的,这见于司马迁的传记。很遗憾,司马迁写庄子的时候没有在这个方面着一点笔墨。不过,这不意味着我们不能做一些推测和探索。思想本身就是探索,对于未知的东西的探索。对历史的解释也是如此。《齐物论》不是提到惠施还有他的儿子吗:

> 昭文之鼓琴也,师旷之枝策也,惠子之据梧也,三子之知几乎,皆其盛者也。故载之末年。唯其好之也,以异于彼。其好之也,欲以明之彼。非所明而明之,故以坚白之昧终。而其子又以文之纶终,终身无成。

作为庄子最好的朋友以及同乡,惠施和庄子的年纪该是相若的。大概是劳形怵心的缘故吧,惠施比庄子早一些离开了这个世界,所以有庄子过惠子之墓的记载。❸上引的这段话虽然没有提到惠子的死,可是有"载之末年"的说法,可以给人一些这方面的联想。昭文、师旷自然都是古人了,好像与他们并列的惠施也不该例外,因此这里特别地提到了他后人的子承父业。如果我们记住这个事实的话,也许我们该承认《齐物论》的作者不是个毛头小子,而是一个"隐机而坐,仰天而嘘"的血气既衰之人了。

即便我们不考虑外杂篇的说话方式和说话的内容,单纯从外杂篇可能要晚于

---

❶ 《孟子·梁惠王下》。
❷ 《汉书·董仲舒传》。
❸ 《庄子·徐无鬼》:"庄子送葬,过惠子之墓。顾谓从者曰:……自夫子之死也,吾无以为质矣!吾无与言之矣!"

内篇的事实出发，❶我们就很难得出它们也出于庄子之手的结论。内篇已经是血气既衰的庄子的作品了，那么外杂篇呢？既衰之后的既衰？看来不像。外杂篇中充满和跃动着不同的精神，批判的、建设的、热衷于哲理的、留情于治道的……这里有着和内篇不同的乐曲和节奏，当然也包括演奏的方式。内篇是天籁，从各种孔窍都发出声音，最后却归于空寂。外杂篇则像是一个正在进行中的演唱会，不同的人物登场又退场，然后又是新的登场。

无论从形式还是内容上来说，内篇都像是一个完美的艺术品。《逍遥游》以北冥和南冥亮相，《应帝王》则以南海和北海收场。❷自北而南，自南而北，最后归于浑沌。浑沌是没有七窍的，人却有。人要以人的方式——无论是创作的还是阅读的和理解的方式——来表现浑沌，所以需要工具性地给它安上七窍，像是庄子的七篇。可是不要忘记，七窍并不是浑沌固有之物，只是表现时需要的权宜手法，原本没有，所以也不要当真。如果读者固执地以为七篇就是七篇，那他就是太执着于名相的东西了。这七篇文章是不能当作七篇来看的，七篇其实是一篇，因为它们原本就是庄子一心的展现。就好比庖丁面对着的牛。它是个全牛，又不是个全牛。知道这个道理，分、合，成、毁都是一样的。其分也成也，其成也毁也。凡物无成与毁，复通为一。《列子》中曾经有一段话，说的是一变为七，七变为九，九复变为一，放在这里是很合适的。❸

但是，数字七似乎也不是偶然的。为什么不是六或者八，而是七？也许我们还可以想到《孟子》，那里同样是七篇。古人对数字是很敏感的，数字代表着一种秩序。譬如一年为什么分成十二个月，而不是十一个月？每个月为什么是三十天，而不是二十天？这都有它的理由在。这理由的来源不完全是人的，而是

---

❶ 关于内篇先于外杂篇的问题，请参见刘笑敢《庄子哲学及其演变》中的有关讨论，北京：中国社会科学出版社，1987年。

❷ 徐笠山："北冥南冥，南海北海，以此始亦以此终。自北徙南而鲲鹏化，南与北相遇于中央而浑沌死。" 见藏云山房主人《南华大义悬解参注》，严灵峰编《无求备斋庄子集成初编》卷十五，台北：艺文印书馆，1972年。

❸ 《列子·天瑞》："易变而为一，一变而为七，七变而为九。九变者，究也，乃复变而为一。"

天的。也许,七的确和七窍有关。有了七窍,我们才可以辨别他是一个什么样的人。有了七篇,我们也才有办法了解庄子的思想,他究竟想要说什么以及如何说。

历史上曾经有很多解释者以不同的方式说明内七篇之间的关系。提到这一点的时候,我们当然不会忘记成玄英,这个唐代的法师以其《庄子疏》和其他的作品扬名于世。在为他的疏做的序言中,成玄英对《庄子》内外杂篇的区分做了如下的说明,其中还谈到七篇的次序:

> 内篇明于理本,外篇语其事迹,杂篇杂明于理事。内篇虽明理本,不无事迹。外篇虽明事迹,甚有妙理。但立教分篇,据多论耳。
>
> 所以逍遥建初者,言达道之士,智德明敏,所造皆适,遇物逍遥,故以逍遥命物。夫无待圣人,照机若镜,既命权实之二智,故能大齐于万境,故以齐物次之。既指马(蹄)天地,混同庶物,心灵凝澹,可以摄卫群生,故以养生主次之。既善恶两忘,境智俱妙,随变任化,可以处涉人间,故以人间世次之。内德圆满,故能支离其德,外以接物,既而随物升降,内外冥契,故以德充符次之。止水流鉴,接物无心,忘德忘形,契外会内之极,可以匠成庶品,故以大宗师次之。古之真圣,知天知人,与造化同功,即寂即应,既而驱御群品,故以应帝王次之。

按照这个理解,七篇的先后安排当然不是偶然的。其中有着天次之序,逍遥才可以齐物,齐物方可以养生,养生乃可以处世,如此等等。这种理解显然并不新鲜,虽然我们不能确知在此之前是否有过类似理解,但是,在解释其他书籍时,篇章的次序却一直是解释者们留意的对象。最明显的也是很早的例子当然是关于《周易》的,《序卦传》不就是对于六十四卦次序的解释吗?六十四卦为什么是乾坤居首,次之的为什么是屯蒙……下经为什么从咸恒开始,又为什么以既济和未济结束?读者在这里都可以找到清楚的答案,虽然你可以不相信这答案,或表示某种程度的怀疑。经学家们在面对其他的经典时，往往也会采取类似的方式来处理，譬如《诗》的"四始"，《春秋》的首"元"等。这当然会影响到对于其他文献的解释。成玄英显然是熟悉这种解释传统的，于是他会有对于文献结构本身的关注。

即便有着一个现成的结构，和明确的次序，我们也不能指望一个唯一的解释的出现。解释永远是多种多样的，这正是解释的本质。明末的憨山和尚德清关于内七篇的次第曾经有如下的说法：

> 庄子著书，自谓言有宗，事有君，盖言有所主，非漫谈也。其篇分内外者，以其所学，乃内圣外王之道。谓得此大道于心，则内为圣人；迫不得已而应世，则外为帝为王。乃有体有用之学，非空言也。且内七篇，乃相因之次第。其《逍遥游》，乃明全体之圣人，所谓大而化之之谓圣。乃一书之宗本，立言之主意也。次《齐物论》，盖言举世古今之人，未明大道之原，各以己见为是，故互相是非。首以儒墨相排，皆未悟大道，特以所师一偏之曲学，以为必是。固执而不化，皆迷其真宰，而妄执我见为是。故古今举世未有大觉之人，卒莫能正之。此悲世之迷而不解，皆执我见之过也。次《养生主》，谓世人迷却真宰，妄执血肉之躯为我。人人只知为一己之谋，所求功名利禄以养其形，戕贼其真宰而不悟。此举世古今之迷皆不知所养耳。若能养其生之主，则超然脱其物欲之害，乃可不虚生矣。果能知养生之主，则天真可复，道体可全，此得圣人之体也。次《人间世》，乃涉世之学问，谓世事不可以有心要为，不是轻易可涉。若有心要名干誉，恃才妄作，未有不伤生戕性者。若颜子、叶公，皆不安命，不自知而强行者也。必若圣人忘己虚心以游世，迫不得已而应，乃免患耳。其涉世之难，委曲必见。能涉世无患，乃圣人之大用也。次《德充符》，以明圣人忘形释智，体用两全，无心于世而与道游，乃德充之符也。其《大宗师》，总上六义，道全德备，浑然大化，忘己忘功忘名，其所以称至人神人圣人者，必若此乃可为万世之所宗而师之者。故称之曰《大宗师》。是为全体之大圣，意谓内圣之学必至此为

极则，所谓得其体也，若迫不得已而应世，则为为圣帝明王矣！故次以《应帝王》，以终内篇之意。❶

"言有宗，事有君"，为老子语，非庄子所说。憨山这段话充满了佛教的气息，诸如迷悟、我执着等都是典型的佛教术语。其论内七篇乃相因之次第，表明他认为这种次第有其不易的道理在。如《逍遥游》乃是立言之主意，一书之宗本，所以居首；《应帝王》明迫不得已而应世之理，所以殿后。

清代的屈复作《南华通》，于内七篇的结构也有独特的看法：

> 此七篇，所谓内篇者也，是庄子所手订也。《逍遥游》者，言其志也。《齐物论》者，知之明。《养生主》者，行之力。《人间世》则处世之方。《德充符》则自修之实。《大宗师》者，内圣之极功。《应帝王》者，外王之能事也。所谓部如一篇，增之损之而不能，颠之倒之而不可者也。鲲鹏之大即是无所困苦之根，丧耦丧我乃其因是物化之故，吾生有涯而火传则无尽也，往而刑不如其仅免刑也，无形而心成则独成其天矣，天之所为者其命也夫，四问不知真未凿之浑沌也。此所谓篇如一章，首尾呼应，一气贯注者也。《逍遥游》只是大不困苦，《齐物论》只是我与物化，《养生主》只是薪尽火传，《人间世》只是无用免刑，《德充符》只是无形心成，《大宗师》只是达天知命，《应帝王》只是无为而治，此即所谓篇如一句，如龙戏珠，江翻海涌而阿堵中物乃止径寸者也。不宁惟是已焉，至人无己，《逍遥游》之精义，而丧我物化，乃无己之至也。天君真宰，《齐物论》之实理，而生主无尽即真宰之体也。《人间世》祛养生之外患，而心斋无用犹缘督

---

❶ 《庄子内篇憨山注》，台北：建康书局，1956年。憨山此说见其所注《大宗师》之首。

也。《德充符》统处世于内修，而游心成和犹心斋也。《大宗师》之知命达天则独成其天之尽境，《应帝王》之无为而治则坐忘撄宁之旭余也。由此观之，一部且如一章矣。至人无己，性体之虚也。丧我物化则虚公之至矣。缘督游于虚也。心斋虚其内也，无用虚其外也。德充尽于实矣，然内保而外不荡，不以滑和，不以入于灵府，犹之虚也。坐忘撄宁则虚之所以立体，不测无有则虚之所以致用也。七篇之意，一言以蔽之曰：游心于虚而已。由此观之，则一部且如一句矣。若是者何也？曰：凡以云通也，天下之文，其离奇变化而不可骤通，至南华而止矣，然熟读而细玩之，则见其部如一篇，篇如一章，且如一句，如是其通也，又见其部如一章，且如一句。如是其通之甚也，然则天下之妙文，而必无不通，其信然矣。❶

如书名所示，作者追求的是《庄子》的通。通是和分或者隔相对的，因此，就需要把各种各样的分隔打通。这种分隔首先是篇的，譬如所谓的七篇。但如屈复所说，整部书其实只是一篇。不仅如此，其实只是一章，甚至只是一句。这一句在屈复看来就是"游心于虚"。读者可以不接受关于这一句的概括，但是也许会同意如果要"通"庄子的话，确实应该把他的全部文字归结为一句。所谓的通，就是通于一。庄子说，通天下一气耳。我们也可以说，通庄子（内七篇）一句耳。

如果从这个理解出发的话，七篇只是从不同角度对这一句话的说明。屈复当然也是承认七篇的差别的，所以才有"逍遥游者，言其志也。齐物论者，知之明。养生主者，行之力。人间世则处世之方。德充符则自修之实。大宗师者，内圣之极功。应帝王者，外王之能事也"等说法。但这种不同不妨碍它们说的只是一个道理，一个问题。

---

❶ 严灵峰编：《无求备斋庄子集成初编》卷二十一，台北：艺文印书馆，1972年。

在评论屈复上述的说法时，李元春曾经有如下的说法："融贯一书，从来注家未有"，"不注外篇，乃真通也"。从来未有的融贯当然不是指没有想到，而是没有说到。至于不注外篇，乃真通也，话虽平常，却能打动人心。这种动可以是一种"于我心有戚戚焉"的契合，也可以是一种"若有伤我者也"的乖离。以《庄子》为整体的人当然会觉得这个说法有些过分和无理，可是那些如屈复一样认为庄子只是创作了内篇的人就会觉得恰如其分。庄子的道当然是可以通所有的物的，如《齐物论》所说："故为是举莛与楹，厉与西施，恢恑憰怪，道通为一。"可是作为读者的我们的心呢？难道真的可以通所有的事物，包括难通之物吗？当我们面对一个阅读对象时，真正的通的态度乃是通则通之，分则分之，这才是真正的通。强分以为通，虽谓之通，实在是不通。

这已经是半题外的话。我们还是回到对于内七篇间关系的理解上来。我们可不可以摆脱这天次之序，也就是从逍遥开始的次序，寻求一种新的理解呢？逍遥看起来是太飘渺了，像天上的白云，乘着它可以至于帝乡，可是那该是终点，而不是下手处，或者落脚处。屈复所说"颠之倒之而不可者也"是绝对的吗？如果是真通的话，那么纵横上下都该是通的。就像是明堂的数字，二八为肩，四六为足，左三右七，戴九履一，五居中央，横竖相加都是十五。于是也就没有一个固定的起点和终点。我们是不是可以尝试着一个新的起点来理解庄子呢？譬如从《人间世》，这比起《逍遥游》来应该切近得多，也实在的多吧？

于是想起了佚名的藏云山房主人，[1]这个智慧的庄子注释者，在《南华大义解悬参注》中，记载着如下的一段话（《藏云山房老庄偶谈录》）：

> 问：内七篇既为有题目之文，亦有次第可见乎？曰：内七篇次第井然。《逍遥游》继《道德经》首章而作，从坎离还返，说到至人神人圣人为极

---

[1] 严灵峰认为他是明代人，熊铁基等著《中国庄学史》根据其中曾经提到林西仲，即林云铭，后者是清代人，所以判断他当是清人。长沙：湖南人民出版社，2003年，574页。

则，此七篇之总冒。故以为首。《应帝王》从有虞氏之治外，说到治内，从治内说到尽道之量，是应首篇之至人无己神人无功圣人无名，为是得此七篇之总结，故以为尾。《齐物论》《养生主》《德充符》《大宗师》，以知行道德，分布为四体。《人间世》恰在此七篇之中心，以为枢机。首尾一气贯注，四体血脉通连，中心运化周身。分之则七篇各为一篇，合之则七篇共成一篇。于千回万转之中，得圆规方距之妙，非以至道为至文，其何能之？❶

初看起来，这仍然与成玄英们一样，强调着内七篇的次第井然。既井然则不可更易。但有新的想法在，这就是强调《人间世》是七篇的枢机。枢机并不是仅仅指它位居七篇之中，更重要的，它乃是运化周身，使四体血脉通连，首尾一气贯注者。我想到了《齐物论》中提到的"环中"，据说得之者可以应无穷，就好像是这里说的"于千回万转之中，得圆规方距之妙"。《人间世》是这样的"环中"吗？

看来是的，或者可以是的。每个人都知道庄子追求着逍遥，主张着齐物，可是他为什么会如此呢？任何一个好的哲学都不会来自于凿空的想象，对于一个以生命为主题的哲学来说，就更是如此。关于生命的哲学必是来自于生存的切实的感觉，这只有在人间世中——而不是天国、地狱或者纯粹的想象中——才可以获得。这种切实的感觉决定了你对世界的看法，你要采取的态度以及你准备如何处理与它的关系。而在这个时候，人间世就成了理解庄子哲学的钥匙。

作为环中的《人间世》是如何运化周身的呢？借用庄子的话来说，是两行，即以其为中心的两个方向的行走。一边是《德充符》《大宗师》和《应帝王》，另一边是《养生主》《齐物论》和《逍遥游》。藏云山房主人以知行道德来概括《齐

---

❶ 严灵峰编：《无求备斋庄子集成初编》卷十五，台北：艺文印书馆，1972年。

物论》《养生主》《德充符》和《大宗师》，一篇一字，字字合辙。如果用所谓"两行"的思路来理解的话，自《养生主》以上是以知为中心的，自《德充符》以下则是以德为中心的。知是要破除的，所以越来越虚，以至于飘渺。这好像是庖丁的解牛，要把活的说死，实的说虚。德是要充实的，所以越来越实，以至于应世。这好像是颜回的坐忘，要把物忘掉，把自己忘掉。但是，应世和飘渺也不就是纯粹对立的东西。以飘渺来应世，则虽就而不入。由应世而飘渺，则虽和而不出。不离这个世界又不是真正的进入，不即这个世界又不是真正的脱离。这正是所谓的游，若即若离，又不即不离。也就是《逍遥游》和《应帝王》中表现的宗旨，也是内七篇中一以贯之的东西。

以《人间世》为枢机来运化周身的话，那么我们在《养生主》的游刃有余背后就会看到一个无奈和凶险的世界——这个世界需要你小心地去躲避和应对——而不仅仅是庖丁解牛时踏着的轻松的舞步。我们在《齐物论》的蝶周物化后面就会看到不谴是非以与世俗处的无奈——这种无奈要求你无心于万物的分别——而不仅仅是栩栩然的自喻适志。我们在《逍遥游》抟扶摇而上九万里的大鹏背后就会看到鸟高飞有时是为了避矰弋之患——为了避患你要不留情于世事——而不仅仅是俯视天下的感觉。我们在《德充符》中就会看到形体残缺背后的暴政和血泪——不能从外界获得安慰因此只能自我疗伤——而不仅仅是成和之德的内充。我们在《大宗师》中就会看到父邪母邪天乎人乎的哀号——无能为力于是只好一顺于天——而不仅仅是鱼相忘于江湖的自由自在和洒脱。我们在《应帝王》中就会看到浑沌寓言暗示的人们的自掩耳目——深藏不露像鱼的沉于渊以免刑——而不仅仅是立乎不测游于无有的玄妙感觉。

人间世总是滞重的，因为这个世界和地球一样有引力，让人无法真正飞翔。这个引力来自父子之亲，来自君臣之义，更根本的说，来自那无法逃避又无法抗拒的命运。从一开始我们就是被动而无奈的，很多时候你都发现你早已经被安排好了，不是父母，不是君主，也不是任何什么人或东西的有意的设计，而是命运。你的生、你的死、你从生到死的历程，一切都不由你，虽然有时候你觉得是出于自己的选择和决定。人怎么能如此生活？像个奴隶，木偶甚至小丑，就不是主人。当然可以做梦，《列子》中不是讲述了一个奴隶每晚梦为国王的故事吗？可那又如何？梦醒时分呢，仍然是奴隶。如果是梦的话，我们需要的是一个永远都没有结束的梦，不分白天和黑夜，也不分睡和醒，它一直延续着，以至于我们并不知道身处梦境。这只能是精神的梦，它引导着我们的精神离开和超越这平凡的世界。于是我们看到从人间世开始的上升，一步步地，自己培着风，积蓄着力量、智慧和德性，先是看到了云雾，然后是触摸到了，后来云雾不见了，到了一个叫无何有之乡、广漠之野的地方。这里没有喧闹和争吵，没有困苦和伤害，你不必踌躇着绕行，小声地言语。这里只有你，因此你是这里的主人，如果你愿意的话，你也可以把自己称作帝王。

可是你真的成为了帝王吗？或者你还是奴隶？也许两者都是，或者两者都不是。你的形体其实仍然在人间世中，仍然受着命运的控制。从这个意义上讲，你仍然是个奴隶。虽然你的心可以像大鹏一样升到九万里的高空，体会自上视下的感觉。庄子的根始终是扎在人间世界的，以《人间世》为枢机的话，我们就始终能看到生命在世界中的挣扎。藏云山房主人说的"游心于虚"，仍然是太轻灵了，像他的名字。这当然是庄子的一面，极其重要的一面。可是还有另外的一面，这就是现实世界中"尽其天年"的愿望。几乎在每一篇中，我们都能听到庄子发自生命最深层的呐喊。太强调逍遥、齐物，读者往往会把庄子看得太洒脱。但更重要的是洒脱背后的东西，那些沉重而又无奈的东西。正是因为这些沉重和无奈，才有对洒脱的追求，好像追求"解"是因为一直有"结"一样。这正是我们从《人间世》开始理解庄子思想的主要理由。

.
.
.
.

仅仅从这些概念范畴出发来讨论庄子的哲学,或许会陷入凿破"浑沌"的困境。

附录一
庄子重要概念简释

一般而言,出于言说的需要,一个哲学体系总包括一些重要的概念、范畴和命题,庄子的哲学自然不会例外。考虑到庄子哲学的性质,仅仅从这些概念范畴出发来讨论或许会陷入凿破"浑沌"的困境,所以本书主要采取了"同条共贯"式的做法。这种做法的长处在于可以方便地把握庄子哲学的主要问题,但其短处也是显而易见的,就是不适合对某些重要的概念或者范畴进行深入的分析。为了弥补这一不足,同时又不影响本书风格的一致性,所以在附录中增设此章。

一、道

对于道家而言,"道"显然是一个重要的字眼。它的本意是路,《说文》:"道,所行道也,一达谓之道。"春秋时期就已经流行天道或者人道的说法。按照张岱年先生的意见,所谓天道是指日月星辰运行的轨道,人道是指人类生活应该遵循的准则。❶ 这当然是就其最初的意义说的，在实际的使用中，天道的意义会更宽泛一些。但无论如何，这时期"道"的用法基本局限于"路"的范围。

道的意义的重要改变始于老子。如我们所熟悉的，老子把道确立为天地万物的本原，其最典型的描述见于二十五章和四十二章：

> 有物混成，先天地生。寂兮寥兮，独立不改，周行而不殆。可以为天下母。吾不知其名，强字之曰道，强为之名曰大。大曰逝，逝曰远，远曰反。（二十五章）

> 道生一，一生二，二生三，三生万物。万物负阴而抱阳，冲气以为和。（四十二章）

作为天地万物本原的道包括无和有两个方面，所谓"无名，万物之始；有名，万物之母"。这两个方面呈现着"相生"的关系，因此有"有无相生"和"反者道之动"的说法。这使道成为可以为人所效法的法则，于是有"人法地，地法天，天法道，道法自然"的说法。

老子之后，道家对于道的看法明显地呈现出"虚无化"的趋势。老子并没有直接用"虚"或"虚无"来描述道，事实上，他的道由于要承担法则的功能，所以必须是"实"而不是虚的。黄老学派不同，它们把法则的意义归之于天道，而主要从虚的角度来理解道。如马王堆帛书《经法·道法》说：

---

❶ 张岱年：《中国古典哲学概念范畴要论》，见《张岱年全集》第四卷，石家庄：河北人民出版社，1996年，475页。

虚无形，其寂冥冥，万物之所从生。

《道原》说：

> 恒无之初，迵同大虚。虚同为一，恒一而止。湿湿梦梦，未有明晦。神微周盈，精静不熙。故未有以，万物莫以。故无有形，大迵无名……人皆以之，莫知其名。人皆用之，莫见其形。一者其号也，虚其舍也，无为其素也，和其用也。

按照这里的理解，道完全是一个虚无形和无名的东西。在老子中还保留的无名或者象、物等说法都消失了。

庄子关于道的看法在某些方面是继承老子和黄老学派的，虚无化的趋势仍然在继续。同时，由于庄子关心的问题和老子及黄老不同，因此在很多方面又做了改变，从而呈现出自己的特点。从内七篇来看，专门论述道的文字并不多。最集中的一段见于《大宗师》：

> 夫道，有情有信，无为无形。可传而不可受，可得而不可见。自本自根，未有天地，自古以固存。神鬼神帝，生天生地。在太极之先而不为高，在六极之下而不为深；先天地生而不为久，长于上古而不为老。狶韦氏得之，以挈天地；伏羲氏得之，以袭气母；维斗得之，终古不忒；日月得之，终古不息；堪坏得之，以袭昆仑；冯夷得之，以游大川；肩吾得之，以处大山；黄帝得之，以登云天；颛顼得之，以处玄宫；禺强得之，立乎北极；西王母得之，坐乎少广，莫知其始，莫知其终；彭祖得之，上及有虞，下及五伯；傅说得之，以相武丁，奄有天下。乘东维，骑箕尾，而比于列星。

不难发现，像"有情有信，无为无形"的说法基本是沿袭至老子的。《道德经》二十一章有"道之为物，唯恍唯惚。惚兮恍兮，其中有象；恍兮惚兮，其中有物。窈兮冥兮，其中有精；其精甚真，其中有信"的说法，"精"与"情"古通用，因此这里就该是庄子"有情有信"说的所本。无为是老子常用来描述道的字眼，无形则见于"大象无形"的说法中。"自本自根，自古以固存"可以让我们想起"独立而不改"，"神鬼神帝，生天生地"则与老子说道是"象帝之先"以及"先天地生"相通。庄子接受了老子关于道是天地万物本原的说法，不过对于老子来说，道主要提供的是秩序。而在庄子这里，它主要与个人的生存相关。

在对这个本原的理解上，庄子显然不同于老子。老子还把道称作物，庄子则明确地拒绝这一点：

古之人，其知有所至矣。恶乎至？有以为未始有物者，至矣，尽矣，不可以加矣。其次以为有物矣，而未始有封也。其次以为有封焉，而未始有是非也。是非之彰也，道之所以亏也。道之所以亏，爱之所以成。

"物"已经是次一等的境界，作为万物的本原，它该是"未始有物者"。这与老子说"有物混成"显然不同，显示出庄子的思考更进了一步。同时，道甚至也不能被称为"始"或者"无"和"有"：

有始也者，有未始有始也者，有未始有夫未始有始也者。有有也者，有无也者，有未始有无也者，有未始有夫未始有无也者。俄而有无矣，而未知夫有无之果孰有孰无也。

老子是把道称为"始"的，他同时也用"无"和"有"来描述道。庄子看起来对此有些保留。如果是"始"的话,那么"始"有没有一个开始呢?如果是"无"的话,有没有一个连"无"都没有的状态呢?这样的追问显示出道在表述上的困难,事实上,庄子认为道是不可以言说的,如《齐物论》所说:"大道不称。"

道的不可言说是因为它是一个完全虚无的东西。在老子那里,道还是"实"的,有很多内容和规定性。黄老学派已经不同,庄子的道就更是"虚"了,在讨论心斋的时候,庄子说"唯道集虚"。万物都是有形有名的,而道是无形无名的,只是虚,所以才不可言说。

虚就引出了道的另一个特点——通。《大宗师》中曾经提到"大通",指的就是道。《齐物论》中也说"故为是举莛与楹,厉与西施,恢恑憰怪,道通为一"。这个说法应该是受到了黄老学派的影响,老子没有说到"通",但如上引的马王堆帛书《道原》所说"迵同大虚"和"大迵无名",迵即有通的意思。就《庄子》中用来描述道的"通"而言,大概包含三方面的意义:其一是说道"未始有封",道是没有分别和界限的,因此它不是割裂的而是通的,所有的差别在道那里都消失了;其二是说道和万物之间没有界限,如《知北游》的"道无所不在"和"物物者与物无际"之说;其三是说万物之间是相通的一体,"天地一指也,万物一马也"。最能表现这种意义上的"通"的寓言是庄周梦蝶,庄周与蝴蝶虽然有分,但是又是相通的,所以叫"物化"。

更重要的是,由于思考的问题不同,因此庄子的道就不同于老子或者黄老,而落实到了不同的方向。对于后者来说,他们的道主要是作为君主治道的依据。而在庄子这里,道更主要地和人的生存方式及态度相关。道的虚无成了心的虚无的基础,而通更成为"齐物"及"逍遥"等生存态度的依据。我们看到,庄子对道的描述主要不是和秩序有关,而是和人的生命有关。无论是心斋还是坐忘,说明的都是心和道之间的合一,以及通过这种合一而达到的对于生命和世界的理解。

二、德

德总是和心相关的东西,我们单纯从字形出发就能看出这一点。根据许慎的说法，"悳"是德字的古文，这个字就是从"心"的。因此老子有"含德"之说，德而可含，其为在内者无疑。按照老子的看法，含德之厚者，比于赤子。其表现是"终日号而不哑，和之至也"和"不知牝牡之合而朘作，精之至也"，❶ 精和之气内充正是含德之厚的象征，而这要在无心也就是心的虚静状态下才能获得。无心也就无为，所以上德是无为而无以为的，下德则是为之而有以为。老子中还有玄德、孔德等说法，其说"孔德之容，唯道是从"，❷ 揭示出德字的另一个重要意义，即它和道的关联。单纯从文字上来看，德字就有上升的意义，同样是《说文》就有"德，升也"的说法。而上升的表现，就是与道的合一。由于道与德的紧密联系，所以老子中经常把道和德并称，如"道之尊，而德之贵，夫莫之命而常自然"❸ 之类。

在《庄子》的内七篇中，德也是个重要的概念，这集中表现在《德充符》一篇。德被看作是人的一种独特的用心，所以它和心的联系仍然保持着，并由此和形相对。同时这种用心又和道有关，因此庄子的德可以很方便地描述为"游心于道"的状态。庄子在《德充符》中提出了足和尊足者、形和使其形者以及形骸之外和形骸之内等提法，用来表现形和德的对立以及德较之于形的更重要的位置。他提出："德有所长，而形有所忘"，认为德才是人们最该关注的，也是人之所以为人的最重要的内容。

因此与全形相对，庄子提出了"全德"的说法。全德也就是保持内心之德而不使之摇荡，这就是所谓的"德不形"：

> 平者，水停之盛也。其可以为法也，内保之而外不荡也。德者，成和之修也。德不形者，物不能离也。

---

❶ 《道德经》五十五章。
❷ 《道德经》二十一章。
❸ 《道德经》五十一章。

这里用水来做比喻，来说明心的静止和不动。不动则不荡于外，因此能够保持内心的平和。《齐物论》中提到"德荡乎名"，很显然，德是和名相对的。追逐声名会感动人的心，因此使德遭到破坏。

庄子中"才"与"德"的含义是类似的。《大宗师》中提到"圣人之才"，与"圣人之道"相对，其所说之"才"是指人先天具有的某种性质或者能力。《德充符》中有"才全"的说法：

> 死生存亡、穷达贫富、贤与不肖、毁誉、饥渴、寒暑，是事之变，命之行也。日夜相代乎前，而知不能规乎其始者也。故不足以滑和，不可入于灵府。使之和、豫、通而不失于兑，使日夜无郤而与物为春，是接而生时于心者也。是之谓才全。

由于把外物的各种变化都归之于命运，心灵在这个纷扰的世界中才可以保持平静和和乐。心的和谐不会被外物所破坏，这就是才全，其实也可以称为德全。庄子中的德与命的关系一直是很密切的。如他说"知其不可奈何而安之若命，德之至也"也把德和命联系起来。

庄子所谓"德"显然与儒家所说"德"的意义是不同的。儒家之德主要包括仁义礼智等内容，而这正是庄子所要否定的。其实在老子那里，就把上德和仁义礼等对立起来，所以特别地说"上德不德，是以有德"。❶"不德"之"德"就是儒家之德。庄子显然也有类似的看法，所以主张要忘掉仁义、礼乐等。《人间世》中曾经有"支离其德"的说法，初看起来和"全德"正好相反，但那里要支离的德应该是儒家所谓的德。只有支离儒家之德，才能全庄子之德。

---

❶ 《道德经》三十八章。

三、天

天在古代中国哲学中是一个重要而复杂的字眼。冯友兰曾经概括出它的五种意义:"所谓天有五义:曰物质之天,即与地相对之天。曰主宰之天,即所谓皇天上帝,有人格的天,帝。曰运命之天,乃指人生中吾人所无奈何者,如孟子所谓'若夫成功则天也'之天是也。曰自然之天,乃指自然之运行,如《荀子·天论篇》所说之天是也。曰义理之天,乃谓宇宙之最高原理,如《中庸》所说'天命之谓性'之天是也。"❶ 基本上反映了诸子中"天"字的用法。《论语》中所见孔子所谓的天主要是主宰之天。老子中的天主要以物质之天和自然之天为主,因此经常是天地对举,如"天地相合,以降甘露"❷"天长地久"❸ 等,并明确地说"天地不仁"❹。

在《庄子》内七篇中,"天"字的使用是非常频繁的,其意义虽有差别,但基本上是一贯的。如果用排除法的话,庄子的天显然不是主宰或者义理的,而与物质之天、自然之天比较接近。一般而言,天与地对举时,其意义多与物质之天有关。如《逍遥游》"天之苍苍,其正色邪"? 所说即为物质之天。但《庄子》中,天和人相对使用的情形更加突出。譬如:

知天之所为,知人之所为者,至矣。(《庄子·逍遥游》)
无以人灭天。(《庄子·秋水》)
庸讵知吾所谓天之非人乎,所谓人之非天乎?(《庄子·大宗师》)
父邪,母邪?天乎人乎?(《庄子·大宗师》)
眇乎小哉,所以属于人也;謷乎大哉,独成其天。(《庄子·德充符》)

---

❶ 冯友兰:《中国哲学史》上册,见《三松堂全集》第二卷,郑州:河南人民出版社,1988年,43页。
❷ 《道德经》三十二章。
❸ 《道德经》七章。
❹ 《道德经》五章。

> 天之小人，人之君子；人之君子，天之小人也。(《庄子·大宗师》)

在与人相对的时候，天主要地已经不是指与地相对的物质之天，而是指事物的"自然"状态了。如《齐物论》中所谓的"天籁"，并非别有一籁，实际上就是自然之音。所以当子游问天籁的时候，子綦才有"夫吹万不同，而使其自己也。咸其自取，怒者其谁邪？"的说法。人则指人为，是对自然状态的破坏。当庄子说"常因自然而不益生"❶的时候，他要表达的就是"无以人灭天"的意思。

天也表示人所不能参与或者决定的事物的变化，庄子有时候用造化来形容。"以天地为大炉，以造化为大冶"，造化其实就是天地之间的变化。这个变化是人所不能决定的，因此叫作天，庄子有时候也称之为造物者。但这个造物者并不是有意志的，它就是造化本身。在《大宗师》中，天、造物者和造化表达的都是同样的意义。包括人在内的万物都是从天而来，"知天之所为者，天而生也""道与之貌，天与之形"。在这个意义上，天也被看作是人之"宗"，❷于是有"以天为父"的说法。庄子认为："物不胜天久矣"，无论是人或者物都只能顺应天，而不能改变天。所以他要销人归天，所谓真人就是效法天的人，也可以叫作天人。这种态度，被荀子批评为"蔽于天而不知人"。❸

四、命

命是诸子中讨论的一个重要问题。孔子和儒家相信命的存在，《论语·颜渊》说："死生有命，富贵在天。"命与天的互文，显示出二者间的微妙关系。有时候，天和命连称，而有天命的说法。儒家对于天命是承认和敬畏的。墨子反对命的说法，因此有非命之说。孟子也讲命，并把它和天联系起来，他说："莫之

---

❶ 《庄子·德充符》。
❷ 《庄子·天下》："以天为宗。"
❸ 《荀子·解蔽》。

为而为者，天也；莫之致而至者，命也。"❶

庄子哲学中有很强的命运感。他的文字中多次提到命，如《人间世》说：

> 天下有大戒二：其一命也，其一义也。子之爱亲，命也，不可解于心；臣之事君，义也，无适而非君也，无所逃于天地之间。是之谓大戒。是以夫事其亲者，不择地而安之，孝之至也；夫事其君者，不择事而安之，忠之盛也；自事其心者，哀乐不易施乎前，知其不可奈何而安之若命，德之至也。

命代表着某种不可解不可逃避的东西，因此心必须接受它。这当然不限于子之爱亲，它涵盖了广大的领域。如《德充符》和《大宗师》说的：

> 死生存亡、穷达贫富、贤与不肖、毁誉、饥渴、寒暑，是事之变，命之行也。

> 死生，命也；其有夜旦之常，天也。人之有所不得与，皆物之情也。

命的范围不仅包括了儒家说的死生和富贵，甚至还有外在的毁誉、贤与不肖等。这里仍然有命和天的对举，显示出它们之间意义上的联结。事实上，当我们突出自然之天所具有的"限制"的意义的时候，它就是命，这也就是冯友兰说的运命之天。

---

❶ 《孟子·万章上》。

命的存在对于庄子哲学来说是重要的，它肯定了世界上有"人之有所不得与"的领域，从而给人的活动规定了一个界限。命带给人无可奈何或者不得已的感觉，因此会停止向外的追逐，从而思考天与人的界限。庄子主张，对命运应该采取安的态度，因为它不可回避，又无法改变。

五、心

心的发现是先秦哲学的一个重要标志，而这主要是由孟子和庄子来实现的。他们都把心看作是人的最本质的部分，但对心的理解并不相同。孟子的心是实的，其中有仁义礼智的四端，因此有尽心知性知天之说，[1]成为人间道德和秩序的依据。庄子的心则是虚的，拒绝任何的东西，因此成为超越有形世界与道合一的基础。

心当然是和形相对的，形体是有形可见的，心则不然。心无形但却真实存在着，而且应该是形的真君和真宰。《齐物论》说：

> 非彼无我，非我无所取。是亦近矣，而不知其所为使。若有真宰，而特不得其朕；可行己信，而不见其形。有情而无形。百骸、九窍、六藏，赅而存焉，吾谁与为亲？汝皆悦之乎？其有私焉？如是皆有为臣妾乎？其臣妾不足以相治乎？其递相为君臣乎？其有真君存焉？如求得其情与不得，无益损乎其真。

有情而无形，这应该是对心的存在状态的描述。心是真君或者真宰，意味着心应

---

[1] 《孟子·尽心上》："尽其心者，知其性也；知其性，则知天矣！"

该主宰形体，而不是相反。在庄子看来，世俗的心常常被形体支配，"其形化，其心与之然"，这是一件悲哀的事情。这种被形体支配的心，庄子称作"成心"。有成心则有是非、有好恶，心会被外物所牵引，不得安宁。因此应该破除，达到常心：

> 彼为己。以其知得其心，以其心得其常心。

"以"应该是"已"的意思，也就是停止。只有停止心的知的功能，才能得到常心。知是外向的，它的对象是物，知的心会不停地处在"变"的状态中。常心则是不变的心，不变则不与物迁。为了实现常心，庄子提出心斋和坐忘。所谓心斋是指心的完全虚静的状态：

> 若一志，无听之以耳，而听之以心；无听之以心，而听之以气。……气也者，虚而待物者也。唯道集虚。虚者，心斋也。

要实现心斋的话，先要破除耳目和心知的干扰，"徇耳目内通而外于心知"，这也就是坐忘中说的"离形去知"：

> 堕肢体，黜聪明，离形去知，同于大通，是谓坐忘。

在忘了仁义和礼乐之后，还要把肢体和聪明都忘记，这才叫坐忘。此时的心一无所有，因此是虚静的，也是不动的。庄子曾经用形若槁木，心如死灰来形容。其实,如死灰的心才是真正不死的,如《人间世》所说的"虚室生白",虚静的心因为从物和有形的世界中摆脱出来,因此可以到达无何有之乡,与道合一。

庄子经常把心和形相提并论,如"形莫若就,心莫若和""形固可使如槁木,而心固可使如死灰乎"?等。和同时的其他思想家一样,庄子也把人区分为心和形两部分。他认为形体是完全被动的领域,由命运来控制,但是心可以是主动的,是人之所以为人者,因此才把心看作是形的主宰。

六、齐物

齐物不只是庄子的看法,《天下》中就提到庄子之前的彭蒙、田骈、慎到"齐万物以为首"。他们的理由似乎是万物各有所长,譬如天能覆而不能载之,地能载之而不能覆之,大道能包之而不能辨之,因此不分轩轾,以要齐。不过,齐物确实是因为庄子才闻名的。

齐物并不是说万物都整齐划一,它实际上是一种对待万物的态度。诚如孟子所说,"物之不齐,物之情也"。❶ 有形有名的万物之间的区别是显而易见的。可是庄子要去除这些区别,对万物等量齐观。他沿袭了彭蒙等关于万物相对性的强调,否认有一个关于万物的价值判断的公论。譬如就美而言,《齐物论》说:

> 毛嫱、丽姬,人之所美也,鱼见之深入,鸟见之高飞,麋鹿见之决骤。四者孰知天下之正色哉?

就像没有对美的共同认识一样,也没有关于"物之所同是"的知识。每个事物都

---

❶ 《孟子·滕文公上》。

站在自己的角度看待这个世界，都以己为此，以他者为彼，因此有是非彼此的争论。在庄子看来，这些争论都没有了解世界的真相，我们该回到万物的本原处来了解这个世界，就会发现世界原本是相通的，是一，而不是分别的：

> 天下莫大于秋毫之末，而太山为小；莫寿于殇子，而彭祖为夭。天地与我并生，而万物与我为一。
>
> 天地一指也，万物一马也。
>
> 故为是举莛与楹，厉与西施，恢恑憰怪，道通为一。

并不是万物之间的区别真的消失了，只是你看这个世界的角度发生了变化。局限在万物中，身为万物之一，是不能齐物的。要齐物，先要让自己从物的世界中摆脱出来，游心于物之初，游心于道。所以齐物要先从"吾丧我"做起。吾丧我就是破除心对于物的执着或者坚持，从而可以超越这个有形的世界。

以物观物和以道观物显然是不同的。以物观物，则自贵而相贱。以道观物，物无贵贱，因此可以齐。立足于道也就是万物本原的角度，万物之间并没有本质的区别，一切都是通的，一切都在造化中融为一体，这就是《齐物论》最后提到的"物化"。

需要强调的是，齐物主要并不是知识，它是一种生活态度。当庄子要求着对世界的随顺和不动心的时候，对万物进行区别就是没有意义的。这使齐物的态度成为可能。因此齐物并不真的改变万物，它改变的只是人们对于万物的看法。

七、逍遥

逍遥一词最早见于《诗经》，表现的是某种轻松自在的状态。在《庄子》

内七篇中，如果加上篇名中使用过的一次，它也只出现过两次，但这不妨害其成为庄子哲学中的一个重要概念。《逍遥游》中说：

> 今子有大树，患其无用，何不树之于无何有之乡，广莫之野。彷徨乎无为其侧，逍遥乎寝卧其下。不夭斤斧，物无害者，无所可用，安所困苦哉？

和彷徨一样，逍遥看起来是对某种生存状态的描述。这种生存状态一方面和无为、寝卧等相连，另一方面则和困苦无关。它出现的背景是"无何有之乡"，因此可以理解为人在超越了有形世界的限制之后所达到的一种境界。这种境界的表现是"游"，游则无所滞碍，摆脱了所有事物的束缚。

因此，逍遥和无待可以互相说明。《逍遥游》中提道："列子御风而行，泠然善也……此虽免乎行，犹有所待者也。"列子待的是风，人只要有所待，就会对其他的事物有某种依赖，就是不自由的，也就无法逍遥。庄子追求的是无待：

> 若夫乘天地之正，而御六气之辩，以游无穷者，彼且恶乎待哉？

庄子御的是六气之辨，乘的是天地之正，和列子需要的风显然不同。风尚有止息之时，六气之辨和天地之正却是无穷的，因此这种乘和御也可以说是无乘和无御，也就是无待的。游于无穷的无待，是因为自己的无所坚持和执着，也就是无己。无己才可以真正的无待，也才可以逍遥，这也是庄子把无己者称为至人的理由。

在庄学史上，围绕着"逍遥"的意义曾经有很多不同的说法。郭象《庄子注》以自得为逍遥：

> 夫小大虽殊，而放于自得之场，则物任其性，事称其能，各当其分，逍遥一也，岂容胜负于其间哉！

成玄英曾经提到了几种不同的逍遥观：

> 所言逍遥游者，古今解释不同。今泛举宏纲，略为三释。所言三者：第一，顾桐柏云：逍者，销也；遥者，远也。销尽有为累，远见无为理。以斯而游，故曰逍遥。第二，支道林云：物物而不物于物，故逍然不我待；玄感不疾而速，故遥然靡所不为。以斯而游天下，故曰逍遥游。第三，穆夜云：逍遥者，盖是放狂自得之名也。至德内充，无时不适；忘怀应物，何往不通！以斯而游天下，故曰逍遥游。❶

可以看出这是一个非常重要的概念，所以引起后人极大的兴趣。尽管有很多歧义，但总是指某种自在的状态。

八、无情

所谓情，指的是喜怒哀乐好恶等情感。这是人人都具有的东西，所以荀子称之为天情。儒家对于情是很重视的：一方面它发于性，所以有"情生于性"之说；另一方面，它又成为人间秩序的基础，因此又有"道始于情"之说。❷ 为此儒家

---

❶ 成玄英：《庄子疏序》，参见郭庆藩《庄子集释》第一册，北京：中华书局，1982年，6—7页。

❷ 《性自命出》，见《郭店楚墓竹简》，北京：文物出版社，1998年。

提出"节情"的说法,主张节制情感,使其合于礼乐。

庄子则有无情之论。《德充符》提出"有人之形,无人之情"的说法,篇末并托庄子和惠子进一步阐发无情的意义:

> 惠子谓庄子曰:人固无情乎?庄子曰:然。惠子曰:人而无情,何以谓之人?庄子曰:道与之貌,天与之形,恶得不谓之人?惠子曰:既谓之人,恶得无情?庄子曰:是非吾所谓情也,吾所谓无情者,言人之不以好恶内伤其身,常因自然而不益生也。惠子曰:不益生,何以有其身?庄子曰:道与之貌,天与之形,无以好恶内伤其身。今子外乎子之神,劳乎子之精,倚树而吟,据槁梧而瞑。天选子之形,子以坚白鸣!

可以看出,所谓无情,并不是没有好恶等情感,而是不以好恶等内伤其身。这是以理化情,其基础是对世界"自然"之理的了解。这里的无情,其实代表的是一种独特的用心,有似于《大宗师》中说的:"不以心捐道,不以人助天。"

以理化情,则不执着于情。庄子把执着于情的做法称为"遁天倍情"。《养生主》说:

> 向吾入而吊焉,有老者哭之,如哭其子;少者哭之,如哭其母。彼其所以会之,必有不蕲言而言,不蕲哭而哭者。是遁天倍情,忘其所受,古者谓之遁天之刑。适来,夫子时也;适去,夫子顺也。安时而处顺,哀乐不能入也,古者谓是帝之县解。

"倍情"的"情"是"情实"的意思,与无情之情不同。对情的执着就是违背真实的世界，是不符合天的。庄子叫它做"遁天之刑"。无情就是对这种刑的解除。

九、无用与寓诸庸

无用成为哲学问题显然应该归功于庄子。当一般人都追求着用的时候，庄子却在倡导着无用。《人间世》说：

> 山木自寇也，膏火自煎也。桂可食，故伐之；漆可用，故割之。人皆知有用之用，而莫知无用之用也。

倡导无用是因为无用有用，这就是无用之用。无用之用的提出是基于有用之害，譬如对于自然事物而言，有用可能会导致人对它们的割伐或者伤害；对于人而言，有用会让自己陷入危险的境地。相比而言，树因为其无用才可以成其大，得其寿；人也因为其无用可以使生命免受威胁。如《人间世》中提到的残疾人支离疏。

有些时候，无用是因为人们不能发现它的用途，如《逍遥游》中说的惠施：

> 惠子谓庄子曰：魏王贻我大瓠之种，我树之成而实五石，以盛水浆，其坚不能自举也。剖之以为瓢，则瓠落无所容。非不呺然大也，吾为其无用而掊之。庄子曰：夫子固拙于用大矣。宋人有善为不龟手之药者，世世以洴澼絖为事。客闻之，请买其方百金。聚族而谋曰：我世世为洴澼絖，不过数金；今一朝而鬻技百金，请与之。客得之，以说吴王。越有难，吴王使之将，冬与越人水战，大败越人，裂地而封之。能不龟手，一也；或以封，或

不免于洴澼絖，则所用之异也。今子有五石之瓠，何不虑以为大樽而浮乎江湖，而忧其瓠落无所容？则夫子犹有蓬之心也夫！

"所用之异"主要是因为人们不同的用心。无用的东西从另一个角度来看就是有用的。《逍遥游》另外还提到了一棵大树：

惠子谓庄子曰：吾有大树，人谓之樗。其大本拥肿而不中绳墨，其小枝卷曲而不中规矩，立之涂，匠者不顾。今子之言，大而无用，众所同去也。庄子曰：子独不见狸狌乎？卑身而伏，以候敖者；东西跳梁，不辟高下，中于机辟，死于罔罟。今夫斄牛，其大若垂天之云。此能为大矣，而不能执鼠。今子有大树，患其无用，何不树之于无何有之乡，广莫之野，彷徨乎无为其侧，逍遥乎寝卧其下。不夭斤斧，物无害者，无所可用，安所困苦哉？

对用来做器皿的工匠来说，这个大树是无用的，但是对想逍遥其下的人来说却是有用的。

对于庄子来说，无用主要指的是一种生活态度。他要隐藏自己的才能，以全生避祸。《齐物论》把这称为"寓诸庸"：

为是不用而寓诸庸。庸也者，用也；用也者，通也；通也者，得也。

"不用"之说表现的是能用而不用，有用的人要给自己加上庸常的外表，这正是"寓诸庸"的意思。"寓"显示出这种庸常是自觉的选择，之所以追求无用，是因为无用可以有用，譬如可以全生。

无用的态度是庄子与世界之间紧张关系的反应。这是一种抗议，同时也是一种妥协。庄子塑造了很多残疾人的形象，就和他无用的主张相关。无用代表的是一种自残的态度，并通过这种自残来获得生命的保全。同时，无用的态度可以让人们远离世俗世界，因此也给自己心灵的逍遥奠定了基础。

从道家哲学的传统来看，无用之用的提出得益于其对"有无相生"的了解。《道德经》十一章就说到无的用处：

> 三十辐共一毂，当其无，有车之用；埏埴以为器，当其无，有器之用；凿户牖以为室，当其无，有室之用。故有之以为利，无之以为用。

老子对无之用的强调应该是庄子提出无用之用的理论基础。

十、忘

内七篇中，"忘"字是一个经常出现的字眼，以至于我们可以把它看作是庄子哲学中的一个概念。忘的意义可以从两个方面来理解：其一是作为工夫的忘。譬如《德充符》中说到的"德有所长，而形有所忘"，是要人们忘掉形体，而不要忘掉德。"人不忘其所忘而忘其所不忘，此谓诚忘"，诚忘和这里说的忘不同，它是忘掉了不该忘掉的，却记住了不该记住的。《大宗师》在讲到"坐忘"之前，曾经有"忘仁义""忘礼乐"的说法，这都是作为工夫的忘。这种意义上的"忘"与"外"的意思是相通的：

> 吾犹守而告之，参日而后能外天下；已外天下矣，吾又守之，七日而后能外物；已外物矣，吾又守之，九日而后能外生。

"外"就是把某些内容如天下、物和生等都排除在外,也就是"忘"。之所以要忘,是因为这些东西都不是人能够控制或者掌握的,属于孟子所说的"求在外者"。❶ 忘了它们,可以让心灵保持平静,从而达到与道合一的状态:

> 与其誉尧而非桀也,不如两忘而化其道。
>
> 忘年忘义,振于无竟。
>
> 假于异物,托于同体。忘其肝胆,遗其耳目。

其二是作为境界的忘。譬如坐忘,《大宗师》说:

> 堕肢体,黜聪明,离形去知,同于大通,是谓坐忘。

这是在经过了"忘"的工夫之后所达到的一种"无己"的状态。无己则和世界为一,同于大通。于是可以"乘天地之正,而御六气之辩,以游无穷",达到逍遥的境界。《大宗师》所说"不如相忘于江湖",也可以看作是一种万物各个自得其乐的境界。

---

❶ 《孟子·尽心上》:"求则得之,舍则失之,是求有益于得也,求在我者也。求之有道,得之有命,是求无益于得也,求在外者也。"

.
.
.
.

我们说的隐士必须是为了某种高尚的目的而去躲藏,而不是为了什么世俗的目的。

附录二
隐士的哲学[1]

这里要讲的题目是关于隐士的，不是关于隐士的其他，而是关于隐士的哲学。我们今天提到隐士的时候，也会提到怎么样在热闹的环境隐居这样一个话题，不过这个只是隐士生活方式的一种，其实隐士的生活方式，经历了一个从荒凉到热闹的转变过程。

我们知道中国一般把知识分子，有时候是男人都称为"士"，而"士"也可以分很多种，有我们要讨论的隐士；还有游士，游就是旅游的游，当然游士不仅仅是旅行者，也指那些奔走于各个国家之间，以实现自己抱负的人，像孔子、墨子这样一些人，在中国历史上被称为游士；比如说还有勇士，我们知道，就是那些很勇敢的人，读《孟子》就会发现里面多处谈到勇士，勇士可

---

[1] 该文据笔者2002年在北京大学的一次讲演，由何平等同学整理而成。因与庄子哲学有关，故附录于此。

以做到"不肤挠，不目逃"，我们都做不到，除非你把眼睛闭上，当然那些勇士不会那么做；还有像壮士、谋士、义士等等。这些人每个人都有的自己生活方式，而每种生活方式背后都有支撑他这样生活的一些观念。那些支撑他们生活方式的观念，我们可以从最广的意义上把它叫作"哲学"。所以说当我们讨论隐士的哲学的时候，我想告诉各位的就是，什么是隐士？隐士是如何生活的？他们为什么这样生活？所以，我们的讨论大概就是围绕这样几个问题来进行。

那么，第一个问题是什么是隐士？从名字上可以看出来，所谓"隐士"是由"隐"和"士"两个字组成的，不属于"士"的不能称作"隐"，这样首先就排除了女子，女子不能称为隐士，我们历史上的隐士没有一个是女的，因为女性本来就是隐的，她们没有显的机会。

另外还要排除一类人，因为虽然从广义上来说男人都可以称为士，可是我们一般是不这么用的，士从大的方面来说，可以分为两种：一种是武士，从最初士字造字的原因来看，就和武器有关，日本还有武士道，就保留了士的意义；另一个意义，比如说我们平时用的士大夫或者士的集团，这里讲的士一般是指有知识的人，或者至少是有德行的人。我们排除掉女性和那些没有知识、没有道德的人，同时也排除掉士最初的意义，也就是武士的意义，留下来一些有知识、有道德或者说有才能等等，这样一些人。这些人当然不全部选择隐士的生活方式，刚才提到他们会采取很多种生活方式，比如说游士、义士等等。因此，隐士的另一个定义就是"隐"，他们必须采取隐的生活方式，才能称为隐士。

什么是隐？通常指的是隐蔽、隐藏或者逃避等等，意思都是类似的，所以隐士用最通俗的话来讲就是隐藏起来的人，稍微转个弯说就是逃避某些东西的人。这样说的话，所谓隐士就是那些想要隐藏或者逃避某些东西的有知识、有德行的人，这个规定好像还不够，因为这样的人太多了，有的人因为和别人有矛盾就逃避了，因为欠别人钱就跑到哪里去躲几天，这不是隐士，我们说的隐士必须是为了某种高尚的目的而去躲藏，而不是为了什么世俗的目的。这些高尚的目的是什么，我们待会儿会提到，也就是他们隐居的理由，反正这是一个大概的规定。

其实我们每个人都会有一些想要隐藏起来的愿望，我们可以看到，所有的小孩，不论是黄种人还是白种人，都会玩一种游戏，就是"藏猫"，我们每个人大概都经历过。我有时候就在想，为什么都喜欢玩"藏猫"呢？不知道。这是一个很表面的现象，还可以往回追，追到最后也许人都有一种先天的，或者用哲学的术语来说，形而上的一种想要躲藏起来的愿望。但是并不是每个人都可以实现这种愿望，这种愿望的实现要借助一定的条件和环境。

最早的隐士可以追溯到殷周之际，武王伐纣那个时期，我们看《史记》的列传，可以看到第一种就是《伯夷列传》，各位可能都知道伯夷、叔齐这两个人的名字。那我们看他们为什么被称为隐士，或者说可以帮助我们来诠释一下刚才讲的隐士的隐。这两个人根据司马迁的记载是孤竹国国君的儿子，伯夷是大哥，叔齐是三弟，中间还有一个老二，大概和他们就不太一样了。他们的父亲要把君位传给叔齐，这当然不符合一般的规矩，照理是应该传位给长子的。在他们的父亲死后，按照父亲的遗命，叔齐应该做国君，可是叔齐认为伯夷是大哥，应该大哥来做国君，结果两个人互相推让，都不做国君，老二最后占了便宜，"鹬蚌相争，渔翁得利"，当然这里的利是从另外一个标准来说的利。最后，伯夷和叔齐就选择了离开这个国家。

从离开这件事上，我们可以发现他们遇到了一个道德冲突，也可以说是一个道德的困境，这个困境就是他们父亲的遗命和继承的一般原则的冲突所引发的，这个冲突在具体的事件中表现为伯夷和叔齐这两个人之间的冲突，他们选择了一种逃避的方式来化解这种冲突。

我们可以看到，他们两个都是非常有道德感的人，正是这种道德感使他们选择了离开这个国家。最初离开的时候，他们是想要去寻找一个乐土，也就是当时文王管辖和治理的西周，可是在去的路上，文王死了，他的儿子武王继位，连父亲的葬礼都没有举行，就出兵伐纣。这个行为让伯夷和叔齐感到非常失望，也就是说当他们处在一种道德困境里，选择离开这个国家的时候，希望去一个有道德或者说充满道德的地方，可以适合他们生存，可是事与愿违，他们又面临了另外一个道德困境，这个困境就是对秩序的破坏，第一种是对君臣秩序的破坏，在他们看来，武王作为一个臣子，兴兵伐纣是不忠的，这个秩序同时也是一种政治秩序，另一个方面，他在父亲死后，不举行葬礼就出兵，是不孝。一个是不忠，一个是不孝，伯夷和叔齐发现这里同样是一个没有道德的地方。这种失望再加上从孤竹国离开时的失望，使他们做出了另一个决定，就是逃避，这种逃避不只是逃离一个地方，而是要和这个世界隔绝。孔子在《论语》中曾经把逃避分为几种"贤者辟世，其次辟地，其次辟色，其次辟言"。最初伯夷和叔齐是一种避地的选择，就像前面说的，我在这里有仇人，我可以从北京迁到上海去，像稍后会提到的嵇康的先人，就是因为避仇而从南方迁到了北方。伯夷和叔齐最初逃离孤竹国，想要到西周去是一种避地的方式。可是他们发现所有的地方都让人感到失望，这是一种伦理的失望，一种对道德的失望，一种对现实的政治秩序的失望，这种极度的失望让他们做出另外一个选择——避世，就是逃避这个世界。

那么这个世界什么地方可以逃避呢，如果我们不喜欢人群，我们可以去一个人迹罕至的地方，像北大山鹰社那样去登山，去登珠穆朗玛峰或者是卓奥友峰，登上去以后就没什么人，当然了，我们不必做一个职业的登山家，就可以躲藏到一个比较容易进入的，而又人迹罕至的地方，这个地方当然是和山有关系，用后来的话来说，就是所谓山林。对避世的人来说，山林就是最初的选择，这是一个可以和人群、世俗社会、世界相对隔绝的地方。

我们可以顺便提一下《周易》，大家都知道这是我们历史上非常重要的一部经典，《周易》有六十四卦，其中有一卦叫"遯卦"，遯是逃遁的意思，遯卦的卦象是乾上艮下，乾是天，艮是山，《周易》的作者实在是聪明得很，遯就是天下有山，天下的山当然不是供天隐遁的地方，而是供人去隐居的一个地方。看来《周易》创作的年代，也就是西周的时候，有相当多的一批人选择了隐居这样一种生活方式，而伯夷和叔齐是其中比较著名的人物。这和"文革"时候的上山下乡还不一样，那是要和劳动人民打成一片，而这完全是要和劳动人民隔离开，当然他们不是为了逃避劳动人民，而是为了逃避一种政治秩序和道德秩序。

所以从伯夷和叔齐来看，这个所谓的隐士，就是要和世俗的社会、世俗的政治权力、世俗的道德观念做一种隔绝，他们要把自己和这个社会隔离开来。当他们这么去做的时候，在他们的头脑中，他们和这个社会是有一个明确的区分的，这个区分我们可以用两个字眼来概括，就是清和浊，像泾水和渭水一样。在《孟子》书中曾经对古代的一些圣人进行过评论，把伯夷和叔齐称为"圣之清者也"。清是和浊相对的，在他们看来，世俗的世界是太混浊了，怕自己被这个浑浊的世界所淹没，或者自己也被染浊了，所以他们选择了逃避。这种分别是非常清楚的，他们觉得这不是一个适合他们生活的地方，这只是适合某些世俗的人生活的地方，他们是要找一个清的地方，一个和世俗的人群生活不同的地方。

在做这样的区分的时候，我们可以想象，也可以理解他们骨子里那种孤独感，因为大多数人还是安于那种世俗的生活，安于那种虚幻的道德和政治秩序，他们的清醒给他们带来的是一种孤独感。这种根深蒂固的孤独感，促使他们去寻找适合他们生活的家园，这个家园在哪里，在他们看来是没有的，山林也是一个不得已的选择。司马迁在《史记·伯夷列传》里记载，他们两个人做了一首歌"登彼西山兮，采其薇矣"，西山也就是他们躲藏的首阳山，在山上他们没有食物，只能去吃草，也就是薇，"以暴易暴兮，不知其非矣"，以暴易暴就是指武王伐纣，纣当然是一个暴君，但是武王采取武力讨伐纣的同时，自己也是在以暴易暴，也是在犯错误，一个错误是使用暴力，另一个就是以下犯上，"神农、虞、夏忽焉没兮，我安适归矣"，神农虞夏的时代已经过去了，我去哪里找一个归宿呢？这个歌里面，一方面是包含了一种对世界失望，另一方面是他们要寻找一个家园的渴望，任何人都希望有一个家，这个家不是我们现在意义上的家，一个由几个人组成的物理的家，他们是要给他们的心灵和价值观念找一个可以置放的地方。他们找不到，就只好选择这样一种在山林里靠采薇度日的生活。最后的结局是兄弟两个都饿死了，当然如果他们没能坚持到底，而是做了隐士的叛徒的话，就不会有那么大的名声了。

后来有很多人并不赞赏他们这种方式，这种不赞赏来自很多方面，有的人认为他们纯粹是为了虚名，而不惜自己的生命，后世就有许多编造故事讽刺他们的。我们可以从伯夷和叔齐的故事里了解隐士的一些基本的东西：他们是一些隐藏起来的人，他们是要逃避这个世界的一些人，他们为什么要逃避呢，我们也提到了，他们不是为了一些琐碎的理由，而是为了一些道德的、政治秩序、价值信念方面的理由而选择了逃避。这个正是以后所有的、各种类型的隐士逃避的基本理由，无论是庄子、孔子时候的那些隐者，还是汉代的一些人，魏晋时候的阮籍、嵇康、在某种意义上的郭象、陶渊明，当他们选择逃避的时候或者说做一个隐士的时候，他们基本上都是基于这些理由，归结起来就是伦理的和政治的理由。这个理由也可以反衬出隐士的一种关怀，当他们为此逃避的时候，恰恰可以衬托出他们对此的关注，他们是对伦理和政治秩序非常关心的一批人。

我们说这样一种隐居的方式，伯夷叔齐最后饿死的命运，显然不足以称为隐士们的一种楷模。最平常的心理，人都不想死，你可以选择各种生活方式，但是对大多数人，甚至是大多数隐士来说，他们都不希望死，所以他们必须要找到另外的方式，一种可以让自己活下来的方式。

怎么样才可以生存？在山林里面显然会面临一个生存的困境，于是这种方式慢慢的就被很多人所遗弃，他们会选择另外一些方式。同时像伯夷叔齐这样的隐士，他们也会面临自己的一个道德困境，因为当他们选择逃避的时候，选择去山林里隐居的时候，也就意味着他们放弃了一些他们原本应该承担的责任，比如说治理他们的国家的责任，对于叔齐来说，还逃避了服从他父亲遗命的责任，概括起来就是我们中国传统社会里最重要的两种责任，也是人和人之间的关系，就是君臣和父子。

《论语》里记载孔子曾经见到过一些隐者，那些隐者对孔子当然是抱一种讽刺的态度，我们知道孔子是周游列国，到处去游说君主，但是全部都失败了，惶惶如丧家之犬，所以那些隐者对他就有很多讽刺。孔子有个弟子叫子路，是非常勇敢的人，出来批评这些隐者，子路说他们"不仕"，即不做官，不参与到政治中去，是不合乎义的，"不仕无义"，"长幼之节，不可废也。君臣之义，如之何其废之"，这些东西是不能放弃的，隐者只知道为自己考虑，"欲洁其身，而乱大伦"，他们只是想让自己从这个混浊不堪的世界里爬出来，完全离开这个污泥，来做到不被污泥所污染，但是他们这么做的时候，却破坏了另外的一些东西（"而乱大伦"），我们中国人讲人伦，也就是人和人之间的一种关系，其中最主要的就是刚才提到的君臣关系和父子关系。我们可以想象，当一个人选择过伯夷叔齐那样的生活的时候，他们就放弃了这两种关系，这确实是隐者们必须要面对和解决的一个问题。

我刚才提到，他们有两个困境，一个是他们自己的道德困境，另一个就是生存困境，他们必须要面对这两个困境，给它们一个解决。

怎么解决？这时候有另一个人，就是另一种形式的隐士的代表，庄子，他就是要来解决这个问题。庄子很清楚地意识到像伯夷叔齐这样的避世型隐士所面临的困境。所以他首先就是要化解这个困境，他是怎么来化解这个困境的呢？化解的唯一办法就是承认，这些东西是无论任何人都应该遵守的，不论你是做一个游士也好，做一个一般的仁人志士也好，甚至是做一个隐士也好，你首先都要遵守这样一些大伦，你要尽到自己的社会责任。他也曾经讲过一段话"天下有大戒二"，天下有两个最重要的，像命运一样的东西，一个是"命"，一个是"义"。什么是"命"？这个"命"就是父子关系，"子之爱亲"，儿子侍奉或者孝顺父母亲，这是"命也，不可解于心"，就是讲这是你自己心里永远不能解开的一个结，任何时候你都不能回避这个问题。那么"义"当然就是指另外一种关系，君臣的关系，"臣之事君，义也，无适而非君也"，也就是说不论你逃到什么地方，都有一个君主，就像我们以前讲的"普天之下，莫非王土；率土之滨，莫非王臣"，即使逃到了首阳山，那个地方也是属于周天子的，事实上仍然是在天子的地盘上生活，所以庄子说这个君臣关系是"无所逃于天地之间"。

庄子很清楚这一点，这是无所逃的，你想要逃，可是你逃不掉，只要你生活在天地之间的话，你必须要面对这种关系。这样的话，当庄子以"命"和"义"的形式来肯定君臣和父子关系的时候，事实上，他就已经给隐士们提供了一种新的生活方式。这种生活方式就是，你可以不避到山林里面去，因为山林里面是没有君臣和父子关系的，你其实可以在人群里面实现你隐居的目的。

对于庄子来说，当他这么做的时候，他同时还可以解决我们刚才提到的那个生存困境，不会像伯夷叔齐那样，不是因为什么外在的压力，比如有人去刺杀他们，而是自己最后饿死了。可是对后来的这一类型的隐者来说，他们因为这种逃避到山林里去的生活方式，而带来了一些不是来自自然，而是来自人群，来自政治权力，来自社会的威胁，这个威胁是人为的，让他们的生活环境变得更加险恶。

我们可以举个例子，《战国策》里提到一个人，这个人是齐国国君的弟弟，在思想史上很多人把他归为道家，我们知道道家里有很多隐士，《荀子》里曾经提到过他的名字，就是陈仲，陈就是田，我们知道齐国的国君姓田，是从陈国去的。这个人就是想做一个隐士，大概是想向伯夷叔齐学习吧，他就躲到一座山里去生活，可是毕竟他身份不一样，战国的时候和殷周之际也不一样，当他选择这样一种生活方式的时候，很多人都知道他，而且很多人都想效仿他，跟着他去生活。

我们可以想象一下，这种人显然得不到政治权力的眷顾，不要说眷顾，就是喜欢也得不到，所以以前法家韩非一直批评儒家，认为如果按照儒家的道德观念去做的话，国君如果信奉儒家的观念的话，就没有人替国君去打仗了，比如说"孝"，如果人人都要做孝子的话，"父母在，不远游"，要在家里侍奉父母，如果我死了的话，双亲怎么办？韩非就说，如果所有的人都这么想的话，那么谁来替国君打仗呢？所以对韩非来说呢，他很清楚地告诉那些君主，那些信奉儒家的人，对于你的权力和政治秩序巩固是没有用的，不仅没有用，而且是有害的。那么同样地，像这样一些隐士，比如陈仲和伯夷叔齐这样的类型，他们的存在事实上对政治权力本身也是没有好处的。为什么？他树立一个榜样，一个典型，和政治权力保持一定的距离，逃避一定的政治秩序。我们可以想象后来的佛教，佛教让人要出家，出家的话就比较麻烦了，因为出家就不用去服劳役，也不用服兵役，对整个社会秩序，对国君的利益会有很大的损害。这是一样的，像这样一种人，他们确实会对国家起到一种不利的作用，当时齐国国君的一个女性长辈，就问齐君说，你有没有把他杀掉，这种人你还留着他干什么？

所以，这种类型的隐士所面临的生存困境，比起殷周之际的伯夷叔齐来说，要更加突出一些，不仅是自然威胁了，人为的威胁也出现了，而且变得非常的突出。

同时，还有另外一个问题，一个矛盾。什么矛盾？对于这些隐士来说，他们原本的想法是要逃避这个世界，和这个世俗社会做一个隔离，可是当他们选择这么一种特立独行的生活方式的时候，他们自己也想不到的问题出现了，就是他们恰恰成为最显眼的人。我们可以想一下，一个和别人格格不入，觉得你们都太俗了，非常势利，每天追求的是功名利禄，而他就不一样，那么这种人，应该说在一个群体里面，或者对其他人来说，是一个非常特殊的人。这种特殊，一方面让他原本隐的初衷发生了变化，本来是想隐的，可是现在变成明显的，由隐到显，他本来想做一个隐士，可是恰恰相反他变成一个显士。

有时候和一些官员朋友聊天，他们也提到，假如说在某个社会的官场上的某个圈子大部分人都腐败，只有一个人是清官的话，那这个清官就肯定完蛋了，那些腐败的官员肯定想办法把这个清官搞掉。为什么？因为他们会有一种不安全感。道理其实也是一样的，这种"显"让自己变成了一个非常明显的人物，同时让自己的生活环境变得更不安全，那么他的生存困境就变得更明显。对庄子来说，很明显他是了解到了，或者说很清楚地意识到了这个问题，他要想办法解决，这个解决方案在他对命和义的肯定当中，已经露出了一些端倪。什么端倪呢？就是他是希望可以在这个社会里面，在人群里面来实现他隐居的愿望。

我们知道庄子是一个隐士，根据史书的记载，楚王曾经想聘庄子做相，可是庄子拒绝了。那么在庄子的生活和他的思想里面，他也和早期的隐者一样，有一个很明显的界线，就是这个清和浊的界线。对于庄子来说，对于伯夷、叔齐、孔子时的一些人来说都有，这是他们的共同点，也是所有隐士的共同点。但是，有这样一个共同的前提，并不妨碍可以选择不同的生活方式，或者你可以选择一种不同的隐居方式。对庄子来说，由于看到了那种避世型隐士的困境，所以他选择了隐居于人群中这样一种生活方式，庄子就由这种隐居方式，开辟出一种新的隐士类型。那么他怎么样在把自己的形体置身于人群或者说社会里的同时来保持自己和世俗社会的一种区分呢？

当然，你必须要找到一个新的落脚点，这就是庄子所做的一个非常清楚的区分，即心和形的区分，就是心灵和形体。我们知道我们每个人都有心和形两个方面，心和形是不一样的，古人常常说，心和形有不同的来源，心是来源于天的，形是来源于地的，这种区分就注定了人可以成为一个分裂的人，没有关系，心灵有心灵的生活，形体有形体的生活，也可以说这个区别完全是形而上的。

那么对于庄子来说，他首先认为像伯夷、叔齐这样避世型的隐者，其实他们选择的是一种形体的隐居方式，一种形隐的方式，也就是说他们想让自己的形体消失在世界里面，不和别人发生接触，好比是刚才讲的小孩的捉迷藏的游戏，他让自己的形体消失了。可是庄子不一样，庄子由于意识到形隐的困境，他选择是一种所谓"心隐"的方式，这种心隐就是说，我的形体可以不隐藏，可以生活在这个世界上，可以每天和别人一样吃喝玩乐，可是我的心是特别的，和所有的人都不一样的。

但是这样就带来一个问题。当你选择形体生活在这个世界上的时候，同时还要保持一个非常清楚的区分，就是你和世俗的道德、政治权力、价值观念等等方面的区分，你怎么样来保持？当然你可以说，我在心里就可以保持，可是你在心里的一种保持，怎样又可以表现在形体方面？当你选择心隐的时候，你的心对形会有要求，来自于隐的要求，让你要坚持某些东西，你要保持区分，比如说清和浊的区分，你要不和世俗的社会同流合污。

但是同时还有另外一个问题。就是当你生活在人群和社会里，你为了一种生存的需要，你需要和这个群体做出某种妥协。我们说有两个方面，一个来自于心对形的要坚持某些东西的要求，另一个就是形体要在这个社会里面生存的话，必须要和这个群体、这个社会做出某种妥协的需要。那么这两个需要之间你怎么找到一种平衡，对庄子来说，他采取的是一种什么方式呢？可以说是一种忘形的方式，或者说有点接近于放浪形骸。

《庄子》里面说过一句话"形莫若就"，对形体来说最好的办法更像是就，也就是随顺这个事情，这个世界是怎么样的，我就怎么样。在我刚才讲的平衡里面，庄子似乎是倾向于这样一个方面。他还有一个说法，"就不欲入"，就和入是不一样的，入的话就是说你进入了，进入就是说你的形体完全投入到这个世界中去了，入当然就不是隐，和隐是完全不一样的。但是他又不是完全的出，如果出的话，就变成了那种避世型的隐士。那么"就"就是在出和入之间的这样一个类型，这样一个类型在庄子看来的话，就是在刚才我讲的两个方面之间寻找一个平衡的方式。

庄子给他这种生活方式提供了很多理由，如果我们读《庄子》的话，我们会发现很多对形体非常不在乎的理由，如果读《齐物论》的话，他对万物形体的区别完全抱着一种无所谓的态度，比如说大小，泰山很大，秋毫很小，可是他无所谓，他说"天下莫大于秋毫之末，而泰山为小"，这个其实就是给他那种忘情的生活寻找一种依据。

那么这种生活也恰恰可以衬托出人作为一种有形的存在，他无可奈何的一面，因为你要生活在这个世界当中的话，你必须要遵守某些东西，而且必须要让自己的形体可以不受伤害地生存下来，那么这也是很重要的。这是早期隐士遗留给庄子的问题，那么庄子希望可以通过这种方式来得到一个解决。庄子就把自己对于隐的追求，主要放在心上面了，庄子希望可以通过一种心的独立的存在，一种心的自主，来显示出自己作为一个隐者和这个社会的区别。

我们读《庄子》的话，可以看到里面很多关于心的论述，心是可以独立的，但是形是不可以的，形是一个比较被动的存在，可是心却可以通过一定的工夫和修炼达到某种境界，和世俗的人群、世俗的心灵不一样的东西。

庄子通过这样一种心隐的方式，通过忘形给隐士的生活提供了一种新的类型，这种类型在《庄子》里有一个词，我们可以记住，叫"陆沉"。这个词我们大家都知道，当年中国被日本侵略时，我们会讲"神州陆沉"，也就是说沦陷了。对于庄子来说，他所谓"陆沉"有一个特别的含义，陆就是陆地，他是生活在大地上，生活在人群里面，可是他又沉下去了，这个陆是就形体来说的，这个形体必须要生活在这个世界上，可是沉是对心来讲的，心灵可以和形体不同，可以在陆地上沉下去。沉到哪里去呢？其实是绕一个圈子，沉到天上去了。所以说这种沉，对于庄子来说是一种提升，就好比《逍遥游》里讲的那种大鹏，大鹏展翅，可以扶摇而上九万里，是这样一种提升。这是对庄子的生活方式很形象的一个表达，这种生活方式对后来的隐士发生了非常大的影响。什么影响？就是以后很多的隐士，他们吸收和借鉴了庄子对隐士的这样一种理解，从而给他们进一步选择一种新的隐士生活奠定了基础。什么基础呢？就是他们可以在形体上，选择进一步的和世俗社会结合起来，也就是说他们可以打破庄子的一个界线，就是和政治权力之间的一个绝对的隔绝。

我们可以先回顾一下，这里面有几个界线，有一个界线是所有的隐者所共同的，这个界线就是清和浊的界线。但是对于不同的隐者来说，用来表现清和浊的界线是不同的，像伯夷、叔齐就是和所有的人群之间有一个界线，所以他们选择避世的方式，对于庄子来说呢，他是和政治权力有一个界线。第一种就是和人群有界线，第二种就是和权力有界线，当然也可以有不同的说法。庄子是绝对的要和权力划清界线，他的生活就是一个很好的注脚。

可是，当我们沿着庄子的思路向前去想的时候，比如庄子说我们可以采取一种心隐的方式，可以保持心的特立独行，你可以放浪形骸的时候，形体的东西不是很重要的时候，你可以进一步，既然我可以生活在人群里面，为什么不可以进一步到政治权力里面去呢？确实有这个问题，稍后的人就提出来了。所以后来，隐士跟权力的界线又不存在了，汉代有个人叫东方朔，很多人都知道他生活在汉武帝的时候，《史记·滑稽列传》里面记载了很多有关东方朔的故事，这些故事可以帮助我们了解庄子之后隐士生活方式的进一步的变化。

东方朔这个人是非常有才的，而且非常善于著书，著书很多，他去见汉武帝的时候，就把他的书全部都带过去，当时书都是抄在竹简或是帛上面，要几个人才抬得动，武帝看了好几天才看完，看完之后对这个人非常喜欢，就让他做一个官。这个人的生活方式和别的官不一样，我们可以了解或者是注意，正是这样一种不一样，才衬托出他作为一个隐士的性格。

他怎么不一样呢？比如说，汉武帝赐给他很多财物、酒肉，他当然很能放开吃，吃完以后，又把剩下来的用衣服包起来带走，最后搞得衣服都是脏的，这似乎看起来不太合适，可是东方朔肯定有他自己的考虑，他应该是一个很滑头的人，这样的话，武帝才会比较高兴。又比如说，他每年都要在长安城里娶一个太太，今年娶了，第二年就换了，所以他没有钱，皇帝赐给他的钱，他全都花在女人身上了。这个人很有意思，所以当时的人都称他为狂人。

说到狂人的话，我们可以回顾一下《论语》里面提到一个狂人，和孔子有过接触，叫作楚狂接舆或是狂接舆，《庄子》里面也提到过这个狂接舆，他还说了很多话，总之就是一些给他的生活方式提供依据的话。其实稍后的一些隐士，也都表现出狂的性格，很奇怪，狂和隐士之间似乎有某种关联，这种关联也许我们稍后还会再提到。当时的人说东方朔是一个狂人，东方朔自己也很喜欢喝酒，每次喝酒喝到高兴的时候就会唱歌，说古代的隐士都是避世于山林之中，而东方朔是避世于朝廷者也。所以，到了这个时候，东方朔直接点出了隐士生活的一个很大的变化，由山林里的隐居，不仅仅转向世俗社会，而且是转向朝廷里，政治权力里的一种隐居，他也提到了庄子这个词"陆沉"，他要"陆沉于俗，避世金马门"，金马门大概相当于现在的中南海，意思很清楚，他就是说要在朝廷里避世，他说朝廷里就可以隐居，何必一定要去山林之中、蒿庐之下，不必一定要去山林里面和草房下面，朝廷里面也可以。这就是我们今天提到的第三种隐士类型，也可以说是隐士的生活方式。

他给他自己提供的是一种什么样的理由呢？我们说东方朔和其他人当然不会像庄子一样，因为我们称庄子为哲学家，他给他自己的生活方式提供了一些基础，他用很多文字把它表现出来，但是东方朔没有，但是从他对于《庄子》的那些引用来看，像"陆沉"这个词的使用，他无非是在心隐的这个方面继续发展，或者说开拓庄子所提供的那种隐居方式，同时他扩大了人的形体生存的空间。其实任何时候人都是很贪婪的，各种各样的人都很贪婪，我们刚才提到的所有士都很贪婪，隐士也一样，隐士最后是想得到人们可以得到的一切，比如说最初的隐士在山林里面，生存空间很小，接下来到人群里面，接下来就到朝廷里面去，他可以在享受世俗社会的种种快乐的同时，保持独立的或是他自己认为隐藏起来的心灵。

其实以后的宗教，如中国佛教也有一个类似的模式，禅宗对以前佛教教义的改变，就有点类似于这样一个过程，比较早的时候你修行必须到山林里面去，禅宗说不必到山林里面去，在人群里面我也可以修行，"担水砍柴，无非妙道"，这些都没有关系，稍后的话，你甚至也可以进入到政治权力当中去。

似乎在历史的发展里面或者人们的生活方式里面，会有某些共同的方面存在着，那么东方朔这种类型，成为以后许多知识分子共同选择和喜欢的一种生活方式，也可以说是一种隐居方式。为什么这么讲？我们可以看一看魏晋时候的几个人，他们有的是在生活里面实践这种生活方式，有的是在理论上为这种生活方式提供论证，实践这种生活方式的，典型的像阮籍，我们知道他是"竹林七贤"之一，阮籍有一个非常大的特点就是他喜欢喝酒，他的酒量当然也是大得惊人，他为什么喜欢喝酒？实际上当阮籍在喝酒的时候，他是想通过酒带给他的精神和生活状态来逃避某些东西。我们知道阮籍是政治权力中的一分子，他一直做官，虽然官并不是很大，而且早年魏的时候他是皇室的成员，改朝换代以后还是做着一个不大不小的官，我们为什么称他为隐士？我们可以通过他那种特殊的生活方式，他的文字来了解他的内心世界，阮籍在某些方面也是和东方朔以及其他人比较类似的，也是一个狂人。阮籍在生活里是一个非常不拘小节的人，他母亲过世的时候，他正在和别人下棋，他听到这个消息还是坚持要和别人下完，而且守丧的期间他还喝酒，很多人都说他这种行为是不合乎规矩的，这是他狂的一个方面。其实形体的这种狂，正是他内心的一种隐或者说独立的折射，有点像东方朔的狂，是用来表现他内心和别人，和他的同僚的不同。

稍后有一个人就是郭象，他是给东方朔、阮籍以及其他一些人的生活方式提供理论依据的人。我们知道郭象是历史上最有影响力的《庄子》注释者，他对《庄子》的注释，事实上是把庄子所保留的隐者和政治权力之间的界线彻底打破了。在郭象看来，山林和庙堂就变成完全一样的东西，就是说最初的隐士所要逃到的地方，在郭象看来，几乎是可以和政治权力和谐地统一起来的。郭象有一个非常好的说法，他说圣人形体虽然在庙堂之上，但是他的心无异于在山林之中。

我们知道山林和庙堂，原本是用来形容隐士和其他人、政治权力中的一些人的，他们本来之间是有界线的，特别是在庄子看来，山林和庙堂、权力之间有一个很严格的界线，可是到郭象，那个界线就没有了，已经完全被打破了。

他通过什么样的方式？其实从第二种类型到第三种类型，他们的方式都是建立在心和形的分离的基础上的。虽然我的形体这样，但是我的心灵是可以那样的，这就是第二阶段的隐者和第三阶段的隐者所共同采取或者说他们共同接受的东西。

以上我们提到了三种不同类型的隐士，他们不同的生活方式，也稍微地涉及他们选择不同的隐居方式所给出的理由，我想我们可以总结一下，隐士、隐者他们最终的依据。他们为什么会选择隐居？对于这个问题我仍然可以从心和形的问题入手，因为这是在隐士的生活里面，隐士们自己一再强调的问题。

这个问题仍然是源自人自己由形体带来的根深蒂固的孤独感，那么也就是说，从形体上来说，我们只要是一个有形的存在，那么这个有形的存在就注定了你是个有限的东西，你只能是某种东西，而不可能同时是另外的一些东西。比如说你是男人，就不能同时是女人，这是形体所带给你的一种限制，这种限制事实上让人时时刻刻感觉到自己和别人的差异。但是这种差异和心的差异比起来，几乎是微不足道的，事实上，人的心灵之间的差异，可能是更突出的，或者说更主要的。

我们说到隐士，他们表现为对道德、政治权力、世俗的价值观念等等的排斥和批评。好像只是针对某个具体的东西，这个可能成为他们隐居的一些直接理由，但是这还是表面的，如果我们想要了解隐士的最终依据的话，我们可以从人自身，应该从人自身去寻找，从人作为这样一个存在物去寻找，这种存在物就决定了人始终会有一种隐藏的欲望。这么说并不是说人没有其他的欲望，比如说人同样也有一种建功立业的欲望，在武林里面要扬名立万，在世俗社会里面要做很高的官，在班里希望可以学习很好，这是一种欲望，你还可以有其他种种欲望。

此外人仍然还有一种隐藏的欲望，这种隐藏的欲望，我们每个人都可以体会到，而且可以表现为很多方面，有时候我们厌倦了很喧嚣的生活，而选择到一个很清静的地方去，有时候我们会喜欢一个人独处，我前面讲过小孩那种"藏猫"的游戏等等，你都可以看得出来。这种欲望，在我看来就是和人本身这种特殊的结构有关，如果我们追溯的话，可以追溯到这个地方。也许我们再去了解隐士的时候，我们其实不必把他们看作一个和我们不一样的群体，事实上他们的选择可以构成我们生活的一部分。

历史上，很多人在某一时期愿意选择过一种隐士的生活，但是在其他时期他可能不这样，他又是一个非常热衷于政治权力、追逐权力或者是其他各种各样东西的人；或者有人，即便没有选择一段时间隐士的生活，但是总是在某些特殊的时候和场合显示出自己隐藏的愿望，而隐士只不过是那些把隐藏的愿望表现得很充分的人，对他们来说，隐藏的愿望压倒了其他的欲望，他们因而成了这样的一种隐士。

就第二和第三阶段的隐士来说，他们和第一阶段的隐士还有一个主要的区别，他们会更加关注生存问题，也就是生命的问题。像伯夷、叔齐，他们为了坚持某种东西，可以不惜自己的生命，但是对于第二和第三阶段的隐士，他们不一样，生存问题始终是构成了他们隐居生活的一部分，也就是说他们不愿意放弃生命。

我们说阮籍在那里费尽精力和权力周旋的时候，他并不愿意周旋，他很痛苦，你可以从他的诗歌和其他的一些文字里面看出来，他有一个目的，就是要保证生存的问题。同时，他之所以选择权力，或者说投身于权力，将之作为一种隐居方式的时候，他也未尝没有生存的考虑。我们可以举另外一个例子嵇康，当他选择不做官的时候，当他选择和政治权力在表面上有一个非常清楚的界线的时候，他会受到来自政治权力更直接、更猛烈的压力，这种压力足以使这个人的生命毁灭。所以对于庄子以后的隐士来说，生存的问题和隐居的问题是同样重要的，这就构成了隐士或者说隐士哲学的一个非常重要的内容。

我们在陶渊明的诗里可以看得很清楚，当陶渊明为了摆脱贫困、侍奉双亲而去做官的时候，你可以看到他内心的那种无奈，他说自己不为五斗米折腰，恰恰能衬托出他为五斗米而折腰的困境，但最后当他选择离开的时候，如果我们去读他的《归去来兮辞》的话，你可以看出他自己的那种心境，这种心境一方面是对自己生命的关注，另一方面是对自己心灵的恬静和自由的关注。

附录三
心之逍遥与形之委蛇
——庄子思想全生的主题❶

引　言

语云：知人论世。此谓知世方可知人。善哉此言。故庄子内篇七，学者多重《逍遥游》《齐物论》，然窃以为居中之《人世间》诚为理解庄生之枢纽所在。盖正由此篇，吾辈方能了解庄子对其时人间世之感受，❷进而究其思想之主题。然庄子感受之人间世果若何？狂接舆过孔子之歌言及此：

---

❶ 本文所论为庄子思想而非《庄子》思想，故所引文句皆出于学界一般承认的庄子所著之《庄子》内七篇。

❷ 处同一时代、同一社会，因其境遇、经历不同，个人所感受之人世亦不同。故此处特强调庄子所感受之人间世。

> 凤兮凤兮，何如德之衰也！
> 来世不可待，往世不可追也。
> 天下有道，圣人成焉；
> 天下无道，圣人生焉。
> 方今之时，仅免刑焉。
> 福轻乎羽，莫之知载；
> 祸重乎地，莫之知避。
> 已乎已乎，临人以德！
> 殆乎殆乎，画地而趋！
> 迷阳迷阳，无伤吾行！
> 吾行郤曲，无伤吾足！

从资料的来源看，这段话或本于《论语》，然与之义有差异，《论语·微子》云：

> 凤兮凤兮！何德之衰？
> 往者不可谏，来者犹可追。
> 已而已而！今之从政者殆而！

《论语》所表达的，主要还是对政治生活的绝望。与此相较，《人间世》则包含了更多的内容。处在天下无道、祸重乎地的世界里，作者更多表达的是一种无奈的情绪，此时，保全生命成了唯一的主题，"方今之时，仅免刑焉"，是庄子对人世最突出的感受，"无伤吾行""无伤吾足"则是庄子向社会及自身发出的呼吁。

庄子给现代人的印象，常常是消极的，是关注个人之生活，而缺乏社会责任感。这种印象不能说完全错误，但我们应了解，此殊非庄生之本意，乃是出于不得已。庄子非无救世之心，然处于乱世（昏上乱相之间），此心不得实现，无奈只好退求自处之法。《人间世》借仲尼与颜回的对话表现此意。颜回听说卫君年壮行独,轻用其国,轻用民死,故欲前往谏之,并引夫子曰:"治国去之,乱国就之,医门多疾",这无疑便是曾做过漆园小吏的庄子救世之心的表达。但仲尼之语好像是当头棒喝:"譆!若殆往而刑耳!"桀杀关龙逄,纣杀王子比干,前事不忘,后事之师。欲救世者当以此为戒。庄子还叙述了一个螳螂的故事:

> 汝不知夫螳螂乎?怒其臂以当车辙,不知其不胜任也,是其才之美者也。戒之,慎之!积伐而美者以犯之,几矣。

似颜回者恰如奋臂欲挡车的螳螂,其心非不美也,然亦如涉海凿河,使蚊负山,其不可行明矣。强行之则不免于危殆,至"必死于暴人之前矣"。故庄生借仲尼之口云:"古之至人,先存诸己而后存诸人。所存于己者未定,何暇至于暴人之所行!"人当先安己之身,再图拯救他人,"未有己身不存而能接物者也"(《庄子》成玄英疏)。

处于乱世之中的庄子,知救世之不可行,故退而求全其生,此亦为不得已。然不得已者尚不止此。仲尼曰:"天下有大戒二:其一,命也;其一,义也。子之爱亲,命也,不可解于心;臣之事君,义也,无适而非君也,无所逃于天地之间。是之谓大戒。"庄子借孔子之口道出了生活于社会中的人对父、对君所承担的不容推辞的义务。从这似可以看出庄子与一般避世的隐者不同,后者"欲洁其身而乱大伦",庄子则以其无所逃而对君臣之义安之若命。

正因其如此,人的处境才更加危殆。叶公子高受楚王派遣,出使齐国,深恐使命不成,见罪于君,故问于仲尼曰:

> ……今吾朝受命而夕饮冰,我其内热与!吾未至乎事之情,而既有阴阳之患矣;事若不成,必有人道之患。是两也,为人臣者不足以任之,子其有

以语我来!

尚未出行,便已有阴阳之患;出行无果,必有人道之患。为人臣子之命运如此。面对此种情形,一方面将其委之于命,"为人臣子者,固有所不得已",故暂不以身为念,不悦生而恶死;另一方面,则尽心以求全生之法,故引《法言》曰:"传其常情,无传其溢言,则几乎全。"

这两种对待生命的态度,即一方面不悦生而恶死,一方面求全生,在庄子思想里似相反而实相成。生死之变,如四时之化,非人力所能左右,故悦生恶死之态度,实不足取。但并不能因此即不珍视生命,自去送死。这有似于孟子所说:"莫非命也,顺受其正。是故知命者不立乎崖墙之下。尽其道而死者正命也,桎梏死者,非正命也。"(《孟子·尽心上》)虽以寿夭归之于命,但也绝不自趋桎梏。当然,庄子不会同意孟子"尽其道而死者正命也"的说法,而会以"尽其天年而不中道夭"为正命。

这"尽其天年而不中道夭",便是庄子所谓全生,与后来子华子以"六欲皆得其宜"❶释全生大异其趣。如果说子华子式的全生带有喜剧色彩的话,那么,庄子的全生则完全是个悲剧。这是一个怀有救世之心的人的无可奈何,或者说不得已的选择,如《人间世》说"托不得已以养中"。而且,它要求的仅是最低限度的生命之延续,而不是舒适、安逸、富庶之生活,就像穿粗布衣服靠打草鞋为生有时会断粮的庄子一样。

由无道的人间世引出庄子全生的主题,这便是上述文字要表达的东西。也许人们更欣赏庄子本着天地一气的前提而得出的以死生存亡为一体的认识,这也许更富于哲理,更显轻松、浪漫,但它毕竟代替不了人们对现实苦难的感受,也解决不了如何避免生命受到伤害的问题。庄子想要用"笑"、用"编曲鼓琴""相和而歌"来打通生与死的界限,也许在朋友或妻子死时,他可以做到这点,但是,

---

❶ 见《吕氏春秋·贵生》。

活着的时候才是更重要的挑战。

因此，在内七篇中，庄子更多地是对全生之方的探讨。我们可以从形之委蛇与心之逍遥两方面入手来说明。而实际上，这两方面也是不可分的，就像是一个浑沌。受副墨之子（文字）的局限，不得已采用倏与忽的做法，将其凿破，还得提醒读者得鱼忘筌、得兔忘蹄之理，得意而忘言。

一、形之委蛇

欲求全生之方，当先知夭折之因。此处庄子特点出用与材二字，用言其外，而材言其内。庄生以为，物之夭折，正由其有用。《人间世》云：

> 山木自寇也，膏火自煎也。桂可食，故伐之；漆可用，故割之。人皆知有用之用，而莫知无用之用也。

"自寇""自煎"之语，表明全生与否，皆由于己。桂、漆示人有用，故遭割伐。以此庄子欲人知有用之害与无用之利，舍有用而归于无用。

《逍遥游》借蜩鸠与大鹏以明小大之辨，学者熟知。同时亦藉狸狌与斄牛以示有用与无用之别。庄子曰："子独不见狸狌乎？卑身而伏，以候敖者，东西跳梁，不辟高下；中于机辟，死于罔罟。今夫斄牛，其大若垂天之云。此能为大矣，而不能执鼠。"野猫恃其材用，以求执鼠，不免身陷死地。而斄牛因其无用，不能执鼠，故成其大而全其生。

不过，庄子论有用、无用更喜欢用的例子是山中的大树。惠子谓庄子曰："吾有大树，人谓之樗。其大本拥肿而不中绳墨，其小枝卷曲而不中规矩，立之涂，匠者不顾"，站在匠者的立场，对不中绳墨规矩的大树自然不屑一顾，因其不能用做材料，但庄子却别有一番见解，"今子有大树，患其无用，何不树之于无何有之乡,广莫之野,彷徨乎无为其侧,逍遥乎寝卧其下。不夭斤斧,物无害者,无所可用,安所困苦哉"!盖正因无用,才不能夭斤斧,成就其大,此即无用之大用也。

庄子关于用之见解,在当时想必也是怪异之论,"众所同去"的,所以朋友如惠施也不能认同。对此种人,庄子将他们比做知之聋盲者。耳目之聋盲者,无以与乎文章之观及钟鼓之声,知之聋盲者,则不能了解大用。就好像是善为不龟手之药的宋人,世世以洴澼絖为事,不知其可以裂地封侯。因此,知之聋盲者也就是"拙于用者"。

《人间世》中匠石与栎社树的故事明确表达了庄子关于无用之用的想法。"匠石之齐,至于曲辕,见栎社树。其大蔽数千牛,絜之百围,其高临山十仞而后有枝,其可以为舟者旁十数。观者如市,匠伯不顾,遂行不辍。"这一段对栎社树的描写,突出了其高大、宽广,其中自然蕴涵了长寿之义。栎社树想必在众树中也是很特殊的,所以才观者如市,但其何以如此长寿?"匠伯不顾"已经做了暗示,庄子更借匠石之口说明:

> 散木也。以为舟则沉,以为棺椁则速腐,以为器则速毁,以为门户则液樠,以为柱则蠹。是不材之木也,无所可用,故能若是之寿。

因其不材,于世无用,方得长寿。庄子把木之材者称为"文木",此种木因其有用,故"实熟则剥,剥则辱;大枝折,小枝泄。此以其能苦其生者也,故不终其天年而中道夭"。散木、文木,在工匠的眼中,一无用,一有用,然无用者寿,有用者夭,本于全生之态度,究竟哪一个是真正有用呢?庄子笔下的栎社树问道:"使予也而有用,且得有此大也邪?"它的结论是,无所可用,"为予大用"。

《人世间》中还塑造了一个长得奇形怪状的支离疏的形象,不能从军,不能受役,却可以接受救济。这是因形之无用而受益的例子。庄子由此感叹:"夫支离其形者,犹足以养其身,终其天年,又况支离其德者乎!"支离其德,也就是把自己塑造成一个对统治者无用的人。无用的标准是什么？就是不中绳墨，不中规矩，不可以为舟、为棺椁、为器、为门户。换句话说，也就是不合乎统治者所设定的取仕标准，不能为官为吏。《养生主》云："泽雉十步一啄，百步一饮，不蕲畜乎樊中。神虽王，不善也。"在庄子看来，做官就好像是被养在笼子中的鸟，虽然看起来很神气，却不会有好的结局。

《养生主》说："为善无近名，为恶无近刑，缘督以为经。可以保身，可以全生，可以养亲，可以尽年。"这是庄子对全生之方的一个概括性的说明。"为善无近名"，也就是不中绳墨，不中规矩，以免被视为人才，有用之人。但是，也不能完全与绳墨、规矩背道而驰，以至于被刑，欲保身不得，反害其生。这便是"为恶无近刑"。庄子要人们"缘督以为经"，督即中，要在善恶之间寻找一条中道。当然，我们应注意，庄子此处所谓善恶完全是就是否符合统治者之规矩、绳墨而言的。

《天下》述庄子学说云："不谴是非以与世俗处"，即"为恶无近刑"一语的法脚。如果说"为善无近名"表现了庄子与世俗价值的距离，"为恶无近刑"、"不谴是非"则表现了庄子为了与世俗处因而不得不采取的做法。不谴是非即随顺世俗之价值，这也就是本文标题所谓的形之委蛇。

委蛇，或做委佗，本是一种生活于泽中的动物。《达生》曾描述过它的形状。或指泥鳅。因其动作蜿转曲折，故引申而有因循、随顺之义。《庄子》书中曾多次使用"委蛇"一词，如《庚桑楚》云："行不知所之，居不知所为，与物委蛇，而同其波。是卫生之经已。"此中"委蛇"即随顺之义，故云"同其波"，被认为是保身之方法。内七篇中，"委蛇"只出现一次，见于《应帝王》关于神巫季咸、列子与壶子的故事中，值得注意的是，委蛇在故事中被排列在最高的表现层次上，庄子在记述壶子示季咸以地文、天壤、太冲莫胜之后说："向吾示之以未始出吾宗。吾与之虚而委蛇，不知其谁何，因以为弟靡，因以为波流。"可见，委蛇的状态也就是因顺的状态，彼为形，我即为影；彼为声，我即为响。它以内心的虚为基础，所以没有任何的规矩绳墨限制，可以与物同其波。

但这绝不是与浑浊的世俗同流合污。《人间世》记载了颜阖问蘧伯玉在暴君面前的全生之法，蘧伯玉回答说："戒之，慎之，正女身也哉！形莫若就，心莫若和。""形莫若就",成玄英疏云:"身形从就,不乖君臣之礼。"即表面上随顺,而不违背世俗之价值与规矩,但到此也就算是极致了。这种表面的随顺,决不能化为内心的认同与积极的合作,庄子借蘧伯玉之口继续说:"就不欲入……形就而入,且为颠为灭,为崩为蹶。"就是形之随顺,入则变为与之同,其结果便是"颠覆灭绝,崩绝败坏,与彼俱亡"(成玄英疏)。

形就而不入,也就是形之委蛇。庄子曾形容此种状态:"彼且为婴儿,亦与之为婴儿;彼且为无町畦,亦与之为无町畦;彼且为无崖,亦与之为无崖。达之,入于无疵。"我本身没有一固定形态,而完全以对方之形态为形态。做到此点,即使是在暴君面前,也可以不受伤害。其原因,如庄子所说,是因为你顺从而不是乖逆。《人间世》把伴君比做伴虎,"汝不知夫养虎者乎?不敢以生物与之,为其杀之之怒也;不敢以全物与之,为其决之之怒也;时其饥饱,达其怒心。虎之与人异类而媚养己者,顺也。故其杀者,逆也"。凶残如老虎,只要养虎者"知其所以怒而顺之"(郭象注),便可不受伤害。暴君与虎虽异类,但不杀顺己者则同也。

由形之委蛇以全其生的想法,我们还可以在庖丁解牛的故事中得到进一步的理解。《养生主》通过庖丁与文惠君的对话表达的这个故事,可以从很多方面进行诠释。但其本意当是用以说明养生之理,故末尾文惠君说:"善哉!吾闻庖丁之言,得养生焉。"那么,文惠君悟到了什么养生之理呢?

在庖丁解牛的的故事中,庖丁塑造了族庖、良庖及自己这三种形象,他们同是用刀做解牛的工作,但情形是很不同的。族庖一个月就换一把刀,因为他的刀总被骨头折断;良庖一年换一把刀,因为他的刀也用来割牛的骨头;而庖丁自己的刀已使用了十九年,解了几千头牛,却还如新的一般,其故何也?庖丁说:

> 依乎天理,批大郤,导大窾,因其固然。技经肯綮之未尝,而况大軱乎!……彼节者有间,而刀刃者无厚;以无厚入有间,恢恢乎其于游刃必有余地矣,是以十九年而刀刃若新发于硎。虽然,每至于族,吾见其难为,怵然为戒,视为止,行为迟,动刀甚微,謋然已解,如土委地,提刀而立,为

之四顾，为之踌躇满志，善刀而藏之。

由此看来，其故盖有二：一是熟悉并随顺牛之骨节、纹理，则可游刃有余；二是戒惧怵惕，小心翼翼。

实际上，构成庖丁解牛故事的三个主要因素——庖人、刀、牛——分别象征了现实生活中的人、人的生命及社会。每个人都以自己的生命与社会接触，就像庖人以刀去解牛一样。有的人早夭，有的人稍好，有的人可以尽其天年，恰似族庖、良庖及庖丁手中之刀的不同命运。庖丁给文惠君的启示是，若想尽其天年而不中道夭折，就需谨慎地随顺世俗社会之绳墨，而不要与之发生摩擦。否则，就难免像与骨头相刃相靡的刀一样，早早折断。这就是文惠君从庖丁那里得到的养生之理。

这种养生之理，庄子还通过兀者的形象进一步向读者显示。兀者是指被砍掉一足的人，未免于刑者。《德充符》中提到了几个兀者，其寓意是多方面的。我们先来看一下鲁国兀者叔山无趾的话：

> 吾唯不知务而轻用吾身，吾是以亡足。今吾来也，犹有尊足者存，吾是以务全之也。

尊足者即比足尊贵者，这里指德与心。在无趾看来，亡足是由于不知务，也可以说是德不全。如今亡足虽不能复全，但德却可以使其全。全德才可以全生，这是无趾由自身被刑的经历而得到的教训。

这样，形的问题就转变成了德与心的问题。庄子通过兀者王骀的故事进一步将人们的注意力由形转向心。王骀作为兀者，立不教，坐不议，却吸引了大批人追随他，其影响与孔子相当，常季对此不解，于是问孔子说："彼兀者也……若然者，其用心独若之何？"孔子回答说：

> 死生亦大矣，而不得与之变；虽天地覆坠，亦将不与之遗。审乎无假而不与物迁，命物之化而守其宗也。

这段话的意思后文还有解释，即是通过齐同万物而"游心乎德之和"。这就已经进入心之逍遥的范围了。

二、心之逍遥

为着全生的目的，庄子要人们采取形就而不入的姿态，既要不趋从于世俗的规矩、绳墨，又不要与之正面冲突，而表现出随顺的样子。可以想见，对于一个人来说，要同时做到这两方面，有时是很难的，其内心的紧张、不安更是在所难免。这样一来，由心灵的焦虑便会造成生命的伤害，"全生"的初衷反不能实现。因此，使心灵在形之委蛇的情形下，保持一种自由闲适的状态，就成了庄子为了全生要做的另一件事情。心之逍遥就这样被提了出来。

我们可以从"情"入手来考虑心的问题。《德充符》曾描述了庄子理想中的人的形象："有人之形，无人之情。有人之形，故群于人；无人之情，故是非不得于身。眇乎小哉，所以属于人也！謷乎大哉，独成其天！""有人之形"，一方面当然是指人之容貌，另一方面也是指形之委蛇的工夫，惟其如此，才可群于人，与世俗相处。"无人之情"，下文有进一步的解释，并不是说没有一般人喜怒哀乐的情感。庄子说："吾所谓无情者，言人之不以好恶内伤其身，常因自然而不益生也。"因此，所谓无情，即是不以自己好恶的情感伤害身体，常因顺着世俗以尽其天年。庄子认为，有人之形是为与人处采取的不得已的做法，是很渺小的，无人之情则体现了与一般人不同的方面，因而既高又大。

庄子在"有人之形""无人之情"的提法中，对形似乎采取了一种贬抑的态度，这种态度在此前的另一段文字中得到了进一步的说明。《德充符》借仲尼之口讲了一个故事："丘也尝使于楚矣，适见㹠子食于其死母者，少焉眴若皆弃之而走。不见己焉尔，不得类焉尔。所爱其母者，非爱其形也，爱使其形者也。"母亲的形体虽还在，但当㹠子发现其母已死时，便弃母而走。为什么？因为㹠子觉得与其死母已不是同类。庄子由此提出形和使其形者的区分。形是末，可以弃之不顾。使其形者是本，应该受到珍视。

然使其形者为何？庄子举出才与德二字，其实皆与心不可分。庄子认为，理想的人格应该是才全而德不形者。所谓才全，《德充符》借孔子之口解释道：

> 死生、存亡、穷达贫富、贤与不肖、毁誉、饥渴、寒暑，是事之变，命之行也；日夜相代乎前，而知不能规乎其始也。故不足以滑和，不可入于灵府。使之和豫，通而不失于兑；使日夜无郤而与物为春，是接而生时于心者也。是之谓才全。

简要地说，像死生存亡，穷达贫富等皆出于命运的安排，非人力所能及，因此，在这类现象面前，人心（灵府）当保持一种和乐的状态，以应万化，这就是才全。可见，所谓才全，主要是对人心的要求，不要让外物破坏心之和。下面，我们再来看一看庄子对德不形的界说：

> 平者，水停之盛也。其可以为法也。内保之而外不荡也。德者，成和之修也。德不形者，物不能离也。

可见，所谓德不形，也就是心灵保持一种如静止的水一般的平静状态，这样，内心平和，外形不荡，便会与物共处而不离。

才全而德不形，我们也可以用庄子的另一些话来诠释。《人间世》说："心莫若和……和不欲出……心和而出，且为声为名，为妖为孽。"心和即才全，不欲出即德不形。而为声为名，为妖为孽，即所谓出，也可以说是外荡。

这里，我们便可回到前面提到的"情"的问题。显然，才全而德不形与无情是一致的，心之平和正是无情之基础，同时也是形之委蛇之依据。那么，如何才能达到心之平和呢？《德充符》借孔子之口说：

> 自其异者视之，肝胆楚越也；自其同者视之，万物皆一也。夫若然者，且不知耳目之所宜，而游心乎德之和。

心要做到平和就必须要处理好心和物的关系问题。而首先要面对的则是心与耳目等感官的关系。人们用耳目所观察到的东西如肝胆楚越一样是千差万别，心如果被耳目所左右，执着于分别，自然动荡不平。这就好像是中央之帝浑沌，因被凿出七窍而死一样。因此，庄子要求心不能随顺耳目，而要作耳目的主宰，《人间世》说："徇耳目内通而外于心知"，就是使耳目不执着于外物，心也就会去除分别之知。庄子称此种工夫为心斋：

> 若一志，无听之以耳，而听之以心；无听之以心，而听之以气。听止于耳，心止于符。气也者，虚而待物者也。唯道集虚。虚者，心斋也。

在心斋的状态下，耳目及心知的作用完全被否定了，剩下的只有完全虚的心。庄子把它比喻为虚室，它可以生白，即大智慧。这种智慧好比"十日并出，万物皆照"，根于耳目及心知的差别消失了，万物被视为一个整体，或者就是一个东西。

这也就是《齐物论》所要表现的内容。《齐物论》的创作，无疑有着名家的背景，但其旨趣却与之风马牛不相及。在庄子看来，名家如惠施的齐物说是外精劳神之举，好比给人的心灵加了桎梏，而庄子的齐物论则正是要去掉这个桎梏，使人的心灵重获自由。

《齐物论》的入手处并不是物而是心。庄子理想中的人物南郭子綦"隐几而坐，仰天而嘘，嗒焉似丧其偶"。其弟子问道："形固可使如槁木，而心固可使如死灰乎？"这样的描述，不禁使我们想起了《大宗师》中提到的坐忘。"堕肢体，黜聪明，离形去知，同于大通，此谓坐忘。"坐忘即是忘掉自己的形体与心知，与道（大通）为一。这样便可以"无好""无常"，以万物为一而与之俱化。

心如死灰的提出，是针对着后文所说的心的各种各样活动的，活动似乎代表了生命力，但庄子却称"近死之心，莫使复阳也"。其故何在？只因心沉溺于物而不能自拔。庄子说：

> 一受其成形，不亡以待尽。与物相刃相靡，其行尽如驰，而莫之能止，不亦悲乎！终身役役而不见其成功，苶然疲役而不知其所归，可不哀邪！人谓之不死，奚益！其形化，其心与之然，可不谓大哀乎！人之生也，固若是芒乎？其我独芒，而人亦有不芒者乎？

庄子式的悲哀是有感于心不能自觉并固守其主宰地位而随物化驰，同时也是针对着大多数人的麻木不仁。庄子把心的这种情形称为"坐驰"——"夫且不止，是之谓坐驰"（《人间世》），与前面提及的坐忘正相反对。

坐驰与坐忘，一动一静，好比是流水与止水。《德充符》说："人莫鉴于流水而鉴于止水，唯止能止众止。"流水因其不断的变动，与物接触而浑浊，不能照物、容物，止水则由静而清，如镜子般可以照物、容物。对于心来说，与其动还不如静，与其驰还不如忘。因为动和驰带给心的只有紧张与不安。庄子在《齐物论》中曾描述了这种情形：

> 大知闲闲，小知间间；大言炎炎，小言詹詹。其寐也魂交，其觉也形开，与接为构，日以心斗。缦者，窖者，密者。小恐惴惴，大恐缦缦……

心之坐驰，其原因不在别处，正在于心之中又藏有心即成心的作用。而所谓成心不是别的，就是私心、一己之心。庄子说："物无非彼，物无非是。自彼则不见，自知则知之"，表现了受成心支配的人的心态：自是而非彼、自贵而贱彼。以此心应物，则有好恶、喜怒、是非，有可不可、然不然的分辨，有儒、墨的争论。庄子举了"朝三暮四"与"朝四暮三"的故事，借猕猴"名实未亏而喜怒为用"的表演，说明儒墨等不知万物为一而强作分辨的愚蠢。

正是在这里，庄子开始引入了道的观念。在道家各派中，道的意义是不同的。如果说在老子那里道主要作为术的依据，法则之意义比较突出的话，那么，在庄子这里，道的主要意义是通，又被称为大通。大通即是没有任何界限、分别，即庄子所谓道"未始有封"，因此，从道的角度来看，万物之间就无所谓分别与差异。《齐物论》说："故为是举莛与楹，厉与西施，恢恑憰怪，道通为一。其分也，成也；其成也，毁也。凡物无成与毁，复通为一。"就是在这种意义上，庄子才可以说"天地一指也，万物一马也"，也才可以说"天下莫大于秋毫之末，而大山为小；莫寿于殇子，而彭祖为夭"。

道的被引入，在庄子这里主要是作为齐物的依据的。而齐物的目的，固然与形之委蛇有关，而更主要的是通过破除人的成心，来去除心的充满紧张与不安的各种活动。因此，庄子所谓道，也可以说是心的背景。他希望通过心与道的同一，来齐同万物，平和人心，而这也就是所谓心的逍遥了。

"逍遥"一词见于《庄子》书的首篇，虽然后人对它有不同的理解，但总是承认它与心有关，表现心的怡然自得与自由自在。这是庄子所追求的一种心的状态。在这种状态下，心超越了个人的形体，庄子用"大"来形容。《逍遥游》中提到的大鲲、大鹏、九万里等，无一不是用以表现逍遥心之大，这与《齐物论》中所描写的成心状态形成了鲜明的对比。那里的成心状态，在《逍遥游》中是通过蜩与学鸠来表现的。蜩与学鸠之飞高不过数仞，不能理解大鹏一飞便九万里的行为，由此引出了庄子的小大之辨：

> 小知不及大知，小年不及大年。奚以知其然也？朝菌不知晦朔，蟪蛄不知春秋，此小年也。楚之南有冥灵者，以五百岁为春，五百岁为秋；上古有大椿者，以八千岁为春，八千岁为秋。而彭祖乃今以久特闻，众人匹之，不亦悲乎！

庄子虽然主张齐物，主张去除大小、寿夭等的分别，但是这里的小大之辨却是不容漠视的。这是小心与大心的分别，是一般为物所拘的心与庄子理想的逍遥之心的分别。庄子反复强调小不及大，就像蜩鸠不及大鹏。那么，小与大的分别究竟在何处呢？

还是要回到前面的成心去。小之所以为小，便是因为有己，且以己度人，如小鸟只能"翱翔蓬蒿之间"，便以此为飞之至也，而不能理解大鹏。这就是"有蓬之心"，即私心，庄子理想中的人物却没有成心，所谓"至人无己，神人无功，圣人无名"。

有己则心小，无己则心大。心之小大的分别，表现在心与物的关系上，便是有待与无待。有待即心依赖于物，如此则物主宰心；无待即心对物无所依赖，心主宰物。庄子主张的逍遥之心是建立在无待的前提上的。无待并不是与物隔绝，只存一心，而是不执着于某物。庄子举了一个罔两与景的故事：

> 罔两问景曰："曩子行，今子止；曩子坐，今子起；何其无特操与？"
> 景曰："吾有待而然者邪？吾所待又有待而然者邪？吾待蛇蚹蜩翼邪？恶识所以然，恶识所以不然。"

在罔两看来，影之行止、起坐皆依赖于形，没有一点主见。但影自己则不这样看，它以己之随形就如蛇蜕旧皮、蜩出新甲一样无待，因其是无心以顺形。这里暗示的是，人之形体虽每天与世俗接触，与之俱化，但仍可无待以至心之逍遥。

人能不执着于原物，无心以顺有，便是打破了成心造成的隔限，而至于无穷的境地，《逍遥游》说：

> 若夫乘天地之正，而御六气之辩，以游无穷者，彼且恶乎待哉！

这样的人就是无待的人，这样的心也就是逍遥之心。在庄子看来，此种人因其不与物对，故物也不与他作对：

> 之人也，之德也，将旁礴万物以为一，世蕲乎乱，孰弊弊焉以天下为事！之人也，物莫之伤，大浸稽天而不溺，大旱金石流土山焦而不热。

由齐物而导出"物莫之伤"，可以看出心之逍遥最终仍然是要归到全生的主题。

结　语

把人分作心和形，或魂和魄两个部分，是古来便有的想法。庄子循此分别，围绕全生的主题，对心与形提出了具体要求，这便是心之逍遥与形之委蛇。对现实的人来说，若想全其生命，二者是不可或缺的，就像运行的火车需要两条轨道，或者高举的大鹏需要两翼。借用庄子的语言，我们可以不恰当地把这称为两行。但是，二者在庄子思想中所担当的角色并不是完全平等的，它们仍有着主次的分别。

这便是心之逍遥与形之委蛇间的矛盾。这矛盾根源于心与形本身。我们在前面曾经提到，庄子依乎有贬抑形的倾向，因而有形和使其形者的区分。在《齐物论》中，更把心与形比做君与臣。因此，由心与形的不同地位，决定庄子更重视心之一面，它是庄子追求的价值所在，是至人与世俗之人的区别所在。而形体则使至人也具有一般人的相貌，如《德充符》所说："道与之貌，天与之形，恶得不谓之人。"并且为了形体的延续，还必须与世俗相处，和光同尘。

庄子的这种想法，虽然受命运、现实等的限制，大多掩盖在全生的主题之下，但有时仍然会表现出来。《大宗师》有孔子与子贡关于丧礼的一段对话，表现孔子与庄子旨趣的差异。孔子说：

> 彼，游方之外者也；而丘，游方之内者也。外内不相及，而丘使汝往吊之，丘则陋矣。彼方且与造物者为人，而游乎天地之一气。彼以生为附赘县疣，以死为决疣溃痈，夫若然者，又恶知死生先后之所在。假于异物，托于同体；忘其肝胆，遗其耳目；反覆终始，不知端倪；芒然彷徨乎尘垢之外，逍遥乎无为之业。

方内与方外之别也可以说形骸之内与形骸之外的分别。庄子在《德充符》中就曾在申徒嘉与子产的对话中表达了这种想法，这里更做了进一步的明确。孔子、子贡是游于形骸之内者，故拘拘于执礼，以礼正形，而在庄子看来，这是出于对形体由来的不了解。庄子在《大宗师》里把形体比做大冶铸的金，他说：

> 今大冶铸金，金踊跃曰：我且必为镆铘。大冶必以为不祥之金。今一犯人之形，而曰：人耳人耳。夫造化者必以为不祥之人。今一以天地为大炉，

> 以造化为大冶，恶乎往而不可哉！

人形不过是气化过程中的一个阶段，与草木、禽兽等没有什么实质区别，所以犯人形不必喜，去人形亦不必悲，在上文中，庄子更把生比喻为"附赘悬疣"，而把死比喻为"决疭溃痈"，形存形亡只是气之聚散，属于自然大化，非人力所及。因此，人应对形体采取遗忘的态度，以求心之逍遥。

这样，我们再回过头来看看庄子在《逍遥游》中所描写的神人，就会觉得这应是一个没有一般人那样形体的人：

> 藐姑射之山，有神人居焉，肌肤若冰雪，绰约若处子。不食五谷，吸风饮露。乘云气，御飞龙，而游乎四海之外。

这种人抛却了形体所带来的重负，享受的只是心的逍遥。它可以"大浸稽天而不溺，大旱金石流土山焦而不热"。这是庄子的理想和希望，却更显出庄子的无奈与悲哀。因为现实中永不会存在这种人，现实的人总是有形体的人，遇火则热，遇水则溺。

这样，我们就会了解，存在于心之逍遥与形之委蛇之间的平衡或者说统一完全是相对的，一点也不坚固。只有在全生的主题下，这种统一才勉强可以维持。一旦离开这一主题，在其他背景下，这种统一都会变得十分荒谬。我们不应忘记，庄子思想之所以把全生作为主题也是身处"方今之时，仅免刑焉"这种乱世下的不得已的选择。对历史上的庄子来说，这是唯一的和不可改变的。然而，假设庄子生活在一种完全不同的背景之下，他还会具有上述的思想吗？他还会生活在心和形的分裂之中吗？当然，这已不是本文要讨论的问题了。

附录四
庄子哲学中的心与形[1]

在先秦诸子中，庄子从生活到思想都是一个很特别的人物。当其他的人都热衷于政事因此也关心治道的时候，庄子却把注意力主要放到了生存的问题上。因此，生命也就成了他的哲学思考的中心。与他对生命的理解相关，这种思考是沿着心和形两方面来进行的。本文的目的就是通过对《庄子》内七篇的有关讨论，分析庄子哲学中心和形的问题。

一、有形与无形

从老子开始，道家就把世界区分成有形和无形的两种。用流行的术语，它们也可以方便地被称作"形而下"

---

[1] 这是笔者参加2003年10月"东亚传统中的身心关系"海峡两岸学术讨论会时提交的论文提纲。

和"形而上"。❶ 道是无形的即形而上的，用老子的话来说，就是"大象无形"。❷ 物则是有形的，即形而下的，"道生之，德畜之，物形之，而器成之"❸ 的说法可以表现这一点。这两个世界并不是平行的，无形者是宗，是始和母，有形者是子，是从无形者中产生的。此种区分在稍后得到了进一步的确认，譬如黄老学派的作品《经法》等就突出道的"虚无形"和无名的特点，与之相对，万物则是一个有形有名的世界。❹ 从古代的记述来看，道家中另外一个重要代表列子也有同样的看法，❺ 另外我们在《管子》中也能发现类似的主张。❻ 一方面是道的虚无无形，另一方面则是物的有形有名。这显示出有形与无形的区分至少在道家传统中已经成为一个普遍接受的前提。毫无疑问，这也是庄子哲学思考的前提，道是无为无形的，万物则以形相蕴。

二、心与形

在世界和人之间进行类比，是古代中国人常见的做法。在这种类比中，世界被看作是放大的人，反过来，人则被看作是缩小的世界（大宇宙与小宇

---

❶ 形而下与形而上的说法见于《周易》的《系辞传》："形而上者谓之道，形而下者谓之器。"从思想史的角度来看，这个说法应该是受到了道家传统的影响，同时也和《周易》特有的"象"的内容有关。

❷ 《道德经》四十一章。

❸ 《道德经》五十一章。此处"器成之"句从帛书，通行本作"势成之"。

❹ 《经法》是马王堆汉墓帛书中的一种，与其他三篇以及《道德经》抄写在一起，一般认为是战国早中期的作品。

❺ 《吕氏春秋·不二》说："子列子贵虚。"《战国策·韩策一》记载列子之学"贵正"。"正"即是"正名"，要求名与形的一致，这属于有形世界的规则。"虚"则是对于心的要求，与对于道的认识相关。

❻ 属于所谓"《管子》四篇"的《心术上》说："虚无无形谓之道。"

宙）。❶ 因此，世界中无形与有形的区分当然可以方便地推广到人这里来。这种区分在人之中的具体表现就是心与形。心属于无形的世界，而形体毫无疑问是有形世界的象征。

心与形的区分我们在老子中就可以看到，"虚其心，实其腹；弱其志，强其骨"，❷ 很明显地把人分析成"心—腹"或者"志—骨"两个不同的部分。在《管子·内业》中，"天出其精，地出其形，合此以为人"的说法显示出人乃是由两个不同的部分构成的，一部分是来自于天的精，另一部分是来自于地的形。《管子·心术上》说："心之在体，君之位也；九窍之有职，官之分也。"这是把人分成心和九窍两个部分。其实，无论是精和形，或者心和九窍，都可以看作是心和形的区分。

《庄子》中心与形的区分是非常明显的，经常可以看到心与形的对举，譬如：

岂唯形骸有聋盲哉，夫知亦有之！（《逍遥游》）

形固可使如槁木，而心固可使如死灰乎？（《齐物论》）

其寐也魂交，其觉也形开。（《齐物论》）

其形化，其心与之然，可不谓大哀乎？（《齐物论》）

形莫若就，心莫若和。（《人间世》）

今子与我游于形骸之内，而子索我于形骸之外。（《德充符》）

---

❶ 《吕氏春秋·有始》："天地万物，一人之身也，此之谓大同。众耳目鼻口也，众五谷寒暑也，此之谓众异。"又《吕氏春秋·情欲》："人之与天地也同，万物之形虽异，其情一体也。故古之治身与天下者，必法天地也。"此种观念更构成了中国古代医学的一个重要前提，详参《黄帝内经》。

❷ 《道德经》三章。

> 所爱其母者，非爱其形也，爱使其形者也。（《德充符》）
>
> 故德有所长而形有所忘，人不忘其所忘，而忘其所不忘，此谓诚忘。（《德充符》）
>
> 有人之形，无人之情。（《德充符》）
>
> 彼有骇形，而无损心。（《大宗师》）
>
> 是于圣人也，胥易技系，劳形怵心者也。（《大宗师》）

这种对举当然也能显示出它们乃是生命中不能分开的两个部分。不难发现，比较起形来，庄子似乎更看重心。有形者和无形者在人中虽连为一体，但是界限仍然是清楚明白的。❶ 就像在世界中作为无形者的道是宗主一样，对于人的生命而言，心相对于形体而言也是更根本的东西。

三、形：天与命

心的重要性并不意味着形体的无足轻重。由于现实生命中心和形之间紧密依赖的关系，所以对于形体的安顿也就成为重要的问题。❷ 而为了安顿形体，透彻的理解就成为必须。庄子对形体的看法似乎可以包括如下的几个方面：

---

❶ 朱熹有云："天地之间，有理有气。理也者，形而上之道也，生物之本也。气也者，形而下之器也，生物之具也。是以人物之生，必禀此理，然后有性。必禀此气，然后有形。其性其形，虽不外乎一身，然其道器之间分际甚明，不可乱也。"（《答黄道夫》，《文集》卷五十八）所论与庄子虽不尽同，但可以帮助理解。

❷ 安形之后才有安心的问题，皮之不存，毛将焉附？因此庄子特别关心全生保身的问题。

(一) 道与之貌，天与之形

从道家思想的逻辑上来说，有形事物都可以追溯到无形者那里去。因此关于形体来源的思考，不可避免地会和道发生关系。《德充符》两次提到了"道与之貌，天与之形"，其中在第一次之后，还有"恶得不谓之人"? 的说法。这一方面显示出形、貌对于人而言的重要意义（没有它，人将不成为人），另一方面也显示出它们和道、天之间的关系。形体是人的，又不是人的。它来自于道和天的赋予。庄子指出此点并不是想说明形体的高贵的血统，而是要表现人对于它的无可奈何。《养生主》的一个寓言说：

> 公文轩见右师而惊曰：是何人也？恶乎介也？天与，其人与？曰：天也，非人也。天之生是使独也。人之貌有与也，以是知其天也，非人也。

不必说先天的形体，甚至连后天的"介"，都是"天"的结果，和"人"无关。

(二) 命

因此，形体其实属于命运的领域。《大宗师》："死生，命也；其有夜旦之常，天也。人之有所不得与，皆物之情也。"这是一个人所不能参与的领域。形体的变化是人无法控制的，"若人之形者，万化而未始有极也"。

又《德充符》记载兀者申徒嘉的话说：

> 自状其过以不当亡者众，不状其过以不当存者寡。知不可奈何而安之若命，唯有德者能之。游于羿之彀中，中央者，中地也，然而不中者，命也。人以其全足笑吾不全足者多矣，我怫然而怒，而适先生之所，则废然而反。不知先生之洗我以善邪？吾与夫子游十九年矣，而未尝知吾兀者也。今子与我游于形骸之内，而子索我于形骸之外，不亦过乎？

全足与不全足,这是形骸之外的事情,只属于命运。

(三) 形有所忘

对于命运控制的领域,人所能够做的就是遗忘。所以庄子经常有忘形的说法:

> 故德有所长,而形有所忘。人不忘其所忘,而忘其所不忘,此谓诚忘。(《德充符》)

> 堕肢体,黜聪明。离形去知,同于大通。此谓坐忘。(《大宗师》)

形的遗忘显示出庄子对形体的不在意的态度。这种不在意缘自于人的无可奈何,人无法在意。因此庄子刻意贬低形体的重要性:

> 有人之形,无人之情。有人之形,故群于人;无人之情,故是非不得于身。眇乎小哉,所以属于人也;謷乎大哉,独成其天。(《德充符》)

(四) 形莫若就

我们对形体似乎还可以做宽泛些的理解,借助于韩非"自然之势"和"人设之势"❶的区分,形体也可以区分为自然的形体和人设的形体。前者的意义

---

❶ 《韩非子·难势》。

当然是清楚的，后者主要指人的举手投足，音容笑貌，行为方式等与形体有关的动作和姿态。儒家对此当然是很在意的，有礼来对"容貌、颜色、辞令"等加以规定。庄子以其对形体的看法，主张"形莫若就"。《人间世》说：

> 形莫若就，心莫若和……就不欲入，和不欲出。

就也就是迁就，也就是"因"。如"彼且为婴儿，亦与之为婴儿"之类。这主要是表现一种人和世俗社会交往的姿态。"有人之形，故群于人"，人是无法脱离人群和世界的。形体并不坚持什么，它只要求着保存，作为全生的前提。"吾行却曲，无伤吾足"，表达的也是同样的想法。

四、心：虚与通、结与解

对由形体和心灵构成的人的生命来说，庄子一再地表现出对于心灵的重视。心以及如何用心才是人之所以为人者。相对于形体的动与无奈，心是体现人的主动性的场所。

（一）心斋：虚

> 若一志，无听之以耳。而听之以心；无听之以心，而听之以气……气也者，虚而待物者也。唯道集虚。虚者，心斋也。（《人间世》）

相对于形体的"实"，心是可以虚的，而且这应该是它的本性。"实"的心被称为成心，是应该破除之物。❶ 但是形体却是无法破除或者虚无化的。

（二）坐忘：通

> 颜回曰：回益矣。仲尼曰：何谓也？曰：回忘仁义矣。曰：可矣，犹未也。他日，复见，曰：回益矣。曰：何谓也？曰：回忘礼乐矣。曰：可矣，犹未也。他日，复见，曰：回益矣。曰：何谓也？曰：回坐忘矣。仲尼蹴然曰：何谓坐忘？颜回曰：堕肢体，黜聪明，离形去知，同于大通，是谓坐忘。仲尼曰：同则无好也，化则无常也。而果其贤乎？丘也请从而后也。（《大宗师》）

在对于"虚"的追求上，坐忘和心斋并无不同。但较之于心斋，坐忘的说法突出了"通"的意义。"实"的形体是无法通的，但"虚"的心可以通，"道通为一"。

（三）结与解

心的虚无的本性决定了它可以摆脱有形物包括形体的限制，而且它应该摆脱这种限制。但是这种摆脱是以承认形体的有限性以及形体属于命运的世界为前提的。在这种承认中，心由于部分地让渡出对形体的执着，因而获得了某种限度的自由。形体不足以成为对心的限制，换言之，不足以在心中打结。从另一个角度说，心可以不受形体的摆布，超越出来。"物物而不物于物。"

心为形役的情形，《齐物论》中有生动的描述：

---

❶ "成心"的提法见于《庄子·齐物论》，"夫随其成心而师之，谁独且无师乎？"与虚心相对，也可以理解为实心。成心将心形体化，因此不能超越形体的束缚，反为形体所奴役。

一受其成形，不亡以待尽。与物相刃相靡，其行尽如驰，而莫之能止，不亦悲乎！终身役役而不见其成功。苶然疲役而不知其所归。可不哀邪！人谓之不死，奚益！其形化，其心与之然。可不谓大哀乎！人之生也，固若是芒乎？其我独芒，而人亦有不芒者乎？

心灵不该成为形体的奴隶，反过来，它要让心灵超越形体。对形体的超越也就是庄子喜欢讲的"解"。心为物役就会在心中形成"结"，如所谓的"成心"，会让人郁闷，但是"解"会把心带到"无何有之乡，广漠之野"，这就是逍遥的状态。这是一种目中无人，目中无物的状态。"齐物"其实是"解"的一种方式。

　　而不能自解者，物有结之。（《大宗师》）

　　安时而处顺，哀乐不能入也，古者谓是帝之悬解。（《养生主》）

（四）游心

　　心的虚、通等可以让它超越有限的形体，不仅是自己的身体，还包括有形的世界，"与天地精神相往来"。身体对于心来说只是"寓"："官天地，府万物，直寓六骸，象耳目。"它的真正的家园是无何有之乡，是物之初的道。

五、分裂与合一

　　心与形作为人生命的两翼当然是无法分开的。但是庄子对于心和形的处理仍然表现出了分裂的特征。他在把心提升到天堂的同时，却把形体打入了地狱。心的逍遥游中并没有形体的位置，而形的世界也不会成为桎梏心的场所。我们也许可以用庄子的术语"两行"来描述这种分裂的状态。❶ 在庄子这里,"坐驰"和"坐忘"都可以表现这种分裂。前者是形坐而心驰,后者是形坐而心忘。

这种分裂当然不足以呈现出一个健康的或者活泼的生命,它只是在畸形的环境中不得已的处境下的一种安顿生命的方式。这里当然也有合一,生命原本就是合一的。可是在庄子中,这种合一总带有苦涩的味道。我们看到的是形体的无可奈何以及心对于形体的迁就和放弃,心为了接受这种放弃还必须做出自我调整。❷

---

❶ "两行"的提法出于《齐物论》,原本是指"和之以是非"而言。
❷ "内热"与"阴阳之患"的提法,表现出庄子对于内心焦虑的深刻了解,这使心的平静成为一个真正的问题。

后　记

　　从老子过渡到庄子应该是很自然的事情。我的博士论文就是关于老子的，十年前已经由台湾的文津出版社以《老子思想的史官特色》为名出版。但是，这个过渡对我来说却花了很长时间。在《原学》第四辑（1996年）上发表的《心之逍遥与形之委蛇》，是我写的第一篇关于庄子的论文，距离我最早关于老子的论文，相距有八年多。在北京大学开设"庄子哲学"的课程就更晚，已经是到2001年的秋季了，那时授课的对象主要是哲学系的研究生。然后是2002年和2003年的秋季，以通选课的方式向不同科系的同学讲授。

　　阅读老子可以是冷静的，你可以把心放下，只使用脑子就够了。但是阅读庄子经常会让人产生"怦然心动"的感觉，于是自觉不自觉地就把自己放了进去。对于学术研究来说，这是很容易引起诟病的。因为它似乎违背了客观性的原则。但是在我看来，我们也需要客观地对待"客观"。面对着草木或者瓦块，也许我们可以采取一种无情或者超然的态度。可是当我们面对着曾经有血有肉的生命，面对着源自这个生命的鲜活的心灵的时候，我们总是容易受到感动。我一直觉得，历史上存在过的思想，特别是具有伟大影响力的思想，它们一定植根于人的心灵，是人的心灵的多方面的展现。因此，面对着心灵的历史，面对着那些丰富多彩的主张，读者心灵的参与就是一个基本的要求和前提。只有心灵才可以和另一个心灵沟通，仅仅靠眼睛、耳朵甚至脑子都是不够的。我知道很多的人往往在谈论着进入对象之前应该保持绝对的客观，例如主要以自然事物为对象的科学家以及受科学传统影响较深的人，而且认为只有这样才不会带入自己的偏见。但我对这种说法一直抱着怀疑的态度，特别是当我们面对的是人而不是自然事物的时候。我更喜欢老一辈的学者例如陈寅恪等说的"同情的了解"。一些人也许对"同情"这个词有些反感，其实是有一些误解。同情说白了就是将心比心，就是设身处地地模拟他者的处境。这样才可以快乐着他者的快乐，悲伤着别人的悲伤，才可以达到心灵之间的交融和默契。置身事外，也许会获得超然的立场，但是也许永远不能进入历史，并了解历史的真相。因此，表面的客观也许造就的是实质的主观，反之亦然。

这样说好像是把一些教条反了过来，而且让一般人觉得好像只有主观才能达到客观。我丝毫没有这样的意思，不过，也不能说丝毫没有。但是，我们不能把那个说法给予片面的理解。好像面对着一个对象，就可以胡说，也没有一个标准来判断好的或者坏的理解。这个标准当然应该有，也确实有。这就是那本书，就是那些文字。你的理解和文字之间应该是一种相称的关系，材料和理解的相称，前提和结论的相称，对象和方法的相称。相称了会产生美感，你的理解就是好的。

好了，就此打住。《庄子哲学》完成之后，也许还是要回过头来整理一下老子。当然，应该是一个和博士论文不同的"老子"。

应该谢谢所有上过"庄子哲学"课程的同学，他们是我写作这本书的动力之一。也谢谢诸多师友，他们的关怀与鼓励可以让我们发现一个与庄子笔下不同的人间世。

2004 年 3 月

再版后记

《庄子哲学》于今年三月出版之后,得到了很多师长和读者的好评,并很快有了重印的机会,这让我感到喜悦并充满谢意。师长之中,尤其应该提到的是柳存仁先生和陈鼓应先生。柳先生以近九十岁的高龄仔细地阅读了这本小书,并以他特有的小楷满满地写了三页纸,指出本书中的若干遗漏、错误,以及可以斟酌和充实之处,让我铭感至深。陈鼓应先生是引领我进入庄子哲学的老师,至今还记得20世纪80年代中期在一教上课的情景。在以后的时间中,又不断地从他的著作和谈话中获得关于庄子哲学的知识和理解。与陈先生的讨论和来自他的鼓励,对本书的完成是至关重要的。

还有很多名字,这里就不一一提起,按照庄子的说法,提了就难免有遗漏,但我会记在心里。

应该特别感谢的是本书的责任编辑,北京大学出版社的王立刚先生,他让本书的内容以如此"自然"的形式表现出来。说实话,第一次拿到《庄子哲学》的时候,我就被那淡雅、大度、若隐若现、若即若离的封面意境所吸引。这本书由北大美学专业研究生的他来编辑,实在是一件幸事。

2004年9月

图书在版编目（CIP）数据

庄子哲学 / 王博著. —北京：北京大学出版社，2020.6
ISBN 978-7-301-30991-9

Ⅰ. ①庄… Ⅱ. ①王… Ⅲ. ①庄周（约前369—前286）—哲学思想—研究 Ⅳ. ① B223.55

中国版本图书馆 CIP 数据核字（2019）第 291956 号

书　　　名	庄子哲学
	ZHUANGZI ZHEXUE
著作责任者	王　博　著
责 任 编 辑	王立刚
标 准 书 号	ISBN 978-7-301-30991-9
出 版 发 行	北京大学出版社
地　　　址	北京市海淀区成府路 205 号　100871
网　　　址	http://www.pup.cn　　新浪微博：@ 北京大学出版社
电 子 信 箱	zpup@pup.cn
电　　　话	邮购部 010-62752015　发行部 010-62750672　编辑部 010-62755217
印 刷 者	涿州市星河印刷有限公司
经 销 者	新华书店
	650毫米×980毫米　16开本　16.25印张　300千字
	2020 年 6 月第 1 版　2025 年 3 月第 4 次印刷
定　　　价	79.00 元

未经许可，不得以任何方式复制或抄袭本书之部分或全部内容。
版权所有，侵权必究
举报电话：010-62752024　电子信箱：fd@pup.pku.edu.cn
图书如有印装质量问题，请与出版部联系，电话：010-62756370